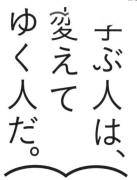

学ぶ人は、
変えて
ゆく人だ。

目の前にある問題はもちろん、

人生の問いや、

社会の課題を自ら見つけ、

挑み続けるために、人は学ぶ。

「学び」で、

少しずつ世界は変えてゆける。

いつでも、どこでも、誰でも、

学ぶことができる世の中へ。

旺文社

文部科学省後援

英検®準1級
でる順パス単
5訂版

英検®は、公益財団法人 日本英語検定協会の登録商標です。

旺文社

発音記号表

■ 母音

発音記号	例		発音記号	例
[iː]	eat [iːt]		[u]	casual [kǽʒuəl]
[i]	happy [hǽpi]		[uː]	school [skuːl]
[ɪ]	sit [sɪt]		[eɪ]	cake [keɪk]
[e]	bed [bed]		[aɪ]	eye [aɪ]
[æ]	cat [kæt]		[ɔɪ]	boy [bɔɪ]
[ɑː]	palm [pɑːlm]		[au]	house [haus]
[ʌ]	cut [kʌt]		[ou]	go [gou]
[əːr]	bird [bəːrd]		[ɪər]	ear [ɪər]
[ə]	above [əbʌ́v]		[eər]	air [eər]
[ər]	doctor [dá(ː)ktər]		[ɑːr]	heart [hɑːrt]
[ɔː]	law [lɔː]		[ɔːr]	morning [mɔ́ːrnɪŋ]
[u]	pull [pul]		[uər]	poor [puər]

※母音の後の[r]は，アメリカ英語では直前の母音がrの音色を持つことを示し，イギリス英語では省略されることを示す。

■ 子音

発音記号	例		発音記号	例
[p]	pen [pen]		[v]	very [véri]
[b]	book [buk]		[θ]	three [θriː]
[m]	man [mæn]		[ð]	this [ðɪs]
[t]	top [tɑ(ː)p]		[s]	sea [siː]
[t̬]	water [wɔ́ːt̬ər]		[z]	zoo [zuː]
[d]	dog [dɔ(ː)g]		[ʃ]	ship [ʃɪp]
[n]	name [neɪm]		[ʒ]	vision [víʒən]
[k]	cake [keɪk]		[h]	hot [hɑ(ː)t]
[g]	good [gud]		[l]	lion [láɪən]
[ŋ]	ink [ɪŋk]		[r]	rain [reɪn]
[tʃ]	chair [tʃeər]		[w]	wet [wet]
[dʒ]	June [dʒuːn]		[hw]	white [hwaɪt]
[f]	five [faɪv]		[j]	young [jʌŋ]

※[t̬]はアメリカ英語で弾音（日本語のラ行に近い音）になることを示す。
※斜体および[(ː)]は省略可能であることを示す。

はじめに

本書は1998年に誕生した『英検Pass単熟語』の5訂版です。「出題される可能性の高い単語を，効率よく覚えられる」ように編集されており，英検合格を目指す皆さんに長くご愛用いただいています。

3つの特長

❶「でる順」で効果的に覚えられる！

過去5年間の英検の問題※を分析し，よく出題される単語・熟語を「でる順」に掲載しました。

❷ 学習をサポートする無料音声つき！

スマートフォンで音声を聞くことができる公式アプリと，パソコンからの音声ダウンロードに対応しています。

❸ 学習効果がわかるテストつき！

単語編には，見出し語を覚えたか確認できるテストがついています。

本書での単語学習が皆さんの英検合格につながることを心より願っています。

最後に，本書の刊行にあたり多大なご協力をいただきました，CEL英語ソリューションズ 講師 田中亜由美先生，Nadia McKechnie先生，九州大学大学院言語文化研究院 准教授 内田諭先生に深く感謝の意を表します。

※ 2015年度第2回～2020年度第1回の英検過去問題

もくじ

単語編

でる度【**A**】 よくでる重要単語 • **500**

でる度【**B**】 覚えておきたい単語 • **500**

執筆：田中亜由美，Nadia McKechnie
編集協力：株式会社シー・レップス，斉藤敦，鹿島由紀子，Michael Joyce，
　　　　　株式会社 鷗来堂
データ分析・語彙選定協力：内田諭　　　データ分析協力・組版：幸和印刷株式会社
装丁デザイン：浅海新菜（及川真咲デザイン事務所）
本文デザイン：伊藤幸恵　　　イラスト：三木謙次
録音：ユニバ合同会社　　　ナレーション：Jack Merluzzi，木本景子

本書の構成

単語編

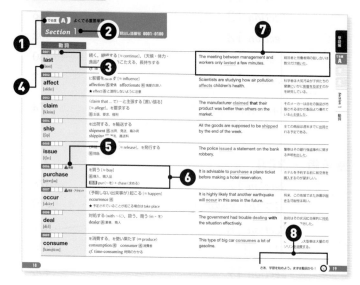

❶ **でる度**：データ分析に基づき「でる度A，B，C」に分けて掲載しています。

❷ **セクション**：100語区切りで1～16まであります。

❸ **チェック欄**：チェックして学習に役立てましょう。

❹ **発音記号**：見出し語の読み方を表す記号です。（詳細はp.2参照）

❺ **発音・アクセント注意**：特に「発音」「アクセント」に注意が必要な語に記載しています。

❻ **語義その他**：英検合格に必要なものを取り上げています。他動詞の語義には基本的に小文字で「を」「に」などを示しています。「を」「に」などがない動詞は自動詞です。その他，派生関係にある語などを掲載しています。

❼ **例文と訳**：見出し語に対応する部分は赤字にしています。

❽ **でちゃうくん**：本書のキャラクター「でちゃうくん」が，見出し語のちょっとした豆知識を教えてくれます。

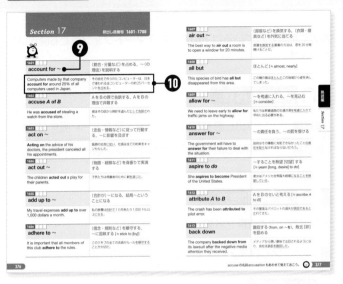

❾ 見出し語：短文語句空所補充問題などでよく出題される熟語を取り上げています。

❿ 例文と訳：見出し語に対応する部分は，例文では太字，訳では赤字にしています。

●表記について

動 動詞　名 名詞　形 形容詞	( )……省略可能／補足説明
副 副詞	[ ]……直前の語句と言い換え可能
≒ 類義語　⇔ 反意語	〈 〉……コロケーション
cf. 関連語	*A, B* …… *A, B* に異なる語句が入る
🇺🇸 アメリカで使用	*one's, oneself* …人を表す語句が入る
🇬🇧 イギリスで使用	*do* …… 動詞の原形が入る
★ 補足情報　語源 語源情報	*doing* … 動名詞，現在分詞が入る
▶ 用例	*to do* … 不定詞が入る

音声について

本書に掲載されている以下の音声をスマートフォン等でお聞きいただけます。

🎧 音声の内容

単語編	見出し語（英語）→ 見出し語の訳 → 例文（英語）
熟語編	見出し語（英語）→ 見出し語の訳 → 例文（英語）

🎧 音声の聞き方

2種類の方法で音声をお聞きいただけます。

■ パソコンで音声データ（MP3）をダウンロード

ご利用方法

❶ 以下のURLから，Web特典にアクセス

URL：**https://eiken.obunsha.co.jp/p1q/**

❷ 本書を選び，以下のパスワードを入力してダウンロード

imyknt ※全て半角アルファベット小文字

❸ ファイルを展開して，オーディオプレーヤーで再生

音声ファイルはzip形式にまとめられた形でダウンロードされます。展開後，デジタルオーディオプレーヤーなどで再生してください。

※音声の再生にはMP3を再生できる機器などが必要です。
※ご使用機器，音声再生ソフト等に関する技術的なご質問は，ハードメーカーもしくはソフトメーカーにお願いいたします。
※本サービスは予告なく終了することがあります。

■ 公式アプリ「英語の友」(iOS/Android) で再生

ご利用方法

❶ 「英語の友」公式サイトより，アプリをインストール

URL : **https://eigonotomo.com/**

🔍 英語の友

左記の QR コードから読み込めます。

❷ アプリ内のライブラリより本書を選び，
「追加」ボタンをタップ

❸ 再生モードを選んで再生

書籍音源モード	音声データダウンロードと同じ内容の音声を再生できます。
単語モード	単語編，熟語編について「見出し語（英語）」の音声再生ができ，再生間隔や回数を自由に編集することができます。英語だけを再生したい，複数回連続で再生したい，発音練習するためのポーズ（間隔）を空けたい，等にご利用いただけます。

そのほか，以下の機能をご利用いただけます。

- シャッフル再生
- リピート再生
- 再生速度変換（0.5 〜 2.0 倍速）
- バックグラウンド再生
- 絞り込み再生（チェックした単語のみ再生）

※本アプリの機能の一部は有料ですが，本書の音声は無料でお聞きいただけます。
※詳しいご利用方法は「英語の友」公式サイト，あるいはアプリ内のヘルプをご参照ください。
※本サービスは予告なく終了することがあります。

オススメ単語学習法

準1級によくでる単語を効率的に覚えるには，以下の3つのステップで学習するのがおすすめです。

STEP 1 　仕分け ● 知らない単語をチェック

まず，「知っている単語」と「知らない単語」の仕分けをします。知らない単語や自信がない単語があったら，1つ目のチェックボックスに印を付けましょう。

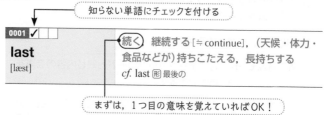

知らない単語にチェックを付ける

0001 ✓	
last [læst]	（続く）継続する [≒ continue]，（天候・体力・食品などが）持ちこたえる，長持ちする *cf.* last 形 最後の

まずは，1つ目の意味を覚えていればOK！

STEP 2 　暗記 ● チェックが付いた単語を覚える

チェックが付いた単語だけを集中して覚えます。音声を聞いたり，声に出して発音したり，ノートに書いたりして覚えましょう。

STEP 3 　確認 ● 覚えたか確認する

チェックを付けた単語を覚えたか，付属の赤セルシートを使って隠して確認しましょう。まだ覚えていない，もしくは自信がない場合は，2つ目のチェックボックスに印を付け，覚えるまで STEP 2 → STEP 3 を繰り返しましょう。

覚えていなかったら，2つ目のチェックを付ける

0001 ✓ ✓	
last [læst]	続く，継続する [≒ continue]，（天候・体力・食品などが）持ちこたえる，長持ちする *cf.* last 形 最後の

○でる度が高い単語から覚えよう

本書は，英検の出題データを分析した「でる順」に並んでいます。時間がない場合は，「でる度A」だけはしっかり覚えるようにしましょう。

○セクションごとに進めよう

本書は，1つのセクションが100語で構成されています。たとえば，「2日で100語」のように目標を決めて，セクション単位で学習するのがおすすめです。以下のように，STEP 1 〜 STEP 3 をセクションごとに繰り返して覚えていきましょう。1日目に覚えられなかった単語は2日目に確認し，覚えていなかったら3日目にまた確認しましょう。

〈例〉1日に50語学習する場合

1日目　*Section* 1　0001~0050　STEP 1 仕分け と，
STEP 2 暗記 を行う

2日目　*Section* 1　0001~0050　STEP 3 確認 を行う
Section 1　0051~0100　STEP 1 仕分け と，
STEP 2 暗記 を行う

3日目　*Section* 1　0001~0100　STEP 3 確認 を行う
Section 2　0101~0150　STEP 1 仕分け と，
STEP 2 暗記 を行う

繰り返す

少しずつ
繰り返し覚えよう！

○テストで確認しよう

単語編各セクションの最後に「1分間 mini test」を，
各でる度の最後に「英検形式にチャレンジ！」を設けています。
総仕上げとして，テスト形式で確認しましょう。

○付属音声 (p.8 ～ 9参照) や準拠ノートを活用しよう

記憶を定着させるには，「見て」覚えるだけでなく，音声を利用することが効果的です。公式アプリやダウンロード音声を利用し，繰り返し「聞いて」，音声をまねて「発音して」みましょう。また，ノートに「書いて」覚えるのもおすすめです。

旺文社リスニングアプリ

英語の友

旺文社刊行の英検対策書に

多数対応！

音声再生のほかに，
- 試験日カウントダウン
- 学習目標管理
- 単語テスト（1日の回数制限あり）

などの機能があります。

英検 準1級 | でる順パス単 書き覚えノート [改訂版]

『英検準1級 でる順パス単 [5訂版]』準拠の
書いて覚える単語学習用ノート

●

セットで学習するとさらに効果的！

合格者が教える！私の単語学習法

英検準1級に合格した人たちが，どのように単語学習をしたのか伺いました。合格者の学習法を参考に，あなた自身に合った一番効果的な方法を見つけましょう！

こた さん

準1級合格時 大学1年生

2017年度第1回検定 一次試験・二次試験合格

受験回数：1回	対策期間：3カ月間
対策開始時の英語力：英検2級	
海外滞在経験：なし	

Q パス単を使ってどのように学習しましたか？

✖ 復習に力を入れる

1日30単語ずつ，毎日1時間自宅で単語を新たに覚え，通学中にバスの中で復習しました。単語は忘れるものと考え，復習に力を入れました。

✖ 見て，聞いて，発音して，書く

最初に，赤セルシートを使って知っている単語かどうか識別し，知らない単語にチェックをつけました。次に，チェックをつけた単語を覚えるために，音声ダウンロードを利用して音声を聞き，自分でもその単語を使えるように声に出して発音をまね，さらに紙に何度も書き出すことで覚えるようにしました。その後，確認として，見出し語を聞いてすぐにその日本語訳が分かるかチェックし，覚えていなかった単語には星マークをつけ，自作の単語帳に書き足していきました。

Q ほかに単語学習に活用したものはありますか？

✖ 覚えられない単語は自作の単語帳で復習

どうしても覚えられない単語だけを集めて<u>自作の単語帳を作りました</u>。ノート1ページを半分に折り，左に英語，右に日本語訳を書く形式です。また，発音記号をそれぞれの単語に書き，正確に発音できるように心がけました。特に覚えられない単語には，単語をイメージしやすくするため，その単語のイメージを絵に描きました。

✖ 語源や類義語・反意語と一緒に覚える

語源を覚えたり，類義語や反意語と一緒に覚えたりすることで，単語のイメージをつけやすくしました。また，単語だけ覚えても使えないと意味がないので，<u>実際に自分でその単語を使った文章を作ってみました</u>。友人とクイズを出し合うことも単語を覚えるのに効果的でした。

Q そのほか普段の英語学習について教えてください。

✖ 「実際に使える英語」を増やす

私は，大学受験や資格試験対策のためだけでなく，実際に自分でも英語を使えるようになりたいと思い，学習に取り組んでいます。そのため，習った単語や熟語をインプットするだけに留めず，<u>アウトプットとして実際に使ってみること</u>に重きを置いています。例えば，積極的に通訳のバイトやボランティアに参加したり，外国人の友だちと交流したりしています。また，塾で高校生に英語を教えていますが，教えることを通して高校英語をもう一度学び直しています。英語は言語であり，コミュニケーションツールなので，<u>「自分が実際に使える英語」を増やす</u>ことが，英語学習を進める上で大切であると感じます。英検準1級はなかなか突破するのが難しい試験ですが，合格したら自分の英語力に自信を持つことができ，さらなる英語学習へのモチベーションにもなりました。

> 読むだけじゃなくて，聞いたり，書いたり，
> 工夫して覚えているんだね！

M.N. さん 準1級合格時 高校2年生

2019年度第1回検定 一次試験・二次試験合格

受験回数：2回　　　　　　　　対策期間：6カ月

対策開始時の英語力：英検2級

海外滞在経験：中学3年生のときに3週間ニュージーランドに

　　　　　　ホームステイ

Q パス単を使ってどのように学習しましたか？

✖ 仕分け→音読→書きとり→例文を確認

毎日の通学中の電車内（40分間）と，そのほかの隙間時間に以下の流れで学習を進め，覚えるまで復習を繰り返しました。

1. 赤セルを使って知っている単語と知らない単語を仕分け
2. 知らない単語は音声を聞いて音読
3. 覚えきれていないものをノートに書きとる
4. 音声を聞きながら全ての例文を確認

✖ 過去問を解いてパス単で確認

過去問を解いて，分からなかった単語はパス単で確認しました。

✖ 音声は「英語の友」を活用

アプリ「英語の友」の「単語モード」のチェックボックスを利用して覚えた単語と覚えていない単語を区別し，「書籍音源モード」を聞きながら英文の音読をしました。音声を繰り返し聞いて例文を覚え，例文のシャドーイングも行いました。

Q ほかに単語学習に活用したものはありますか？

✖ オリジナル単語集を自作

英文を読んで分からなかった単語はオリジナルの単語集に全て記録し，後で復習しました。その際，英文もメモすると文脈の中で覚えられるので記憶に残りやすかったです。

S.A. さん

準1級合格時 高校3年生

2020年度第1回検定 一次試験・二次試験合格

受験回数：2回　　　　　　　対策期間：1年半
対策開始時の英語力：英検2級
海外滞在経験：中学3年生のときに3週間ニュージーランドに，
　　　　　　　高校1年生のときに3カ月間アメリカに留学

Q パス単を使ってどのように学習しましたか？

❇ **パス単を2周する**

毎日通学の電車（往復約1時間）内で学習しました。1周目は分かる単語と分からない単語に振り分け，2周目は分かる単語はサラッと，分からない単語は重点的に学習しました。例えば1日100単語やると決めたら，次の日は前日の50単語と新しい50単語というように反復練習を意識し，日曜日にその週の単語は全復習する，という流れです。

❇ **音声と同じスピードで読む**

音声と一緒にパス単を読み進めて，例文や意味を記憶しました。音声と同時に読み進めると，目と耳で記憶できるのでかなり効果がありました。

❇ **過去問を解いて単語をチェック**

文章で出てきた方が記憶に残りやすいので，過去問に出てきた分からない単語はその都度必ずチェックしていました。

Q ほかに単語学習に活用したものはありますか？

❇ **無料学習動画を活用**

YouTubeでTed-Edを観ました。準1級はリーディング，リスニング，ライティング全ての分野で単語のレベルが上がってくるので，アカデミックな単語は見落としがちですが必須です。歴史や生物などの背景知識が身につくと，難しい問題でもそれだけで解けることもあるので，とてもおすすめです。

でる度
A

単語編

よくでる重要単語 **500**

| 動 詞 |

0001

last
[læst]

続く，継続する [≒ continue]，（天候・体力・
食品などが）持ちこたえる，長持ちする
cf. last 形 最後の

0002

affect
[əfékt]

に影響を及ぼす [≒ influence]
affection 名 愛情　affectionate 形 情愛の深い
★ effect 名 と混同しないように注意

0003

claim
[kleɪm]

（claim that ... で）…と主張する [言い張る]
[≒ allege]，を要求する
名 主張，要求，権利

0004

ship
[ʃɪp]

を出荷する，を輸送する
shipment 名 出荷，発送，積み荷
shipping 名 運送，運送料

0005

issue
[íʃuː]

（声明など）を出す [≒ release]，を発行する
名 問題（点），発行

0006　⚠発音

purchase
[pə́ːrtʃəs]

を買う [≒ buy]
名 購入，購入品
語源 pur（～を）+ chase（求める）

0007　⚠発音・アクセント

occur
[əkə́ːr]

（予期しない出来事が）起こる [≒ happen]
occurrence 名
★ 予定されていることが起こる場合は take place

0008

deal
[diːl]

対処する〈with ～に〉，扱う，商う〈in ～を〉
dealer 名 業者，商人

0009

consume
[kənsjúːm]

を消費する，を使い果たす（⇔ produce）
consumption 名　consumer 名 消費者
cf. time-consuming 時間のかかる

The meeting between management and workers only <u>lasted</u> a few minutes.	経営者と労働者間の話し合いは数分だけ<u>続いた</u>。
Scientists are studying how air pollution <u>affects</u> children's health.	科学者は大気汚染が子供たちの健康にいかに<u>影響を及ぼす</u>のかを研究している。
The manufacturer <u>claimed</u> **that** their product was better than others on the market.	そのメーカーは自社の製品が市販されるほかの製品より優れている<u>と主張した</u>。
All the goods are supposed to be <u>shipped</u> by the end of the week.	全ての商品は週末までに<u>出荷される</u>予定である。
The police <u>issued</u> a statement on the bank robbery.	警察はその銀行強盗事件に関する声明を<u>出した</u>。
It is advisable to <u>purchase</u> a plane ticket before making a hotel reservation.	ホテルを予約する前に航空券を<u>購入する</u>のが望ましい。
It is highly likely that another earthquake will <u>occur</u> in this area in the future.	将来，この地域でまた地震が<u>起きる</u>可能性は高い。
The government had trouble <u>dealing</u> **with** the situation effectively.	政府はその状況に効果的に<u>対処</u>することに苦労した。
This type of big car <u>consumes</u> a lot of gasoline.	このタイプの大型車は大量のガソリンを<u>消費する</u>。

0010　　　⚠アクセント	を提示する，を進呈する [≒ give, submit]
present [prızént]	形 [prézənt] 出席して (⇔ absent). 現在の

0011	を解雇する〈for 〜で〉，を首にする [≒ dismiss, discharge]
fire [fáıər]	

0012	を見なす〈as 〜と〉
regard [rıgá:rd]	名 配慮，思いやり (⇔ disregard 無視，軽視)

0013	に罰金を科す〈for 〜のかどで〉
fine [faın]	名 罰金

0014	を移す，移る [≒ move]
transfer [trænsfá:r]	名 [trænsfər] 移転，移動 語源 trans (越えて) + fer (運ぶ)

0015	減少する [≒ decrease, diminish, dwindle, shrink]，を丁重に断る [≒ turn down]
decline [dıkláın]	名 減少

0016　　　⚠アクセント	を取り除く〈from 〜から〉[≒ remove, exclude, get rid of]，を外す
eliminate [ılímınèıt]	elimination 名

0017	を指し示す [≒ point to]
indicate [índıkèıt]	indicator 名 指標，メーター　indication 名 しるし indicative 形 表示する

0018	(ensure that ... で) …ということを確実にする，を保証する [≒ make sure, guarantee, assure]
ensure [ınʃʊ́ər]	*cf.* insure 動 に保険をかける

0019	を拡大 [拡張] する [≒ enlarge, extend, amplify] (⇔ contract)
expand [ıkspǽnd]	expansion 名　expandable 形 拡大できる

The team used a number of slides to **present** the data to the audience.	そのチームはいくつかのスライドを使って聴衆にデータを提示した。
The sales clerk was **fired for** stealing money from the cash register.	その販売員はレジから金を盗んだことで解雇された。
She is **regarded as** one of the leading economists in the country.	彼女はその国の一流のエコノミストの1人だと考えられている。
The government plans to **fine** companies that break the new environmental regulations.	政府は新しい環境規制に従わない企業には罰金を科すことを計画している。
Once we receive the items, we will **transfer** payment into your account.	商品を受け取りしだい，あなたの口座に支払いを送金します。
The number of tourists visiting the area has **declined** in recent years.	その地域を訪れる旅行者の数は，近年減少した。
The new office security system has **eliminated** the need for ID cards.	職場の新しいセキュリティーシステムのおかげで，ID カードは必要なくなった。
He picked up a train map and **indicated** the best route.	彼は鉄道路線図を取り上げて，一番よい行き方を指し示した。
Please **ensure that** you lock the door when you leave the house.	家を出るときは必ずドアに鍵をかけるようにしてください。
The company plans to **expand** its market to include the Far East.	その会社は販売地域を広げて，極東も取り込むことを計画している。

0020 ▲アクセント **address** [ədrés]	(問題など)を扱う [≒ deal with]，に話しかける [≒ speak to] 图 住所，演説
0021 **identify** [aɪdénʧəfàɪ]	を(同一であると)確認する [≒ recognize] identification 图 身分証明書(略 ID)　identity 图 身 元，アイデンティティ
0022 ▲アクセント **construct** [kənstrʌ́kt]	(建物など)を建設する，(機械など)を組み立てる [≒ build] (⇔ destroy) construction 图
0023 **invest** [ɪnvést]	(金など)を投資する〈in 〜に〉 investment 图　investor 图 投資家
0024 **obtain** [əbtéɪn]	を手に入れる，を獲得する [≒ get, gain] 語源 ob (強意) + tain (手に持つ) *cf.* contain, maintain, retain, sustain
0025 **struggle** [strʌ́gl]	(逆境にあって)懸命に努力する〈to *do* 〜するの を〉，奮闘する [≒ try] 图 (長く，激しい)戦い，闘争
0026 **counter** [káunṭər]	(counter that ... で) …と反論する，に反対する [≒ oppose] 副 逆方向に　形 逆の，反対の　图 逆，反対(方向[物])
0027 **associate** [əsóuʃièɪt]	を結びつけて考える〈with 〜と〉[≒ link, connect]，交際する [≒ socialize] 图 仲間，同僚　association 图 協会，連想，交際
0028 ▲アクセント **register** [réʤɪstər]	を登録する [≒ record]，を示す [≒ indicate]， 名前を登録する [≒ enroll] 图 登録(簿)　registration 图 登録
0029 **reveal** [rɪvíːl]	(reveal that ... で) …と明らかにする， (秘密など)を暴露する [≒ disclose] (⇔ hide) revelation 图

The first problem to be **addressed** is that of inner-city pollution.	第一に取り組むべき問題は，都心部の汚染問題である。
The police are still trying to **identify** the body found on the mountain.	警察は今なお，山で見つかった死体の身元確認を進めている。
No one really knows how Stonehenge was **constructed**.	ストーンヘンジがどのように建設されたのかは誰にも分からない。
The couple **invested** their life savings **in** their son's company.	その夫婦は，息子の会社にそれまで貯めてきたお金を投資した。
When preparing to study abroad, it can take some time to **obtain** a visa.	海外留学の準備をする際，ビザを取得するのに少し時間がかかる可能性がある。
The restaurant **struggled to make** money during the recession.	そのレストランは不況の中，収入を得ようと懸命に努力した。
I tried to explain the drawbacks, but he **countered that** it was a good plan.	私は欠点を説明しようとしたが，彼はそれはよい計画だと言って反論した。
I always **associate** the smell of mosquito coils **with** summer.	私はいつも蚊取り線香のにおいから夏を連想する。
He went to the ward office to **register** the birth of his baby son.	彼は息子の出生届けを出すために区役所に行った。
The survey **revealed that** most people were dissatisfied with the childcare options in their town.	調査により，ほとんどの人々が町の保育の選択肢に不満であることが明らかになった。

名詞

| 0030 ▲発音 **species** [spíːʃiːz] | 種，種類 [≒ kind] |

| 0031 **diet** [dáɪət] | (日常の)食べ物，療養食 ▶ go on a diet ダイエットをする *cf.* diet 图 (通例 the Diet で)国会，議会 |

| 0032 **site** [saɪt] | 用地，場所 [≒ location, place]，遺跡 ▶ construction site 建設 [工事] 現場 ▶ historic site 史跡 |

| 0033 **cell** [sel] | 細胞，(独)房，電池 cellular 形 *cf.* cellphone 图 ▇▇ 携帯電話 |

| 0034 **facility** [fəsíləti] | 施設，機能，才能 facilitate 動 を促進する |

| 0035 **practice** [præktɪs] | (社会の)慣習，しきたり [≒ custom]，練習，実践 (⇔ theory 理論) 動 (を)練習する，(医師・弁護士として)開業する |

| 0036 **resident** [rézɪdənt] | 居住者 [≒ inhabitant, dweller] reside 動 (ある場所に長期間)住む residence 图 住宅 residential 形 住宅の |

| 0037 **option** [á(ː)pʃən] | 選択肢 [≒ alternative]，選択 (の自由) [≒ choice] optional 形 opt 動 選ぶ |

| 0038 ▲発音 **organ** [ɔ́ːrɡən] | (動植物の)臓器，器官 ▶ organ donor 臓器提供者 ▶ organ transplant 臓器移植 |

| 0039 **critic** [krítɪk] | 批判する人，批評家 criticize 動 を非難する critical 形 批判的な，重大な criticism 图 批評，批判 |

The scientist discovered a new species of beetle in the jungle.	その科学者はジャングルでカブトムシの新種を発見した。
The doctors advised him to add more fruit and vegetables to his diet.	医師たちは食事にもっと果物と野菜を加えるように彼に勧めた。
We are looking for an appropriate site for our new factory.	我々は新しい工場に適した用地を探している。
The medical students looked at blood cells with a microscope.	医学生たちは、顕微鏡を使って血液細胞を見た。
The new sports facility will be open to the public by the middle of next week.	新しいスポーツ施設は来週の半ばまでに一般に公開される。
The job candidate said he was familiar with local business practices.	その仕事への応募者は地元のビジネス慣行に精通していると言った。
Only residents of the ward can use its public facilities for free.	その区の居住者だけが、無料で区の公共施設を使用することができる。
We have two options: we can wait here or we can go.	私たちには2つの選択肢がある。ここで待ってもいいし、行ってしまってもいい。
The medical students studied the effect of smoking on organs such as the heart and lungs.	医学生は喫煙の心臓や肺などの臓器への影響について研究した。
Critics of the new tax law say it is unfair to those with lower incomes.	新しい税法を批判する人たちは、それは低所得者には不公平だと言う。

0040 ⚠発音	
region [ríːdʒən]	地域，地方 [≒ area] regional 形

0041	
tax [tæks]	税金，税 ▶ sales tax 売上税 ▶ inheritance tax 相続税

0042 ⚠アクセント	
access [ǽkses]	接近 (の手段)〈to 〜への〉，利用の機会 動 にアクセスする，に接近する accessible 形 近づきやすい，利用しやすい

0043 ⚠発音	
virus [váɪərəs]	ウイルス，ウイルス (性) 疾患 viral 形

0044	
bill [bɪl]	請求書 (⇔ receipt)，法案，🇺🇸 紙幣

0045	
evidence [évɪdəns]	証拠，根拠，証言 evident 形 明白な，はっきりした 語源 e (はっきり) + videre (見える) + ence (名詞語尾)

0046	
attempt [ətémpt]	試み〈to do 〜しようとする〉，企て [≒ trial]，努力 動 を試みる，を企てる

0047	
account [əkáunt]	(銀行) 口座，勘定，説明 動 説明する〈for 〜を〉 accountant 名 会計士　accounting 名 会計学

0048	
theory [θíːəri]	理論 (⇔ practice 実践)，原理，学説 theoretical 形 (⇔ practical)　theoretically 副

0049	
factor [fǽktər]	要因，要素 動 (要因として) 考慮に入れる〈in 〜を〉

California is located in the western **region** of the United States.	カリフォルニアは合衆国の西部地域に位置している。
The government announced that small businesses will be required to pay more **taxes** from next year.	政府は，小企業は来年からより多くの税金を払う必要があると発表した。
Access to the main temple building was blocked.	寺院の本堂へ向かう道は閉鎖されていた。
This flu **virus** is not very strong and you should feel better soon.	このインフルエンザウイルスはあまり強力ではないので，あなたの体調はすぐによくなるはずだ。
For some reason, my gas **bill** is much higher than usual this month.	何らかの理由で，今月はガスの請求額が通常よりもかなり高い。
There is little **evidence** to suggest that this treatment is effective against the virus.	この治療法がそのウイルスに対して有効であることを示唆する証拠はほとんど存在しない。
The firefighters made several **attempts to rescue** the residents from the burning building.	消防士たちは燃えている建物から住民を救助しようと何度か試みた。
Only residents of the country are able to open a bank **account**.	国内の居住者のみが銀行口座を開設することができる。
When it comes to dancing, practice is more important than **theory**.	ダンスに関して言えば，理論よりも実践が重要だ。
The police said the accident was caused by a number of **factors**.	警察はその事故はいくつかの要因によって引き起こされたと言った。

0050			
stock [stɑ(:)k]	在庫品，蓄え，株式 ▶ be in [out of] stock 在庫がある[ない]

0051			⚠発音
chemical [kémɪkəl]	化学薬品[物質]，薬物 形 化学(上)の chemist 名 化学者　chemistry 名 化学

0052			⚠発音
media [míːdiə]	(the ～，集合的に)マスメディア，マスコミ [≒ mass media]

0053			⚠アクセント
income [ínkʌm]	所得，収入(⇔ expense) ▶ income tax 所得税

0054			⚠発音
supply [səplái]	(-plies)生活必需品，供給，支給(⇔ demand) 動 を供給する　supplier 名 供給者，納入業者

0055			⚠発音
shortage [ʃɔ́ːrtɪdʒ]	不足〈of ～の〉，欠如[≒ lack] short 形 足りない〈of ～が〉

0056			
poverty [pá(:)vərti]	貧困(⇔ wealth)，欠乏(⇔ abundance) poor 形

0057			
criminal [krímɪnəl]	犯人，犯罪者[≒ offender] 形 犯罪の，刑事上の(⇔ civil 民事上の) crime 名 犯罪

0058			
budget [bʌ́dʒət]	予算(案)，経費 動 を予算に計上する，の使用計画を立てる budgetary 形 予算の[に関する]

0059			⚠アクセント
authority [əθɔ́ːrəti]	(通例 the -ties)(関係)当局，権威，権限，権威者 authorize 動 に権限を与える

These headphones are presently out of <u>stock</u>, but we are expecting a delivery early next week.	このヘッドホンは現在在庫切れだが，来週初めには入荷予定だ。
This company produces <u>chemicals</u> for use in the plastic industry.	この会社はプラスチック工業で使われる化学薬品を製造している。
There were many complaints about how the <u>media</u> reported on the incident.	その事件に関するメディアの報道の仕方には多くの苦情があった。
The <u>income</u> of many people in this area is well below the national average.	この地域の多くの人の所得は国の平均をはるかに下回っている。
The aid workers delivered essential <u>supplies</u> to people affected by the storm.	救助隊員は嵐の被害に遭った人々に不可欠な生活必需品を届けた。
Due to the aging population, there is likely to be a <u>shortage</u> **of** workers in the future.	人口の高齢化が原因で，将来は労働者の不足が予想される。
It is unacceptable that children should live in <u>poverty</u> in this country.	この国で子供たちが貧困の中で暮らすのは受け入れ難い。
<u>Criminals</u> broke into the warehouse during the night and stole several items.	<u>犯人</u>は夜間，その倉庫に侵入し，いくつかの商品を盗んだ。
We have a <u>budget</u> of one million dollars for this movie.	私たちには，この映画のための100万ドルの予算がある。
The <u>authorities</u> warned our city's mayor about the high levels of water pollution.	関係当局が水質汚染の高い水準に関して市長に警告した。

media は medium「コミュニケーション媒体」の複数形なんだ。

0060 🔊発音	
genome [dʒí:noʊm]	ゲノム genomic 形　genomics 名 ゲノム学

0061 🔊アクセント	
atmosphere [ǽtməsfìər]	雰囲気，大気(圏) atmospheric 形

0062	
aid [eɪd]	援助，助けとなる人 [≒help, support, assistance] 動 を助ける，を手伝う

0063 🔊発音	
measure [méʒər]	(しばしば 〜s)措置⟨to do 〜する⟩，程度，基準 動 を測る measurement 名 測定

0064	
subject [sʌ́bdʒekt]	被験者，主題，学科 形 受けやすい, 支配下にある⟨to 〜を[の]⟩　動 [səbdʒékt] (人)に に(…を)受けさせる

0065	
decade [dékeɪd]	10年間

0066 🔊発音	
weapon [wépən]	兵器，武器 [≒arms] ▶ nuclear weapon 核兵器

0067	
nutrient [njú:triənt]	栄養分，栄養になるもの nutrition 名 栄養(物)　nutritious 形 栄養になる

0068 🔊アクセント	
expense [ɪkspéns]	費用，(必要)経費 [≒cost] expend 動 (労力・金銭・時間など)を費やす expensive 形 高価な

0069	
structure [strʌ́ktʃər]	建造物 [≒building]，構造 [≒construction] 動 を組織立てる structural 形

After many years of work, scientists successfully decoded the human <u>genome</u>.	長年の研究の結果，科学者たちはヒト<u>ゲノム</u>の解読に成功した。
Toward the end of the game, the <u>atmosphere</u> in the stadium was very tense.	試合が終盤にさしかかり，スタジアムの<u>雰囲気</u>は非常に緊張していた。
A number of NPOs provided <u>aid</u> to the refugees fleeing the war zone.	いくつかの非営利組織が，交戦地帯から逃れる難民たちに<u>援助</u>を行った。
The government is planning to introduce <u>measures</u> **to combat** unemployment.	政府は，**失業をなくそうとするための**<u>措置</u>を導入するつもりだ。
The soldiers were the <u>subjects</u> of an experiment on stress.	その兵士たちはストレスに関する実験の<u>被験者</u>だった。
Three <u>decades</u> ago, there were far fewer foreign tourists in Japan.	30年前，日本には外国からの観光客がはるかに少なかった。
It was discovered that the site had been used to store nuclear <u>weapons</u>.	その敷地は核<u>兵器</u>を保管するために使用されていたことが分かった。
There are a variety of <u>nutrients</u> that are essential for health.	健康のために不可欠なさまざまな<u>栄養分</u>が存在する。
University education is a major <u>expense</u> for most families.	大学教育は，ほとんどの家庭で大きな<u>出費</u>になっている。
The <u>structure</u> was very weak and had to be rebuilt.	その<u>建造物</u>はとても脆弱だったので，建て替えが必要だった。

subjectは意味がたくさんあって，どの意味もよく使われるんだ。

0070 ⚠️アクセント	
adolescent [æ̀dəlésənt]	青年期の人 [≒ teenager] 形 青年期の adolescence 名 青年期

0071 ⚠️発音・アクセント	
procedure [prəsíːdʒər]	手順〈for 物事を行う〉，手続き [≒ process] proceed 動 着手する，続行する，先に進む procedural 形 手続き上の

0072	
minimum [mínɪməm]	最低限 (⇔ maximum) 形 最低の，最小 (限度) の

0073	
fuel [fjúːəl]	燃料 動 に燃料を補給する，をかき立てる ▶ fossil fuel 化石燃料

0074	
resource [ríːsɔːrs]	(通例 ～s) 資源，資金，財産 ▶ natural resources 天然資源 ▶ human resources 人材

0075	
regulation [règjuléɪʃən]	規則 [≒ rule]，規制 [≒ control] regulate 動　regulatory 形

0076 ⚠️アクセント	
contract [ká(:)ntrækt]	契約 (書) [≒ agreement]，請負 contractor 名 契約者　contractual 形 契約 (上) の

0077	
insurance [ɪnʃúərəns]	保険 insure 動　insurer 名 保険会社

0078	
employment [ɪmplɔ́ɪmənt]	雇用，職 [≒ job] (⇔ unemployment 失業) employ 動　employer 名 雇用主　employee 名 従業員

0079	
ban [bæn]	禁止 (令)〈on ～の〉[≒ prohibition] (⇔ permission 許可) 動 を (公式に) 禁止する

The counselor's job is mainly to help <u>adolescents</u> with their problems.	カウンセラーの仕事は，主に問題を抱える青年期の人々に手を差しのべることだ。
The <u>procedure</u> **for** applying for a passport is very simple.	パスポートの申請手順はとても単純である。
I need a <u>minimum</u> of two weeks to finish this report.	私はこの報告書を完成させるのに最低限2週間必要だ。
When purchasing a car, it is better to choose a smaller model, which uses less <u>fuel</u>.	車を購入するときは，使う燃料がより少ない，より小さなモデルを選ぶ方がよい。
It is important to use our precious natural <u>resources</u> in a sustainable manner.	貴重な天然資源を持続可能な方法で使うことは重要である。
The new <u>regulations</u> restrict how often customers can withdraw money per day.	新しい規則により，顧客が1日に何回お金を引き出せるかは制限されている。
The CEOs of the two companies signed the <u>contract</u> this morning.	両社の最高経営責任者は今朝，契約書に署名した。
Hopefully, the cost of car <u>insurance</u> will go down again next year.	うまくいけば，自動車保険の費用は来年また下がるだろう。
<u>Employment</u> rates in the developing nations of Southeast Asia are increasing steadily.	東南アジアの発展途上国における就業率は，着実に増加している。
There is to be a total <u>ban</u> **on** cigarette advertisements in the near future.	近い将来，タバコの広告の全面的な禁止があるだろう。

financial resources だと「財源」の意味になるよ。

0080 　　　 ⚠発音	車[≒car]，（特に陸上の）乗り物，輸送機関，伝達手段
vehicle [víːəkl]	

0081	土[≒earth]，国，国土[≒land, territory]
soil [sɔil]	▶ *one's* native soil 故国，故郷

0082	（主に船・飛行機の）積荷，貨物[≒load]
cargo [káːrgou]	▶ cargo ship 貨物船 ▶ cargo plane 輸送機

0083	航空機，飛行機
aircraft [éərkræft]	★ヘリコプター，グライダー，気球などを含む総称

形容詞

0084	現在の，現代の [modern, contemporary]
current [káːrənt]	名 流れ，電流　currently 副 語源 ラテン語 currere（走る）から

0085	政治の，政治に関する
political [pəlítɪkəl]	politics 名 政治，政治活動，政治学 politician 名 政治家

0086 　　　 ⚠アクセント	重要な（⇔insignificant），意味のある
significant [sɪgnífɪkənt]	signify 動 を意味する　significance 名 重要性，意義 significantly 副 著しく，かなり

0087	効果的な，有効な（⇔ineffective）
effective [ɪféktɪv]	effect 名 効果，影響　effectively 副 効果的に

0088	軍隊の，軍人の
military [mílətèri]	名 (the ～，集合的に) 軍隊，軍人

The driver crashed into a wall after losing control of his **vehicle**.	そのドライバーは車を制御できなくなり、壁に激突した。
The **soil** around here is rich and it is easy to grow a variety of vegetables.	この辺りの土は肥沃なので、さまざまな野菜が容易に育てられる。
The ship docked overnight while the crew unloaded the **cargo**.	乗組員が荷物を降ろしている間、その船は一晩埠頭に留まっていた。
This airline plans to purchase several new **aircraft** in the coming months.	この航空会社は、今後数カ月の間に新たに航空機を数機購入する予定である。
In the **current** situation, many people are having trouble finding new jobs.	現在の状況において、多くの人が新たな仕事を見つけるのに苦労している。
Representatives from various **political** parties met this week to discuss climate change.	さまざまな政党の代表が気候変動について話し合うために今週集まった。
Over the last few months, **significant** progress has been made in developing a vaccine.	この数カ月で、ワクチンの開発において重要な進展があった。
One of the most **effective** ways to improve your concentration is to get more sleep.	集中力を高める最も効果的な方法の1つは睡眠時間を増やすことだ。
There is a **military** base located on the north side of the island.	その島の北側には軍事基地がある。

aircraft は複数形も同じ形だよ。

0089			

due
[djuː]

支払期日になって，（当然）支払われる（べき）

图 (*one's* ～)当然の権利，(～s)会費

0090			

essential
[ɪsénʃəl]

必要不可欠な〈to, for ～にとって〉，非常に重要な

图 (通例 ～s)本質的要素．不可欠なもの

0091		⚠発音

illegal
[ɪlíːgəl]

違法の，非合法の [≒ unlawful, illicit]（⇔ legal）

illegally 副

0092			

immune
[ɪmjúːn]

免疫の，免疫を持つ [≒ resistant]，免除された，影響されない

immunity 图　immunize 動

0093			

numerous
[njúːmərəs]

非常に数の多い，たくさんの [≒ many, innumerable]（⇔ few）

0094			

extreme
[ɪkstríːm]

極端な，過激な，急進的な（⇔ moderate 穏健な）

extremely 副　extremist 图 過激派

0095			

general
[dʒénərəl]

全体の，一般的な（⇔ specific 特定の）

图 大将，将官

generalize 動 を一般化する　generally 副 概して

0096			

agricultural
[æɡrɪkʌ́ltʃərəl]

農業の，農耕の

agriculture 图

0097		⚠アクセント

overall
[òuvəróːl]

全体 [全般] 的な，総合的な [≒ total, gross, entire]

副 全般的に言えば

0098			

additional
[ədíʃənəl]

追加の，付加的な [≒ extra]

add 動　addition 图　additionally 副 さらに, 加えて

Payment of the gas bill is <u>due</u> at the end of the month.	ガス料金の支払いは，月末が<u>支払期日になっている</u>。
Access to a clean water supply is <u>essential</u> **for** good health.	浄水を利用できることは，健康に<u>不可欠</u>である。
It is <u>illegal</u> to drink and drive in many countries, including Japan.	飲酒運転は，日本を含め多くの国々で<u>違法</u>である。
He has a very strong <u>immune</u> system and almost never catches a cold.	彼にはとても強い<u>免疫</u>系が備わっているので，ほとんど風邪をひかない。
There are <u>numerous</u> ways to learn how to speak English.	英語の話し方を学ぶ方法は<u>とてもたくさん</u>ある。
Unfortunately, <u>extreme</u> weather conditions are becoming more common in many countries.	残念ながら，<u>異常</u>気象は多くの国でより日常的なものになりつつある。
The <u>general</u> public seems to be getting more interested in politics these days.	<u>一般</u>市民は最近，政治への関心を深めているようだ。
There is a lot of good <u>agricultural</u> land in that area.	あの地域にはたくさんの良質な<u>農業</u>用地がある。
Our <u>overall</u> profits last year were higher than the year before.	当社の昨年の<u>全体の</u>利益は，前年を上回った。
If you want to change your plane ticket, you will have to pay an <u>additional</u> charge.	もし航空券を変更したいのなら，<u>追加</u>料金を払う必要がある。

immunize は「（予防接種などで）に免疫性を与える」の意味。

0099		
entire [ɪntáɪər]		全体の，全部の [≒ whole] entirety 图 完全無欠, 全体　entirely 副 全く, 完全に, すっかり

0100		⚠発音・アクセント
severe [sɪvíər]		(天候・損害などが) ひどい [≒ harsh]，深刻な, (人・規律などが) 厳格な [≒ strict, rigid] severely 副

⏱ 1分間 mini test

(1) For some reason, my gas (　　　　　) is much higher than usual this month.

(2) The police (　　　　　) a statement on the bank robbery.

(3) The restaurant (　　　　　) to make money during the recession.

(4) There are (　　　　　) ways to learn how to speak English.

(5) There are a variety of (　　　　　) that are essential for health.

😊 ここから選んでね。

① struggled　② facility　③ regulations　④ numerous
⑤ military　⑥ declined　⑦ issued　⑧ bill
⑨ poverty　⑩ nutrients

| The **entire** tourism industry was affected by the new government regulations. | 観光業界**全体**が政府の新たな規制の影響を受けた。 |
| The typhoon led to **severe** flooding in the area around the river. | 台風はその川の周辺地域に**ひどい**氾濫をもたらした。 |

- -

(6) The number of tourists visiting the area has (　　　　) in recent years.

(7) It is unacceptable that children should live in (　　　　) in this country.

(8) There is a (　　　　) base located on the north side of the island.

(9) The new sports (　　　　) will be open to the public by the middle of next week.

(10) The new (　　　　) restrict how often customers can withdraw money per day.

正解

(1) ⑧(→**0044**)　**(2)** ⑦(→**0005**)　**(3)** ①(→**0025**)　**(4)** ④(→**0093**)　**(5)** ⑩(→**0067**)
(6) ⑥(→**0015**)　**(7)** ⑨(→**0056**)　**(8)** ⑤(→**0088**)　**(9)** ②(→**0034**)　**(10)** ③(→**0075**)

severeは日本語でも「シビアな」というけれど，発音・アクセントの違いに注意。

動 詞

0101 ⚠発音
alter
[ɔ́:ltər]

を変える，変わる [≒ change]
alteration 图

0102
adopt
[ədá(:)pt]

(考え・方法など) を採用する，を養子にする
adoption 图 採用，養子縁組

0103
vote
[voʊt]

投票する，を投票で決める
图 投票
voter 图 投票者，有権者

0104 ⚠発音
determine
[dɪtə́:rmɪn]

を決定する [≒ decide]，を確定する
determination 图 決心　determined 形 決心した

0105 ⚠発音・アクセント
enable
[ɪnéɪbl]

(enable O to *do* で) (人) に~できるようにする
語源 en (~にする) + able (可能な)

0106 ⚠アクセント
conduct
[kəndʌ́kt]

を実施する，を遂行する
图 [ká(:)ndʌkt] 行動，遂行
conductor 图 指揮者，車掌

0107
direct
[dərékt]

を案内する [≒ guide]，を指揮する
形 直接の (⇔ indirect)
direction 图 方向，指示　director 图 指導者

0108
absorb
[əbzɔ́:rb]

を吸収する [≒ soak up]，を熱中させる
[≒ engross]
absorption 图 吸収　absorbing 形 夢中にさせる

0109 ⚠発音・アクセント
imply
[ɪmpláɪ]

(imply that ... で) …と暗に示す，をほのめかす
[≒ suggest]
implication 图 暗示，(通例 ~s) 影響　implicit 形

The typhoon has **altered** its path and is now heading west.	台風は進路を変更して、今は西に向かっている。
The company decided to **adopt** several new rules in order to reduce working hours.	その会社は、勤務時間を減らすため、いくつかの新たな規則を採用することに決めた。
The number of young people who **vote** in local elections has been increasing recently.	近年、地方選挙で投票する若者の数は増加している。
Examining the site will help investigators **determine** the cause of the accident.	現場を調査することは、捜査官が事故原因を決定するのに役立つだろう。
It is hoped that the new system will **enable** us **to work** more efficiently.	新しいシステムにより、我々がより効率的に仕事ができるようになることが期待されている。
The university **conducted** a survey to find out how satisfied the students were with their courses.	その大学は、学生が講座にどれくらい満足しているかを知るため、調査を実施した。
The police officer **directed** the truck driver to the correct parking lot.	その警察官はトラックの運転手を正しい駐車場に案内した。
This kitchen towel is very strong and can **absorb** a lot of liquid.	この台所用タオルはとても丈夫で、大量の液体を吸収することができる。
He **implied that** I don't work as hard as he does.	彼は、私が彼ほど一生懸命に仕事をしていないということを暗に示した。

0110 ⚠️アクセント	(機械など)を動かす，を運営する
operate [á(:)pərèɪt]	operation 图 活動，手術　operator 图 操作者，電話交換手

0111 ⚠️アクセント	を実演してみせる，を論証[証明]する
demonstrate [démənstrèɪt]	demonstration 图 実演，デモ　demonstrator 图 デモ参加者

0112	を増加させる[≒increase]，を高める[≒raise]
boost [buːst]	图 増加，上昇 booster 图 昇圧器

0113 ⚠️発音	(prove (to be) で)であることが分かる，と判明する[≒turn out]，を証明する(⇔disprove)
prove [pruːv]	proof 图 証拠，証明

0114	を監視する[≒watch, observe]
monitor [má(:)nət̬ər]	图 監視テレビ，モニター(装置) 語源 moni (警告する) + tor (人)

0115	を負かす，を打ち破る[≒conquer]
defeat [dɪfíːt]	图 敗北

0116 ⚠️アクセント	(に)抗議する，(に)異議を唱える
protest [prətést]	图 [próutest] 抗議 語源 pro (人前で) + test (証言する)

0117	を目標[対象]とする
target [tá:rɡət]	图 目標，標的

0118 ⚠️発音・アクセント	を保護する[≒protect, guard, conserve]
preserve [prɪzə́ːrv]	preservation 图　preservative 圏 保存力のある 图 保存料

0119	に反対する[≒object to] (⇔support)
oppose [əpóuz]	opposition 图　opposite 圏 語源 op (逆らって) + pose (置く)

A team of trainers taught the employees how to **operate** the new machinery.	教育係のチームが従業員に新しい機械を操作する方法を教えた。
The instructor **demonstrated** the karate move slowly to the students.	インストラクターは，生徒たちに空手の動きをゆっくりとやって見せた。
We hope to **boost** sales of our shampoo with the new TV commercial.	私たちは，新しいテレビコマーシャルでシャンプーの売り上げを増加させることを願っている。
The treatment **proved** **to be** more effective than doctors had hoped.	その治療法は医者たちが望んでいた以上に効果があることが分かった。
The doctors **monitored** the patient's condition carefully after the operation.	術後，医師たちはその患者の状態を注意深く監視した。
The team was finally **defeated** in the world cup final.	そのチームはワールドカップの決勝戦でついに敗れてしまった。
The students went on strike to **protest** the government's environmental policy.	学生たちは政府の環境政策に抗議するためにストライキをした。
The new TV advertisements **target** people in their 20s and 30s.	その新しいテレビ広告は20代と30代の人を対象にしている。
The class talked about different ways to **preserve** nature and save our planet.	そのクラスでは，自然を保護し，地球を守るためのさまざまな方法を話し合った。
This party will **oppose** any attempts by the government to raise taxes.	この政党は，政府によるいかなる増税の試みにも反対するだろう。

Protestant「プロテスタント」は「抗議する人」が由来。 43

0120 □□□	移住する，（鳥などが）周期的に移動する
migrate	migrant 图 移住者　migration 图 移住
[máɪɡreɪt]	*cf.* emigrate 動 他国へ移住する（⇔immigrate）
0121 □□□ ⚠発音	を分析する
analyze	analysis 图 [ənǽləsɪs]　analytical 形 [æ̀nəlítɪkəl]
[ǽnəlàɪz]	analyst 图 [ǽnəlɪst] 分析者
0122 □□□	に思いとどまらせる〈from *doing* ～するのを〉，
discourage	を落胆させる（⇔encourage）
[dɪskə́:rɪdʒ]	語源 dis（反）+ courage（勇気）
0123 □□□	を確認する [≒verify, prove]
confirm	confirmation 图
[kənfə́:rm]	
0124 □□□	(intend to *do* で) ～することを意図する
intend	intended 形　intention 图
[ɪnténd]	
0125 □□□ ⚠アクセント	を予測する，を予言する
predict	prediction 图　predictable 形 予言できる
[prɪdíkt]	語源 pre（前もって）+ dict（言う）
0126 □□□	を延長する，を伸ばす
extend	extension 图　extensive 形
[ɪksténd]	語源 ex（外へ）+ tend（伸ばす）

名詞

0127 □□□	人物，数字，体形，図表
figure	▶ historical figure 歴史上の人物
[fíɡjər]	▶ political figure 政治家
0128 □□□	交通 [輸送] 機関，輸送
transportation	transport 動 を輸送する
[træ̀nspərtéɪʃən]	

The family **migrated** to California in the 1930s.	その一家は1930年代にカリフォルニアに移住した。
Could you give me a little time to **analyze** the data?	そのデータを分析する時間を少しくれませんか。
The aim of this campaign is to **discourage** young people **from drinking**.	このキャンペーンの目的は，若者たちに飲酒を思いとどまらせることだ。
The police **confirmed** the identity of the suspect.	警察は容疑者の身元を確認した。
I **intend to buy** a house within the next five years.	私は5年以内に家を買うつもりである。
It is getting easier to **predict** earthquakes than in the past.	地震を予測することは以前よりも容易になってきている。
The supermarket plans to **extend** its opening hours until 10 p.m. from next week.	そのスーパーは来週から営業時間を午後10時までに延長する予定である。
She is a key **figure** in the Canadian business world.	彼女はカナダのビジネス界における重要人物である。
The office manager arranged **transportation** for the client.	事務所のマネージャーは，顧客のために移動手段の手配をした。

immigrateについては **0135** を見てね。 45

0129			

institution
[ìnstɪtjúːʃən]

機関, 施設, 慣習

institute 動 (制度・ルールなど) を設ける 名 協会, 研究機関

0130			

theft
[θeft]

盗み, 窃盗 [≒ robbery, burglary]

thief 名 泥棒

0131			⚠アクセント

candidate
[kǽndɪdèɪt]

候補者 [≒ nominee], 志願者 [≒ applicant]

candidacy 名 立候補 (資格 [期間])

0132			⚠発音

mammal
[mǽməl]

哺乳動物

mammalian 形

cf. amphibian 名 両生類　reptile 名 爬虫類

0133			⚠アクセント

economist
[ɪká(ː)nəmɪst]

経済学者

economy 名 経済　economics 名 経済学
economic 形 経済 (上) の　economical 形 経済的な

0134			⚠発音・アクセント

protein
[próʊtiːn]

タンパク質

cf. carbohydrate 名 炭水化物

0135			⚠アクセント

immigrant
[ímɪɡrənt]

(外国からの) 移住者, 移民 (⇔ native)

immigrate 動 (外国から) 移住する. を移住させる
immigration 名 (外国からの) 移住

0136			

property
[prá(ː)pərṭi]

不動産, (集合的に) 財産 [≒ possession], (通例 -ties) 特性

0137			

fund
[fʌnd]

(しばしば 〜s) 資金, 現金

動 に資金を提供する
funding 名 資金調達 [提供]

0138			

habitat
[hǽbɪtæt]

(動植物の) 生息場所, (人の) 居住地

habitation 名 居住

This bank is one of the oldest and most famous **institutions** in the city.	この銀行は、街で最も古くて有名な機関の1つだ。
Crimes involving intellectual property **theft** have been increasing lately.	知的財産の盗用にかかわる犯罪が、最近は増えている。
The **candidate** I voted for lost by 50 votes.	私が投票した候補者は50票差で落選した。
The largest **mammal** in the world is the blue whale.	世界最大の哺乳類は、シロナガスクジラだ。
Several **economists** have warned that more people are likely to lose their jobs in the future.	数名の経済学者が、今後より多くの人々が失業するだろうと警告した。
The doctor recommended replacing meat with plant-based **protein** such as beans.	その医師は、肉を豆のような植物由来のタンパク質に替えることを勧めた。
A large number of **immigrants** came to Britain in the 1950s.	多くの移住者が1950年代にイギリスに来た。
Property prices in that area are continuing to rise.	その地域の不動産価格は上昇し続けている。
Where will they get the **funds** to pay for the new school?	その新しい学校のための資金を彼らはどこから調達するのだろうか。
The bamboo forests of China are the giant panda's natural **habitat**.	中国の竹林は、ジャイアントパンダの自然の生息場所だ。

0139		

symptom

[símptəm]

症状, 兆候 [≒ sign, indication]

symptomatic 形

0140		

eruption

[ɪrʌ́pʃən]

勃発 [≒ outbreak], 噴火

erupt 動

0141		

quantity

[kwá(:)nṭəṭi]

分量〈of ~の〉, 量 (⇔ quality)

▶ a large [small] quantity of ~ 多 [少] 量の~

0142		

ad

[æd]

広告〈for ~の〉

★ advertisement の略

▶ want ads (新聞の) 求人広告

0143		

saving

[séɪvɪŋ]

節約, 倹約, (~s) 預金 (額), 蓄え

save 動 を節約する, を蓄える

0144		

territory

[térətɔ̀:ri]

領土, 領地

territorial 形

0145		⚠発音

threat

[θret]

脅威〈to ~にとっての〉, 脅し

threaten 動 を脅迫する　threatening 形 脅すような

0146		

sufferer

[sʌ́fərər]

苦しむ人, 被災者, 病人

suffer 動　suffering 名　sufferable 形 耐えられる

0147		

emission

[ɪmíʃən]

排気, 放出 (物) [≒ discharge]

emit 動 (ガス・光・熱など) を発する

0148		⚠発音・アクセント

executive

[ɪgzékjuṭɪv]

重役, 幹部 [≒ director], 経営者

execute 動 を実行する, (通例受身形で) 死刑を執行される　execution 名 実行, 死刑執行

The doctor asked me to describe my **symptoms** in detail.	医師は私に症状を詳細に述べるように求めた。
There has been another sudden **eruption** of violence in the capital city.	首都でまた突然の暴力事件が発生した。
Raising farm animals requires large **quantities of** grain and water.	家畜を育てるのは大量の穀物と水を必要とする。
Some people complained that the new TV **ad** was not suitable for children.	その新しいテレビ広告は子供にはふさわしくないと不平を言う人もいた。
Turning the air conditioner up a few degrees can result in quite a bit of **savings** in energy costs.	エアコンを数度上げることでかなりのエネルギー費用の節約になり得る。
Under the new agreement, no one is allowed to enter the **territory** without a valid visa.	新しい協定のもとでは，有効なビザが無ければ誰もその領土に入ることを許されない。
Cigarette packs carry a warning about the **threat** smoking poses to health.	タバコの箱には，喫煙が健康に与える脅威に関する警告が記載されている。
It was very helpful for her to talk with other allergy **sufferers**.	彼女にとってアレルギーに苦しむほかの人々と話すことはとても役立った。
Car exhaust **emissions** pollute the environment in several different ways.	自動車の排気ガスの排出は，いくつかの異なる形で環境を汚染する。
Most large corporations have several **executives** who manage the different departments.	ほとんどの大企業では，異なった部門を統括する複数の重役がいる。

savings account は「■■ 普通預金（口座）」の意味だよ。 49

0149 ▲アクセント **strategy** [strǽtədʒi]	戦略, 策略 [≒ maneuver] strategic 形 strategically 副
0150 ▲発音 **riot** [ráɪət]	暴動 [≒ uprising, disorder, disturbance] 動 暴動を起こす riotous 形
0151 **district** [dístrɪkt]	(ある特色を持った)地域, 地方 [≒ area] ▶ school district 学区 ▶ business district 商業地区
0152 **election** [ɪlékʃən]	選挙 elect 動 electoral 形 ▶ general election 総選挙
0153 **medication** [mèdɪkéɪʃən]	(医師が処方した)薬, 医薬品 [≒ medicine], 薬物治療 medicinal 形 薬の, 薬効のある
0154 **breed** [bri:d]	品種, 種類 動 を飼育 [栽培] する, を発生させる breeding 名 飼育 breeder 名 繁殖家
0155 ▲アクセント **conflict** [ká(:)nflɪkt]	衝突〈between ~の間の〉[≒ disagreement], 論争 [≒ dispute, quarrel] 動 [kənflíkt] 対立する, 矛盾する
0156 **productivity** [pròʊdʌktívəti]	生産性 [≒ efficiency] productive 形 production 名 product 名 製品 produce 動 を生産する
0157 **organism** [ɔ́:rgənìzm]	有機体, 生物 [≒ living thing, creature] organic 形 有機の
0158 **representative** [rèprɪzéntəṭɪv]	代表者, 代理人 [≒ delegate] 形 代理をする, 典型的な represent 動 を代表する, を象徴する, に相当する

We are developing a new sales **strategy** at the moment.	我々は現在，新たな販売**戦略**を開発中だ。
The protest against human rights violations turned into a **riot**.	人権侵害に対する抗議運動が暴**動**になった。
The hotel is located in a lively entertainment **district** in the center of town.	そのホテルは，市の中心部の活気ある歓楽街にある。
The number of people who voted in the last **election** was very low.	前回の選挙で投票した人の数は非常に少なかった。
She takes a number of **medications** every day to control her pain.	彼女は痛みを抑えるために毎日いくつかの薬を飲んでいる。
There are hundreds of different **breeds** of dogs all over the world.	全世界には，何百というさまざまな犬種がある。
There was a serious **conflict between** members of the political parties.	それらの政党の党員たちの間には深刻な衝突があった。
We are trying to think of ways to increase **productivity**.	私たちは，生産性を向上させる方法を考え出そうと努力している。
The first **organisms** appeared on our planet more than 3.8 billion years ago.	最初の有機体が地球に現れたのは，38億年以上前のことだ。
Representatives of the Football Association met to discuss the player's suspension.	フットボール協会の代表者は，その選手の出場停止について話し合うために会合を開いた。

0159		
warehouse [wéərhàus]	倉庫 [≒ storehouse, depot, depository]

0160	⚠ アクセント
refund [ríːfʌnd]	返金，払い戻し（金）[≒ repayment, reimbursement, rebate] 動 [rɪfʌ́nd] を払い戻す

0161	⚠ アクセント
tuition [tjuíʃən]	授業料 [≒ tuition fees]，（個人）指導 [≒ instruction, teaching, lesson] tutor 名

0162	⚠ 発音
range [reɪndʒ]	範囲，領域 動 （範囲に）わたる〈from ~から, to ~まで〉 ▶ a wide range of ~ 広範囲にわたる~

0163		
victim [víktɪm]	被害者，（病気・事故などの）犠牲者（⇔ survivor）

0164		
dose [dous]	（薬の1回の）服用量 [≒ amount, quantity] 動 に投薬する，に服用させる *cf.* overdose 名 薬の過剰摂取

0165		
mainland [méɪnlənd]	（通例 the ~）本土 mainlander 名 本土の住民

0166		
waterfall [wɔ́ːtərfɔ̀ːl]	滝

0167	⚠ アクセント
satellite [sǽtəlàɪt]	人工衛星，衛星

0168		
evolution [èvəlúːʃən]	進化，発展，展開 [≒ development] evolve 動 進展する，進化する　evolutionary 形 発展的な，進化の

We keep our stock in a **warehouse** near our shop.	当店は店舗近くの<u>倉庫</u>に在庫を保管している。
I asked for a <u>refund</u> because the blender broke after only one day.	ミキサーがたった1日で壊れてしまったので，私は<u>返金</u>を求めた。
<u>Tuition</u> increased by an average of three percent at universities last year.	昨年，大学の<u>授業料</u>は平均3パーセント増えた。
The students learned about a wide **range** of topics during the course.	学生たちはその講座で広範囲にわたるトピックを学んだ。
<u>Victims</u> of crimes don't always report them to the police.	犯罪の<u>被害者</u>は必ずしも警察に届けるとは限らない。
This medicine can be dangerous if taken in high <u>doses</u>.	この薬は多量に摂取されると危険を伴う可能性がある。
Many of the people living on the island commute to work on the <u>mainland</u>.	その島に住む人の多くは，<u>本土</u>へ通勤している。
Many tourists come to this area especially to see the beautiful <u>waterfall</u>.	多くの観光客は特にその美しい滝を見るためにこの地域にやってくる。
The first <u>satellite</u> was launched by the Soviet Union in 1957.	最初の<u>人工衛星</u>はソビエト連邦によって1957年に打ち上げられた。
We studied Darwin's theory of **evolution** at school.	私たちは学校でダーウィンの<u>進化論</u>を学んだ。

0169	
prey [preɪ]	獲物，えじき [≒ victim]（⇔ predator 捕食動物） 動 捕食する〈on, upon ～を〉

0170	
bystander [báɪstæ̀ndər]	傍観者 [≒ onlooker]

0171 ⚠発音	
creature [kríːtʃər]	生き物，（特に人間以外の）動物 create 動 を創造する　creation 名 創造，（神の）創造物 creative 形 創造的な

0172	
civilization [sìvələzéɪʃən]	文明 civilize 動 を文明化する　civilized 形 文明化した

0173	
tribe [traɪb]	部族，種族 tribal 形

0174	
permission [pərmíʃən]	許可〈to do ～する〉，承認（⇔ prohibition 禁止） permit 動 を許す [≒ allow]　名 許可証 ▶ without permission 許可なく，無断で

0175	
barrier [bǽriər]	障害（物）〈to, against ～に対する〉，障壁 語源 bar（邪魔する）+ ier（物）

0176	
wage [weɪdʒ]	（しばしば ～s）賃金，給料 [≒ salary]

0177	
drone [droʊn]	ドローン，（無線操作の）無人機 ★ もともと「雄ミツバチ」の意味

0178	
appearance [əpíərəns]	外観，出現（⇔ disappearance） appear 動 のように見える，現れる

The lioness stalked her **prey** for several hours before attacking.	雌ライオンは攻撃に出る前に獲物を数時間つけ回した。
During the chase, the police shot an innocent **bystander** by mistake.	追跡中に，警察は誤って罪のない通りすがりの人を撃ってしまった。
These beautiful **creatures** can only be found in this area of the island.	これらの美しい生き物は島のこの地域でのみ見られる。
From a young age, the professor was very interested in the early **civilizations** of Greece and Rome.	その教授は幼少期から，ギリシャとローマの古代文明にとても興味があった。
There are several **tribes** living in this part of the Amazon.	アマゾンのこの地域ではいくつかの部族が暮らしている。
The students needed written **permission** from their parents in order to go on the school trip.	生徒たちは，修学旅行に行くために両親から書面で許可をもらう必要があった。
A lack of self-confidence is one of the greatest **barriers to** success in business.	自信の欠如はビジネスで成功する上で最大の障害の1つである。
People's **wages** were badly affected by the economic situation in the country.	人々の賃金は国の経済状況にひどく影響を受けた。
The army used **drones** to locate the enemy base.	軍隊は敵の基地を見つけるのにドローンを使用した。
He doesn't care much about his **appearance** and wears the same old jeans every day.	彼は外見をあまり気にせず，毎日同じ古いジーンズをはいている。

0179	⚠ アクセント	大使館, (集合的に)大使および大使館員
embassy [émbəsi]		*cf.* ambassador 名 大使

0180		骨格, 骸骨, (建物などの)骨組み
skeleton [skélɪtən]		

0181	⚠ アクセント	(集合的に)野生生物
wildlife [wáɪldlàɪf]		▶ wildlife reserve [sanctuary] 野生動物保護区

形容詞

0182	潜在的な, 可能性を秘めた
potential [pəténʃəl]	名 潜在(能)力, 可能性 potentiality 名 潜在力　potentially 副

0183	限定された, わずかの(⇔ unlimited)
limited [límətɪd]	limitation 名 制限, 規制

0184	田舎の, 田園(生活)の(⇔ urban 都会の)
rural [rúərəl]	▶ rural area 田園地帯, 農村地域

0185	進歩した [≒ developed, state-of-the-art], 前進した, 上級の
advanced [ədvǽnst]	advance 動 進む　advancement 名 進歩, 前進

0186	有益な〈to ~に〉, 有利な [≒ advantageous, favorable]
beneficial [bènɪfíʃəl]	benefit 名 動　beneficiary 名 利益を受ける人

0187	⚠ アクセント	遺伝子の
genetic [dʒənétɪk]		gene 名 遺伝子　genetics 名 遺伝学 genetically 副

He visited the American **embassy** to apply for a student visa.	彼は留学ビザを申請するためにアメリカ<u>大使館</u>を訪れた。
Several dinosaur **skeletons** have been discovered in this area recently.	最近この地域でいくつかの恐竜の骨格が発見された。
The volunteers rescued birds and other **wildlife** from the forest fires.	ボランティアは鳥やそのほかの<u>野生生物</u>を森林火災から救った。
We discussed the **potential** benefits of a merger to both our companies.	私たちは，合併が両社にもたらす潜在的な利益について話し合った。
This treatment is far too expensive for those with **limited** finances.	この治療は<u>限られた</u>資金で生活する人にはあまりにも高過ぎる。
Incomes in many **rural** areas are much lower than in the cities.	多くの<u>田舎</u>での所得は都会よりもかなり低い。
This country has a very **advanced** healthcare system.	この国には非常に<u>進歩した</u>保健医療制度がある。
A diet rich in fruit and vegetables is **beneficial** to health.	果物と野菜を多く含む食事は，健康に<u>有益</u>だ。
Some doctors recommend **genetic** testing to people with serious illnesses in their families.	医師の中には，家族が深刻な病気を抱えている人々に<u>遺伝子</u>検査を勧める者もいる。

genetically modified food は「遺伝子組み換え食品」の意味。

0188	
radical [rǽdɪkəl]	根本的な [≒ fundamental], 急進的な (⇔ conservative 保守的な) 图 急進主義者　radicalism 图 急進的なこと
0189	
hostile [há(:)stəl]	敵意のある〈to ~に〉[≒ unfriendly], 不都合な [≒ unfavorable] hostility 图
0190	
fit [fɪt]	健康な [≒ healthy], 元気な, ふさわしい〈for ~ に, to do ~するのに〉 動 に合う, にふさわしい [≒ suit]
0191	
long-term [lɔ̀(:)ŋtə́:rm]	長期にわたる, 長期的な (⇔ short-term)
0192	
Arctic [á:rktɪk]	北極の (⇔ Antarctic) 图 (the ~) 北極 (圏)
0193	
minor [máɪnər]	小さい, 重要でない (⇔ major) 图 未成年者 minority 图 少数 (派) (⇔ majority)
0194	
risky [ríski]	危険な [≒ dangerous] risk 图 [≒ danger] 動
0195	
complex [kà(:)mpléks]	複雑な [≒ complicated], 複合 (体) の [≒ compound] 图 [ká(:)mplèks] 複合体　complexity 图
0196	
competitive [kəmpéṭəṭɪv]	競争力のある, 格安の, 競争の competition 图 競争　compete 動 競争する competitor 图 競争相手
0197　⚠発音	
immediate [ɪmí:diət]	即座の [≒ instant, prompt], 目下の [≒ current] immediacy 图 直接 (性)　immediately 副 すぐに

His first recommendation was a **radical** reorganization of the company.	彼が第一に勧めることは，その会社の<u>根本的な</u>再編成だった。
Employees may be **hostile to** the idea of hiring more part-time workers.	パートタイム労働者をもっとたくさん雇うという考え方<u>に</u>，従業員は<u>反感を抱く</u>かもしれない。
This program is designed to help children stay <u>fit</u>.	このプログラムは子供たちが<u>健康</u>を維持するのを促すように作られている。
The **long-term** effects of the vaccine are still unknown.	そのワクチンの<u>長期にわたる</u>影響はまだ分かっていない。
The **Arctic** explorers took a lot of special equipment with them on their journey.	<u>北極</u>探検隊は多くの特別装備を携えて旅に出た。
Luckily, he only suffered **minor** injuries in the accident.	幸運にも，彼は事故で<u>軽い</u>けがをしただけだった。
I think it's too **risky** to buy shares in the company at present.	私は，今その会社の株を買うのはあまりに<u>危険</u>だと思う。
This problem is very **complex** and will be difficult to solve.	この問題はとても<u>複雑</u>で，解決するのが難しいだろう。
If this company wants to remain **competitive**, it will have to cut costs.	もしこの会社が<u>競争力を持ち続</u>けたいと願うなら，経費を削減すべきだろう。
We need to take **immediate** action to help the disaster victims.	私たちは被災者を救うために<u>即座の</u>行動を取る必要がある。

complexには心理学の「コンプレックス」の意味もあるよ。

0198		
religious [rɪlídʒəs]	宗教(上)の [≒ spiritual]，信仰があつい [≒ devout, pious] religion 名

0199		
related [rɪléɪtɪd]	関連した〈to ～に〉，関係のある (⇔ unrelated) relate 動 を関連づける〈to, with ～と〉

0200		
affordable [əfɔ́ːrdəbl]	手ごろな，安価な [≒ reasonable] (⇔ unaffordable) afford 動 (afford to *do* で) ～する余裕がある

⏱ 1分間 mini test ••••••••••••••••••••••••••••

(1) This medicine can be dangerous if taken in high (　　　).

(2) Cigarette packs carry a warning about the (　　　) smoking poses to health.

(3) Luckily, he only suffered (　　　) injuries in the accident.

(4) (　　　) prices in that area are continuing to rise.

(5) The company decided to (　　　) several new rules in order to reduce working hours.

😊 ここから選んでね。 ※文頭にくる語も小文字になっています。••••••••••••••••••••

① target　　② adopt　　③ minor　　④ property
⑤ wages　　⑥ predict　　⑦ rural　　⑧ district
⑨ threat　　⑩ doses

His **religious** beliefs are very important to him.	彼にとって<u>宗教上</u>の信条はとても重要だ。
He said he was interested in studying something **related** to biology.	彼は生物学に<u>関連した</u>何かを勉強することに興味があると言った。
Motorized bicycles have become more **affordable** recently.	最近，電動自転車はより<u>手ごろ</u>な価格になった。

* * *

(6) The new TV advertisements (　　　　　) people in their 20s and 30s.

(7) People's (　　　　　) were badly affected by the economic situation in the country.

(8) It is getting easier to (　　　　　) earthquakes than in the past.

(9) The hotel is located in a lively entertainment (　　　　　) in the center of town.

(10) Incomes in many (　　　　　) areas are much lower than in the cities.

正解

(1) ⑩ (→**0164**)　(2) ⑨ (→**0145**)　(3) ③ (→**0193**)　(4) ④ (→**0136**)　(5) ② (→**0102**)
(6) ① (→**0117**)　(7) ⑤ (→**0176**)　(8) ⑥ (→**0125**)　(9) ⑧ (→**0151**)　(10) ⑦ (→**0184**)

動詞

0201 **donate** [dóʊneɪt]	を寄付する〈to 慈善事業などに〉[≒ contribute], (臓器・血液)を提供する donation 名　donor 名 寄贈者, ドナー
0202 **lessen** [lésən]	を減らす [≒ decrease, reduce, dwindle] (⇔ increase) less 形 より少ない
0203 ⚠発音 **manufacture** [mænjufǽktʃər]	を(大量に)生産[製造]する [≒ produce] 名 製造　manufacturer 名 製造業者 語源 manu (手) + fact (作る) + ture (名詞語尾)
0204 **commute** [kəmjúːt]	通学する〈to ~へ〉, 通勤する commuter 名 通勤[通学]者
0205 ⚠アクセント **exaggerate** [ɪgzǽdʒərèɪt]	を誇張する [≒ overstate], を強調し過ぎる [≒ overemphasize] exaggerated 形　exaggeration 名
0206 ⚠アクセント **suspect** [səspékt]	(suspect that ... で) …ではないかと思う, を疑わ しく思う 名 [sʌ́spekt] 容疑者　suspicion 名 疑い, 容疑
0207 **acquire** [əkwáɪər]	(知識・技術など)を習得する [≒ get] acquired 形 (努力して)習得した, 後天的な acquisition 名 習得, (企業などによる)買収
0208 **reintroduce** [rìːɪntrədjúːs]	(動植物など)をかつての分布域に再導入する, (制度など)を復活させる [≒ bring back]
0209 **reschedule** [rìːskédʒʊl]	の日時を変更する〈for, to ~に〉

He **donated** over 1 million dollars **to** charity last year.	彼は昨年，チャリティーに100万ドル以上を寄付した。
He asked his boss to **lessen** his workload.	彼は上司に仕事量を減らすように頼んだ。
The company **manufactures** several types of car parts at its factory in Vietnam.	その会社はベトナムの工場で数種類の自動車部品を生産している。
He **commutes to** school in Manhattan by train every day.	彼は毎日電車でマンハッタンの学校へ通っている。
He **exaggerated** the facts to make his new theory more convincing.	彼は自分の新しい理論をより説得力のあるものにするために，事実を誇張した。
The doctor **suspected that** air pollution was behind the high levels of disease in the area.	医師は，その地域の病気の発症率の高さは大気汚染が原因ではないかと考えた。
He spent several years **acquiring** the skills necessary to be a car mechanic.	彼は自動車修理工になるために必要な技術を習得するのに数年間を費やした。
Wildlife researchers **reintroduced** a number of wolves into the national park in the mid-1990s.	野生動物の研究者は，1990年代中ごろ，何頭かのオオカミを国立公園に再導入した。
I had to **reschedule** the meeting due to a problem with the meeting room.	会議室の問題があり，私はその会議の日時を変更しなければならなかった。

suspectはthinkに近く，doubtはdon't think「思わない」に近い。区別しよう。

0210	
adapt [ədǽpt]	順応する〈to ~に〉, を適合 [適応] させる [≒ adjust]
	adaptation 图 翻案　adaptable 形 適応できる

0211	
generate [dʒénərèit]	を発生させる [≒ produce, create], を引き起こす [≒ cause]
	generation 图 同世代, 発生　generator 图 発電機

0212　⚠発音・アクセント	
guarantee [gæ̀rəntíː]	を保証する〈against 危険・損害などに対して〉[≒ warrant], を確約する [≒ assure]
	图 保証 (書), 担保

0213	
dump [dʌmp]	を投棄する, をどさっと降ろす, を見捨てる
	图 ごみ捨て場　dumper 图 ごみを捨てる人 [機械]
	dumping 图 ダンピング, ごみの (不法) 投棄

0214　⚠アクセント	
update [ʌpdéit]	を最新のものにする, をアップデートする
	图 [ʌ́pdèit] 最新情報, 更新

0215	
classify [klǽsɪfài]	を分類する〈as ~として〉[≒ categorize], を等級分けする [≒ grade]
	classified 形 機密扱いの　classification 图 分類

0216　⚠発音	
acknowledge [əkná(ː)lɪdʒ]	(acknowledge that ... で) …と認める [≒ admit, accept] (⇔ deny)
	acknowledgment 图 承認, 感謝

0217	
enforce [ɪnfɔ́ːrs]	(規則など)を守らせる, を施行する [≒ administer], を強制する [≒ compel]
	enforcement 图

0218	
renew [rɪnjúː]	を再開する [≒ resume], を更新する
	renewal 图 更新 (されたもの)
	語源 re (再び) + new (新しい)

0219	
overlook [òuvərlúk]	を大目に見る [≒ tolerate], を無視する [≒ ignore, disregard], を見落とす [≒ miss]

We had to **adapt to** the new financial situation.	私たちは新たな財政状況に適応しなければならなかった。
The new scheme should **generate** more than 6,000 new jobs a year.	その新しい計画は，年に6,000を超える新しい雇用を生み出すはずである。
These scissors are **guaranteed against** breakage for two years.	このはさみには破損に対し，2年間の保証がついている。
You are not allowed to **dump** your garbage in this area.	この地域にごみを投棄することは認められていない。
It is about time that we **updated** our safety regulations.	そろそろ我々の安全規定を最新のものに更新してもよいころだ。
Scientists **classify** tomatoes **as** fruits, but most people think of them as vegetables.	科学者はトマトを果物に分類するが，たいていの人は野菜と考える。
He **acknowledged that** he didn't know how to solve the problem.	彼はその問題を解決する方法が分からないと認めた。
The police say this new law will be very difficult to **enforce**.	警察は，この新しい法律は順守させるのが非常に難しいだろうと言っている。
The charity **renewed** their appeal for donations.	その慈善団体は寄付の呼びかけを再開した。
She decided to **overlook** the fact that he was late for the interview.	彼女は，彼が面接に遅刻した事実を大目に見ることにした。

形容詞 acknowledged は「一般に認められた」という意味だよ。

65

0220	
evaluate [ɪvǽljuèɪt]	を評価する [≒ assess, appraise, estimate] evaluation 名

0221	
commit [kəmít]	(罪・過失など)を犯す [≒ perpetrate]，を委託する [≒ entrust] committed 形 献身的な commitment 名 約束, 関与

名詞

0222	
argument [á:rgjʊmənt]	議論 [≒ discussion, debate]，口論 [≒ dispute, quarrel] argue 動 を議論する arguably 副 ほぼ間違いなく

0223 ⚠発音	
archaeologist [à:rkiá(:)lədʒɪst]	考古学者 archaeology 名 考古学 archaeological 形

0224	
reputation [rèpjutéɪʃən]	評判，名声 reputable 形 評判のよい repute 動 (通例受身形で)評される〈as, to be 〜であると〉

0225	
fossil [fá(:)səl]	化石，時代遅れの人 [もの] fossilize 動 (を)化石化する ▶ fossil fuel 化石燃料

0226	
status [stéɪt̮əs]	地位，身分 [≒ standing]，高い社会的地位 [≒ prestige]

0227 ⚠アクセント	
contrast [ká(:)ntræst]	対照，対比，差異 [≒ difference] 動 [kəntrǽst] を対比させる，対照をなす〈with 〜と〉

0228	
workplace [wə́:rkplèɪs]	職場

The government tried to **evaluate** the effectiveness of the new policy.	政府は新しい政策の効果を評価しようとした。
The police have no idea who **committed** this murder.	警察は誰がこの殺人を犯したのか全く分かっていない。
They were involved in a very heated **argument**.	彼らは非常に白熱した議論に参加していた。
Archaeologists believe the site to be more than 4,000 years old.	考古学者たちは，その遺跡が4,000年以上前のものであると信じている。
The company's **reputation** was damaged after its president was arrested.	社長が逮捕された後，その会社の評判は傷つけられた。
Many **fossils** of large animals can be found in areas with cold, dry climates.	寒くて乾燥した気候の地域では，大型動物の化石が数多く発見される。
He has achieved a high **status** in his company and receives an excellent salary.	彼は会社で高い地位を得て，素晴らしい給料をもらっている。
In **contrast** with his predecessor, the new president seems determined to improve the healthcare system.	前任者とは対照的に，新大統領は医療制度を改善しようと心に決めているようだ。
He took me to his **workplace** and introduced me to his coworkers.	彼は私を彼の職場に連れていき，同僚に紹介した。

0229 ⚠️アクセント **equality** [ɪkwá(:)ləti]	平等(⇔inequality) equal 形 動 に等しい　equalize 動 を等しくする
0230 ⚠️発音・アクセント **colleague** [ká(:)liːg]	(職場の)同僚 [≒ coworker, peer, associate]
0231 **assistance** [əsístəns]	援助, 支援 [≒ help, aid, support] assist 動 を手伝う　assistant 名 助手
0232 ⚠️アクセント **luxury** [lʌ́gʒəri]	ぜいたく(品) [≒ extravagance] luxurious 形
0233 ⚠️アクセント **outbreak** [áʊtbrèɪk]	(戦争・病気・怒りなどの)突発, 勃発, 発生 [≒ eruption]
0234 **council** [káʊnsəl]	(地方自治体の)議会, 評議会, 会議 councilor 名 評議員
0235 **pottery** [pá(:)təri]	(集合的に)陶器類, 焼き物類 potter 名 陶工
0236 ⚠️発音 **assignment** [əsáɪnmənt]	任務 [≒ task], 宿題 [≒ homework], 割り当て [≒ allocation] assign 動 (人)に(仕事・責任など)を割り当てる
0237 **particle** [pá:rṭɪkl]	微粒子, 小片 [≒ fragment] 語源 parti(部分) + cle(指小辞)
0238 **radiation** [rèɪdiéɪʃən]	放射線, 放射 radiate 動 (光・熱など)を放射する　radiant 形 光り輝 く, 放射する

Of course, I believe in **equality** between men and women.	もちろん，私は男女の平等はよいことだと思っている。
I have lunch with my **colleagues** three or four times a week.	私は週に3〜4回，同僚と昼食を食べる。
The information desk attendants can give customers **assistance** in finding what they need.	案内デスクのスタッフは，顧客が必要としているものを見つける手助けをすることができる。
She dreams of being rich and living a life of **luxury**.	彼女は金持ちになって，ぜいたく三昧の生活を送ることを夢見ている。
There have been several **outbreaks** of swine flu in this area.	この地域では数件の豚インフルエンザが突発的に発生している。
The city **council** meets every Tuesday at 6 p.m. in the town hall.	市議会は毎週火曜日午後6時に市庁舎で開かれる。
The museum has a large collection of ancient Japanese **pottery**.	その美術館は，古い日本の陶器を数多くそろえている。
He was given the difficult **assignment** of updating the company's computer system.	彼は，会社のコンピューターシステムを最新の状態にするという難しい任務を与えられた。
What is the smallest known **particle** of matter?	物質の中ですでに知られている最も小さな微粒子は何ですか。
The officials measured the levels of **radiation** on the ground.	職員は地表の放射線レベルを測定した。

councilor「評議員」とcounselor「カウンセラー」の違いに注意。

0239			

priority
[praɪɔ́(ː)rəti]

優先(権) [≒ precedence, preference]
prior 形 前の　prioritize 動 を優先する
▶ priority seat 優先席

0240			⚠ アクセント

content
[ká(ː)ntent]

コンテンツ，(~s)中身，内容，目次
contain 動 (容器などが)を含む
cf. content 形 [kəntént] 満足して

0241			

destination
[dèstɪnéɪʃən]

(旅行などの)目的地，行き先

0242			

mine
[maɪn]

鉱山，地雷
動 (を)採掘する
miner 名 鉱山労働者

0243			

injury
[índʒəri]

傷害，けが [≒ wound]
injure 動 を傷つける　injured 形 傷ついた

0244			

lottery
[lá(ː)ṭəri]

宝くじ，抽選

0245			⚠ 発音

feature
[fíːtʃər]

特徴，特集記事
動 を呼び物 [特色] にする，(映画などで)を主演させる

0246			

labor
[léɪbər]

労働，労働力
laborer 名 労働者 [≒ worker]

0247			⚠ 発音

diabetes
[dàɪəbíːṭəs]

糖尿病
diabetic 形 糖尿病(患者)の　名 糖尿病患者

0248			

bulb
[bʌlb]

電球，球根
語源 ギリシャ語 *bolbos* (タマネギ) から

The first **priority** of this government is to improve the education system.	この政府が**最優先すべきこと**は，教育制度の改善だ。
We need to update the **content** on our website as soon as possible.	我々はできるだけ早くウェブサイトの**コンテンツ**を更新する必要がある。
We arrived at our **destination** about three hours behind schedule.	我々は予定より約3時間遅れて**目的地**に到着した。
There used to be several coal **mines** in this area in the past.	この地域には，かつていくつかの**炭鉱**があった。
Several people received minor **injuries** in the car accident.	その自動車事故で数名が軽傷を負った。
The first thing he did after winning the **lottery** was to call his mother.	**宝くじ**を当てた後，彼が最初にしたのは母親に電話をすることだった。
This apartment has several interesting **features** including a roof garden.	このアパートには屋上庭園を含む，いくつかの面白い**特徴**がある。
The company decided to move production overseas to save money on **labor** costs.	その会社は**労働**コストを節約するため，生産を海外に移すことを決めた。
In many cases, you can cure **diabetes** by changing your diet.	多くの場合，食事を変えることで**糖尿病**を治すことができる。
These LED light **bulbs** are more energy-efficient than the ones we used to have.	これらのLED電球は我々が以前持っていたものよりもエネルギー効率がよい。

0249 ⚠発音 **résumé** [rézəmèi]	■ 履歴書 [≒ CV]，要約
0250 **mud** [mʌd]	ぬかるみ，泥 muddy 形
0251 ⚠発音 **psychology** [saɪká(:)lədʒi]	心理学 psychological 形　psychologist 名 心理学者
0252 **corporation** [kɔ̀:rpəréɪʃən]	大企業，株式会社 [≒ company, firm] corporate 形 法人 (組織) の
0253 **ecosystem** [í:kousìstəm]	生態系 ecology 名 生態学，生態系，環境保護 ecological 形 生態 (学) の，環境 (保護) の
0254 **promotion** [prəmóuʃən]	昇進 〈to ～への〉，促進，販売促進 promote 動 を促進する，を昇進させる promoter 名 興行主　promotional 形 宣伝用の
0255 **administration** [ədmìnɪstréɪʃən]	管理 [≒ management]，(the Administration で) 政府 [≒ government] administer 動　administrative 形
0256 **complaint** [kəmpléɪnt]	苦情，不平 [≒ grumble] complain 動 不満を言う 〈about, of ～について〉
0257 ⚠発音 **debt** [det]	借金，負債 [≒ liability]，恩義 [≒ indebtedness] debtor 名 債務者
0258 **requirement** [rɪkwáɪərmənt]	必要条件 〈for ～にとっての〉 [≒ prerequisite]， (通例 ～s) 必需品 [≒ necessity] require 動 を要求する　requisite 形 必要な

Job applicants were asked to send a recent photograph along with their <u>résumé</u>.	求職者は<u>履歴書</u>と併せて最近の写真を送付するよう求められた。
After the storm, the land was really soft and the car got stuck in the <u>mud</u>.	嵐の後，地面がとても柔らかく，その車は<u>ぬかるみ</u>にはまってしまった。
The scientist has written many books about child <u>psychology</u>.	その科学者には，児童<u>心理学</u>に関する多くの著作がある。
She works for a global <u>corporation</u> with offices in many countries.	彼女は多くの国々に営業所がある世界的<u>大企業</u>で働いている。
Many <u>ecosystems</u> around the world are being affected by global warming.	世界中の多くの<u>生態系</u>が，地球温暖化の影響を受けている。
His <u>promotion to</u> head of department surprised everyone in the office.	彼の事業部長<u>への昇進</u>に，オフィスの誰もが驚いた。
The day-to-day <u>administration</u> of most companies is handled by middle managers, not presidents.	ほとんどの会社の日常の<u>管理業務</u>は社長ではなく，中間管理職が扱っている。
The landlord ignored the tenants' <u>complaints</u> about the leaky roof.	家主は，屋根が雨漏りするという賃借人の<u>苦情</u>を無視した。
I plan to pay off all my <u>debts</u> by next September.	私は次の9月までに全ての<u>借金</u>を返済し終えるつもりだ。
The entrance <u>requirement for</u> this course is a high school diploma.	この講座<u>の受講要件</u>は，高校を卒業していることだ。

ecosystem は「エコシステム」とは読まないので注意。

0259 **workforce** [wɔ́ːrkfɔ̀ːrs]	総従業員，（1国・1産業などの）労働人口
0260 ⚠アクセント **preference** [préfərəns]	ほかより好むこと，好み [≒ liking] prefer 動 の方を好む　preferable 形 好ましい
0261 ⚠アクセント **refugee** [rèfjudʒíː]	難民，亡命者 [≒ fugitive, exile] refuge 名 [réfjuːdʒ] 避難 (所)
0262 **inhabitant** [ɪnhǽbətənt]	居住者，住民 [≒ resident, dweller] inhabit 動 に住む
0263 **subscription** [səbskrípʃən]	予約購読 (料) 〈to, for ～の〉，寄付 (金) [≒ donation, contribution] subscribe 動 予約購読する〈to ～を〉
0264 **recipient** [rɪsípiənt]	受取人 [≒ receiver, beneficiary]，（臓器などを提 供者から）受ける人 receive 動 を受け取る
0265 **shift** [ʃɪft]	変化〈in ～における，from ～からの，to ～への〉，転 換 [≒ change]，（勤務の）交替 動 移動する，変わる〈from ～から，to ～へ〉
0266 **vessel** [vésəl]	（比較的大型の）船 [≒ ship, boat]，容器 [≒ container]
0267 **ingredient** [ɪngríːdiənt]	材料，成分，要素 [≒ component, element, constituent]

Eighty percent of the **workforce** in this factory are men.	この工場の総従業員の80パーセントが男性だ。
Many consumers expressed a **preference** for this brand of washing detergent.	多くの消費者がこのブランドの洗剤を好んでいることを明らかにした。
The **refugees** from the war zone need our help urgently.	その交戦地域からの難民は我々の支援を緊急に必要としている。
The **inhabitants** of the city are very proud of how clean it is.	その都市の住人は，都市の清潔さをとても誇りに思っている。
I took out a **subscription** to the new fashion magazine.	私は新しいファッション誌の予約購読を申し込んだ。
He has been the **recipient** of several important awards.	彼はいくつかの重要な賞を受賞した人物である。
There has been a **shift** in attitudes toward working women in the last twenty years.	過去20年で働く女性に対する考え方の変化があった。
This large **vessel** can carry over 500 passengers and crew.	この大型船は500人を超える乗客と乗員を運ぶことができる。
You will need several **ingredients** in order to make this cake.	このケーキを作るにはいくつかの材料が必要だろう。

paradigm shift は「パラダイムシフト（手法や仮説の抜本的変革）」。

0268

qualified
[kwá(:)lɪfàɪd]

有能な〈for ~に関して, to do ~することに〉, 適任の, 資格のある (⇔ unqualified)
qualify 動 に資格を与える. を適任とする

0269

widespread
[wáɪdsprèd]

広範囲にわたる [≒ extensive, comprehensive, prevalent] (⇔ limited 限定された)

0270 ⚠発音・アクセント

alternative
[ɔːltɚ́rnətɪv]

代替の [≒ substitute], どちらか一方の
名 選択肢, 代案 alternate 形 交互に [次々と] 起こる
alternatively 副 あるいは

0271

harsh
[hɑːrʃ]

厳しい [≒ severe, bitter], 粗い [≒ rough]
harshly 副 harshness 名

0272

enormous
[ɪnɔ́ːrməs]

並外れた, 莫大な [≒ huge, vast, immense]
(⇔ tiny とても小さな)
enormously 副 大いに enormity 名 巨大さ

0273 ⚠アクセント

specific
[spəsífɪk]

明確な [≒ explicit], 特定の
specifically 副 特に specify 動 を明細 [具体的] に述べる specification 名 明細に述べること

0274 ⚠アクセント

artificial
[àːrtɪfíʃəl]

人工の [≒ false] (⇔ natural), 不自然な
[≒ unnatural]
artificially 副

0275

toxic
[tá(:)ksɪk]

有毒な [≒ poisonous], 中毒 (性) の
名 有毒物質, 毒物

0276

flexible
[fléksəbl]

融通 [調整] のきく, 柔軟性のある [≒ adaptable, adjustable]
flexibility 名 flex 動 を曲げる

0277

latest
[léɪtɪst]

最新の, 最近の
★ late の最上級の1つ

The new principal is not only highly **qualified** but also very popular with the students.	新しい校長は非常に<u>有能で</u>あるばかりでなく，生徒たちにとても人気がある。
The hurricane caused **widespread** damage along the coast.	ハリケーンは沿岸に<u>広範囲にわたる</u>被害を与えた。
Some types of **alternative** medicine have become very popular in recent years.	<u>代替</u>医療には近年とても人気になったものもある。
Last year's **harsh** winter has had a bad effect on crops in this area.	昨年の<u>厳しい</u>冬がこの地域の農作物に悪影響を与えた。
Employees in large companies feel an **enormous** pressure to succeed.	大企業の社員は，成功しなければならないという<u>途方もない</u>プレッシャーを感じている。
A meeting will be held tomorrow to discuss the **specific** details of the merger.	合併の<u>具体的な</u>詳細を議論するために，明日会合が開かれる。
These potato chips contain a lot of **artificial** additives.	これらのポテトチップスは，多くの<u>人工</u>添加物を含んでいる。
The company dumped a lot of **toxic** waste into the sea.	その会社は海に大量の<u>有毒な</u>廃棄物を投棄した。
The company plans to introduce **flexible** working hours next year.	その会社は来年，<u>融通のきく</u>労働時間（＝フレックスタイム制）を導入する予定だ。
The doctors performed the operation using the **latest** technology.	医師たちは<u>最新の</u>技術を使ってその手術を行った。

artificial intelligence は「人工知能」の意味で，AI と略すね。

0278 **former** [fɔ́:rmər]	以前の，元の（⇔ present 現在の），(the ~，代名詞詞的に) **前者**（⇔ latter 後者） formerly 副 以前は，昔は
0279 ⚠発音 **capable** [kéɪpəbl]	有能な [≒ competent]，能力 [才能] がある〈of *doing* ~する〉 capability 名 能力，才能
0280 **practical** [prǽktɪkəl]	実践的な，実際的な（⇔ impractical，theoretical 理論的な） practically 副 ほとんど，事実上 [≒ virtually]
0281 **mechanical** [mɪkǽnɪkəl]	機械の（⇔ manual 手動の），機械的な mechanic 名 整備士，修理工
0282 **federal** [fédərəl]	連邦政府の，米国（政府）の federation 名 連合体，連邦国家
0283 **aggressive** [əgrésɪv]	攻撃的な [≒ offensive] aggressively 副　aggression 名
0284 ⚠発音・アクセント **adequate** [ǽdɪkwət]	(ちょうど) 十分な〈for ~のために〉[≒ sufficient，enough]，ふさわしい [≒ suitable] adequately 副
0285 **unexpected** [ʌ̀nɪkspéktɪd]	思いがけない [≒ unanticipated] unexpectedly 副
0286 **attractive** [ətrǽktɪv]	魅力的な [≒ appealing，charming] attract 動 (注意・興味など) を引く，を誘致する attraction 名 引きつける力，呼び物
0287 ⚠アクセント **sufficient** [səfíʃənt]	十分な〈for ~に，to *do* ~するのに〉[≒ enough，adequate]（⇔ insufficient） sufficiency 名　suffice 動 十分である

He returned to his <u>former</u> home after several years working abroad.	彼は数年海外で仕事をした後，<u>以前の</u>家に戻ってきた。
She is a very **capable** lawyer and we are sad that she is planning to retire.	彼女はとても<u>有能な</u>弁護士なので，引退を予定していて我々は悲しい。
During your internship, you can gain <u>practical</u> work experience in the workplace.	インターンの期間中には，職場での<u>実践的な</u>仕事体験ができる。
We have had several **mechanical** problems with the equipment recently.	最近，その設備に<u>機械の</u>問題がいくつかあった。
Crimes in the United States that happen across state lines are covered by **federal** laws.	州の境界線をまたいで起きる合衆国での犯罪は，<u>連邦法</u>の所管となる。
He upset her with his **aggressive** comments.	彼は<u>攻撃的な</u>コメントで彼女を動揺させた。
This apartment is very small, but it is <u>adequate</u> **for** our needs.	このアパートはとても狭いが，私たちのニーズ**には**<u>十分</u>だ。
They were forced to cancel the game due to an <u>unexpected</u> rainstorm.	彼らは<u>思いがけない</u>暴風雨のせいで試合の中止を余儀なくされた。
His new girlfriend is really **attractive**, isn't she?	彼の新しいガールフレンドは本当に<u>魅力的</u>だよね。
I didn't have **sufficient** time **to prepare** for the meeting properly.	私にはその会議のためにきちんと**準備をする**<u>十分</u>な時間がなかった。

0288		
costly [kɔ́ːstli]	費用のかかる，高価な [≒ expensive, high-priced]，犠牲 [損失，労力] の大きな cost 图 費用，犠牲

副詞

0289 ⚠アクセント	
eventually [ɪvéntʃuəli]	ついに (は)，結局 (は) [≒ finally, ultimately, in the end] eventual 形 結果として起こる

0290	
otherwise [ʌ́ðərwàɪz]	そうでなければ，そのほかの点では

0291 ⚠発音	
previously [príːviəsli]	以前に [≒ formerly] previous 形 前の，以前の

0292 ⚠アクセント	
relatively [rélətɪvli]	比較的 (に)，相対的に [≒ comparatively] (⇔ absolutely 絶対的に) relative 形 相対的な　relativity 图 関連性

0293 ⚠アクセント	
consequently [ká(ː)nsəkwèntli]	その結果 (として)，従って [≒ as a result] consequence 图 (通例 ～s) 結果，重要性 consequent 形 結果として起こる，続く

0294	
constantly [ká(ː)nstəntli]	絶えず，常に (⇔ occasionally ときどき) constant 形 一定の，絶え間ない [≒ continual]

0295	
typically [típɪkəli]	通常，概して，典型的に typical 形 典型的な 〈of ～の〉，特有の

0296	
barely [béərli]	かろうじて [≒ only just]，ほとんど…ない [≒ hardly, scarcely] bare 形 裸の

Renovating our house is turning out to be more <u>costly</u> than we thought.	私たちの家の改装には，思っていた以上に<u>費用がかかる</u>ことが判明しつつある。
The runaway train <u>eventually</u> came to a complete stop.	暴走した列車は，<u>ついに</u>完全に停止した。
We have to take action fast. <u>Otherwise</u> it will be too late.	我々は素早く行動を起こさなければならない。<u>そうでなければ</u>，手遅れになってしまうだろう。
The report contains a lot of data on volcanoes not <u>previously</u> published.	その報告書には，火山に関する<u>以前には</u>発表されていなかった多くのデータが含まれる。
Europe's major cities and capitals are all <u>relatively</u> close to each other.	ヨーロッパの主要都市と首都は，互いに<u>比較的</u>近いところにある。
She didn't do well in her exams, and <u>consequently</u> had to take them again.	彼女は試験の出来がよくなかったので，<u>その結果</u>再度受けなければならなかった。
Technology seems to be <u>constantly</u> changing these days and it is hard to keep up.	近ごろ，テクノロジーは<u>絶えず</u>変化しているようで，遅れずについていくのが難しい。
The ferry trip to the island <u>typically</u> takes around 40 minutes.	フェリーでその島まで行くのは<u>通常</u>約40分かかる。
We were <u>barely</u> able to escape from the burning building in time.	私たちは手遅れになる前に，炎上する建物から<u>かろうじて</u>逃げ出すことができた。

-wise は方向・位置・様態を表す。clockwise「時計回りに」，likewise (**0500**) など。

前置詞

0297 □□□

despite
[dɪspáɪt]

〜にもかかわらず [≒ in spite of]

0298 □□□

per
[pər]

〜につき，〜ごとに
▶ at 80 kilometers per hour 時速80キロで

0299 □□□

beneath
[bɪníːθ]

〜の下に [の] [≒ under]（⇔ above）

接続詞

0300 □□□ ⚠アクセント

whereas
[hweərǽz]

〜であるのに，〜に反して [≒ while]

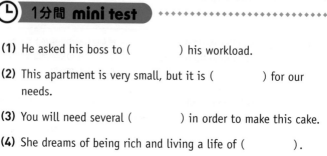

1分間 mini test

(1) He asked his boss to (　　　) his workload.

(2) This apartment is very small, but it is (　　　) for our needs.

(3) You will need several (　　　) in order to make this cake.

(4) She dreams of being rich and living a life of (　　　).

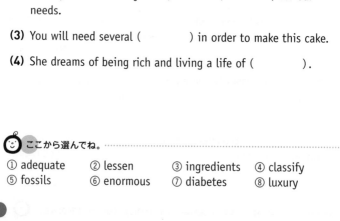

ここから選んでね。

① adequate　② lessen　③ ingredients　④ classify
⑤ fossils　⑥ enormous　⑦ diabetes　⑧ luxury

Despite the difficulties, the researchers are certain to find a cure for the disease.	困難にもかかわらず，研究者たちはきっとその病気の治療法を見つけるだろう。
The budget for the party is 100 dollars per person.	そのパーティーの予算は1人につき100ドルである。
The explorers discovered a series of tunnels deep beneath the surface of the earth.	その探検家たちは地表の下深くに一連のトンネルを発見した。
Whereas the previous accounting system was very complicated, the new one is simple.	以前の会計制度はとても複雑だったが，新しい制度はシンプルである。

◆◆

(5) Employees in large companies feel an (　　　　　) pressure to succeed.

(6) Scientists (　　　　　) tomatoes as fruits, but most people think of them as vegetables.

(7) Many (　　　　　) of large animals can be found in areas with cold, dry climates.

(8) In many cases, you can cure (　　　　　) by changing your diet.

正解

(1) ②(→**0202**)　(2) ①(→**0284**)　(3) ③(→**0267**)　(4) ⑧(→**0232**)　(5) ⑥(→**0272**)
(6) ④(→**0215**)　(7) ⑤(→**0225**)　(8) ⑦(→**0247**)

動詞

0301 ⚠発音 **post** [poust]	(インターネットで)(情報・メッセージ)を投稿する〈on ~に〉, (ビラなど)を張る
0302 ⚠アクセント **reject** [rɪdʒékt]	を拒絶する, を拒否する [≒ refuse] rejection 名 語源 re(返す) + ject(投げる)
0303 ⚠アクセント **consult** [kənsált]	に相談する〈about, on ~について〉, (辞書など)を調べる consultation 名　consultant 名 顧問, コンサルタント
0304 ⚠アクセント **obey** [oʊbéɪ]	に服従する, (命令・規則など)に従う (⇔disobey) obedient 形 従順な, 素直な
0305 **engage** [ɪngéɪdʒ]	を従事させる〈in ~に〉[≒ occupy], を引きつける [≒ attract], を雇う [≒ hire] engagement 名 婚約　engaged 形 婚約中の
0306 **restore** [rɪstɔ́ːr]	を修復する [≒ repair], を復活させる [≒ reinstate] restoration 名 復元　restorative 形 回復の
0307 **colonize** [ká(ː)lənàɪz]	を植民地化する, を入植させる colonization 名 植民地建設　colony 名 植民地 colonial 形 植民地の
0308 **interact** [ìnt̬ərǽkt]	交流する〈with ~と〉, 互いに影響し合う interaction 名 相互作用, 交流　interactive 形 相互に作用[影響]し合う
0309 ⚠アクセント **inspire** [ɪnspáɪər]	に創造的刺激を与える, を奮起させる [≒ stimulate, motivate, encourage] inspiration 名 創造的刺激, 鼓舞

The actress usually **posts** pictures of her life **on** social media several times a day.	その女優は通常, 1日に数回, ソーシャルメディアに日常の写真を投稿する。
The President **rejected** the idea that his economic policies were causing problems.	大統領は自分の経済政策が問題を引き起こしているという考えを拒絶した。
It is advisable to **consult** a lawyer before signing any agreement.	どんな契約書であっても署名する前には弁護士に相談することが望ましい。
The soldiers were expected to **obey** their superiors.	兵士たちは上官に服従するのが当然だと思われていた。
The two sides are **engaged** in negotiations at the moment.	両者は目下のところ, 交渉に取り組んでいる。
We hope to **restore** the house to its original state.	私たちは元の状態に家を修復することを望んでいる。
The British were the first people to **colonize** this area.	イギリス人は, 最初にこの地域を植民地化した国民だ。
The teacher watched how the children **interacted** with one another.	教師は子供たちがどのようにお互いに交流するのかを観察した。
The children were **inspired** by the acrobat's spectacular performance.	子供たちは軽業師の見事な演技に刺激を受けた。

接頭辞 post-「〜の後の」も覚えておこう。postwar「戦後の」。

0310			

sue
[sju:]

を訴える〈for ～のかどで〉, を告訴する [≒ accuse, charge]
suit 图 訴訟

0311			▲発音

estimate
[éstɪmèɪt]

(estimate that ... で) …と推定する, を見積もる
图 [éstɪmət] 見積もり〈of ～の〉, 概算

0312			

strengthen
[stréŋkθən]

を(より)強くする (⇔ weaken)
strength 图 強さ, 体力

0313			

carve
[kɑ:rv]

を彫って作る〈out of, from ～から〉

0314			

convince
[kənvíns]

(convince O to do で)を説得して～させる, を納得させる [≒ persuade]
convincing 圈 conviction 图 確信, 信念 [≒ belief]

0315			

propose
[prəpóʊz]

を提案する〈to ～に〉, 結婚を申し込む
proposal 图 提案
語源 pro (前に) + pose (置く)

0316			

blame
[bleɪm]

のせいにする〈for 過失などを〉, を非難する, の責任を負わせる〈on ～に〉
▶ be to blame 責任がある

0317			

collapse
[kəlǽps]

(建物などが)崩れ落ちる, (人が)倒れる
图 倒壊, 破綻
語源 col (一緒に) + lapse (倒れる)

0318			▲アクセント

import
[ɪmpɔ́:rt]

を輸入する〈from ～から〉 (⇔ export)
图 [ímpɔ:rt] 輸入 (品)
語源 im (中に) + port (運ぶ)

0319			

load
[loʊd]

(車・飛行機・船など)に積む〈with ～を〉
图 荷, 積荷

The actress <u>sued</u> the newspaper **for** publishing private photos of her without her consent.	その女優は，彼女のプライベート写真を同意なく公表したことで新聞社を訴えた。
Local officials <u>estimate</u> it will cost around 10 million dollars to repair the historical building.	地元の役人は，その歴史的建造物を修繕するには約1,000万ドルかかるだろうと見積もっている。
The coach decided to bring in some new players to <u>strengthen</u> the soccer team.	そのコーチはサッカーチームを強化するため，新たな選手を数名入れることに決めた。
The artist <u>carved</u> this famous statue **out of** a single piece of stone.	その芸術家は1つの石からこの有名な彫像を作った。
It took the boy a long time to <u>convince</u> his parents **to let** him study abroad.	その少年が両親を説得して海外留学を許してもらうには長い時間がかかった。
The government minister <u>proposed</u> a change to the tax law.	その大臣は税法の改正を提案した。
The bus driver was unfairly <u>blamed</u> **for** the road accident.	そのバス運転手は交通事故の責任を不当に負わされた。
Several old buildings <u>collapsed</u> due to the large earthquake.	いくつかの古い建物が，大地震によって倒壊した。
This Japanese company <u>imports</u> soft drinks **from** the USA.	この日本企業はソフトドリンクをアメリカから輸入している。
The truck was heavily <u>loaded</u> **with** fruit and vegetables.	そのトラックには果物と野菜がどっさり積まれていた。

0320 **pollute** [pəljú:t]	を汚染する〈with ～で〉 pollution 图　pollutant 图 汚染物（質）

名詞

0321 **spot** [spɑ(:)t]	(特定の)場所，斑点，しみ 動 を見つける　spotless 形 しみ[汚れ]のない spotted 形 まだらの
0322 **prescription** [prɪskrípʃən]	処方箋，処方 prescribe 動 を処方する，を指示する 語源 pre（前もって）＋ scribe（書く）
0323 **duty** [djú:ți]	仕事，義務，責任 ▶ on [off] duty 勤務時間中[外]で 語源 due（支払われるべき）＋ ty（名詞語尾）
0324 **union** [jú:njən]	組合，統合，団結 ▶ ▇ labor [▨ trade] union 労働組合
0325 ⚠️アクセント **concept** [ká(:)nsèpt]	概念〈of ～の〉[≒ thought]
0326 **root** [ru:t]	根本，源[≒ origin]，(植物の)根 ▶ the root cause [idea] 根本の原因[概念]
0327 **survival** [sərváɪvəl]	生き残ること，生き延びること survive 動　survivor 图 生存者 語源 sur（越えて）＋ vive（生きる）
0328 **maintenance** [méɪntənəns]	保守〈of ～の〉，整備，維持 maintain 動 を維持する，を養う．(maintain that ... で)…と主張する

The local people complained that the factory was <u>polluting</u> the air and causing them to become sick.	地元の人々はその工場が大気を<u>汚染し</u>，彼らの健康を害していると苦情を訴えた。
We found a quiet <u>spot</u> under some trees to have our picnic.	我々はピクニックをするために，木陰の静かな<u>場所</u>を見つけた。
I took the <u>prescription</u> the doctor had given me to the drugstore.	私は医者からもらった<u>処方箋</u>を薬局に持って行った。
Many couples these days share housework as well as other <u>duties</u> like childcare.	最近，多くの夫婦は育児のような<u>仕事</u>と同様に家事も分担する。
The labor <u>union</u> supported the workers who were unfairly dismissed.	労働<u>組合</u>は不当に解雇された労働者を支援した。
The teacher had trouble explaining the difficult <u>concept</u> to his students.	その先生は生徒たちにその難しい<u>概念</u>を説明するのに苦労した。
To solve the problem, it is important that we understand its <u>root</u> cause.	その問題を解決するために，その<u>根本</u>原因を理解することが重要である。
We must tackle the issue of climate change if we are to ensure the <u>survival</u> of the human race.	人類の<u>生き残り</u>を確実にしようとするなら，我々は気候変動の問題に取り組まなければならない。
Regular <u>maintenance</u> is necessary to keep the machinery running smoothly.	その機械がスムーズに作動し続けるようにするためには定期的な<u>保守点検</u>が必要である。

rootとroute「道，ルート」は発音が同じなので区別しよう。

0329	形成，構成（物）
formation [fɔːrméɪʃən]	form 名（物の）形　動 を形作る

0330	教育者，教師
educator [édʒəkèɪtər]	educate 動　education 名 教育 educational 形 教育的な

0331	腎臓
kidney [kídni]	cf. liver 名 肝臓

0332	栄養（物）[≒ nutrient]
nutrition [njuːtríʃən]	nutritional 形 cf. malnutrition 名 栄養不良，栄養失調

0333	ブランド，銘柄
brand [brænd]	動（人）に烙印を押す〈as ～の〉

0334 ⚠発音	保管，貯蔵（法），収容力
storage [stɔ́ːrɪdʒ]	store 動 を貯蔵する

0335	会社，商社 [≒ business, company]
firm [fəːrm]	形 固い，安定した，確固[断固]たる firmly 副 固く，しっかりと

0336 ⚠アクセント	統計（資料），統計学
statistics [stətístɪks]	statistical 形　statistically 副

0337 ⚠発音	（災害・戦争・病気などによる）損失，死傷者
toll [toul]	数，（道路などの）使用[通行]料金

0338	秘訣〈on, about ～についての〉[≒ hint]，チップ
tip [tɪp]	[≒ gratuity] 動 にチップを渡す

The experiments taught the children about the **formation** of crystals.	実験によって子供たちは結晶の形成について学んだ。
Many **educators** are concerned about the funding cuts to public schools.	多くの教育者は公立学校に対する財源の削減について心配している。
The patient is recovering well after receiving a **kidney** transplant.	その患者は腎臓移植を受けた後，順調に回復しつつある。
Beans are not only inexpensive but also a very good source of **nutrition**.	豆類は安価であるだけでなく，非常によい栄養源である。
The supermarket stocks several **brands** of breakfast cereal.	そのスーパーはいくつかの朝食用シリアルのブランドを置いている。
My new apartment has a large amount of **storage** space.	私の新しいアパートには，広い収納スペースがある。
Both of my brothers work for my uncle's **firm**.	私の兄弟は2人ともおじの会社で働いている。
Statistics show that consuming plant-based foods is good for the environment.	統計が示すところによると，植物由来の食品を消費することは環境によい。
The forest fire took a heavy **toll** on the people living in the area.	その森林火災のせいで，その地域に住む人々は大変な損失を負った。
He gave me several **tips on** how to write a good résumé.	彼はよい履歴書の書き方についていくつかの秘訣を教えてくれた。

tipには「先端」や「をひっくり返す」の意味もあるよ。　　　😊 91

0339 **CEO** [sì:i:óu]	最高経営責任者 ★ chief executive officer の略
0340 **circumstance** [sə́:rkəmstæns]	(通例 ~s) **状況, 事情** [≒ situation, conditions] circumstantial 形 状況に基づく[関する]
0341 **outsider** [àutsáɪdər]	部外者, 門外漢 (⇔ insider)
0342 **reduction** [rɪdʌ́kʃən]	減少 [≒ decrease, decline], 削減 [≒ cut] reduce 動 を減らす
0343 **settlement** [sétlmənt]	開拓地, 解決, 合意 settle 動 定住する, を解決する settler 名 入植者 settled 形 固定した, 定住した
0344 **divorce** [dɪvɔ́:rs]	離婚, (完全な) 分離 動 と離婚する, を離婚させる divorced 形
0345 **likelihood** [láɪklihùd]	可能性〈of ~の, that ... …という〉, 見込み [≒ probability, possibility, prospect] likely 形 ありそうな
0346 ⚠発音 **livestock** [láɪvstà(:)k]	(牛・羊・豚などの) 家畜 (類)
0347 **possession** [pəzéʃən]	(通例 ~s) **所有物, 財産** [≒ belongings, property], 所有 [≒ ownership] possess 動
0348 **plot** [plɑ(:)t]	小区画 (の土地), 陰謀 [≒ scheme, conspiracy], (小説などの) 筋

After his 60th birthday, the company's **CEO** decided to retire.	60歳の誕生日を迎えて，その会社の**最高経営責任者**は引退を決めた。
The **circumstances** of the crime were not clear to the police.	警察には犯罪の**状況**が明らかではなかった。
I always felt like an **outsider** when I was in high school.	私は高校生だったとき，いつも**部外者**のように感じていた。
After a **reduction** in the market price, sales increased dramatically.	市場価格の**引き下げ**の後，売り上げは劇的に増加した。
There are many **settlements** in the northern part of the country.	その国の北部地域には，多くの**開拓地**がある。
The rate of **divorce** has increased in the last ten years.	この10年間で**離婚**率が増加している。
There is a strong **likelihood that** the next president will be a woman.	次の社長が女性になる**可能性**は高い。
The farmer sold all his **livestock** and went to live in the city.	その農場経営者は全ての**家畜**を売り，市街地に移り住んだ。
You should take better care of your **possessions**.	あなたは**持ち物**にもっと気を配った方がいい。
Each family in the area was assigned a **plot** of land.	その地域の各家族に**小区画**の土地が割り当てられた。

0349 ▲アクセント	部類, 区分 [≒ class, classification]
category [kǽṭəgɔ̀:ri]	categorize 動 を分類する *cf.* categorical 形 絶対的な

0350	福祉 [≒ well-being], ■■ 生活保護
welfare [wélfèər]	

0351	湿気, (水)蒸気 [≒ vapor], 水分
moisture [mɔ́ɪstʃər]	moist 形

0352	(病的な)肥満
obesity [oʊbíːsəti]	obese 形

0353	助成金〈from ~からの, for ~のための〉
grant [grǽnt]	[≒ subsidy], 奨学金 [≒ scholarship, award] 動 を与える, を認める

0354	層〈of ~の〉, 重なり
layer [léɪər]	

0355 ▲発音	秘書〈to ~の〉
secretary [sékrətèri]	語源 secret (秘密) + ary (~する人)

0356 ▲発音	不安〈about, over, for ~についての〉, 心配
anxiety [æŋzáɪəti]	anxious 形 心配して, 不安で

0357	所有権, 所有者であること
ownership [óʊnərʃìp]	own 動 を所有している　owner 图 持ち主

0358 ▲発音	基礎〈of, for ~の〉, 基盤 [≒ base]
foundation [faʊndéɪʃən]	found 動 の基礎を据える, を創立する

I filed the papers under three main **categories**.	私は3つの主な<u>分類</u>に沿って書類を整理した。
The new government announced several changes to the social **welfare** system.	新政府は社会<u>福祉</u>制度に対するいくつかの変更を発表した。
She wiped the **moisture** off the inside of her goggles before putting them on.	彼女はゴーグルをつける前に,内側の<u>湿気</u>をぬぐい取った。
Obesity can raise the risk of a number of diseases.	<u>肥満</u>はいくつかの病気のリスクを高め得る。
The Ph.D. student received a **grant** from the government for her research.	その博士課程の学生は,自分の研究に対して政府<u>から</u><u>助成金</u>を得た。
A thick **layer** of dust covered everything in the old house.	その古い家では,厚いほこり<u>の</u><u>層</u>が全てを覆っていた。
I asked my **secretary** to prepare the documents I needed for the meeting.	私は会議に必要な書類を準備するように<u>秘書</u>に頼んだ。
It is not unusual for students to experience **anxiety** when waiting for exam results.	学生が試験結果を待つとき,<u>不安</u>に思うのは珍しくない。
The two groups have been fighting over **ownership** of the land for several years now.	2つのグループはその土地の<u>所有権</u>をめぐってもう数年間争っている。
Their discoveries laid the **foundations for** modern scientific thought.	彼らの発見は近代科学思想<u>の</u><u>基礎</u>を築いた。

layer には画像を加工する際の「レイヤー」の意味もあるよ。

0359 **division** [dɪvíʒən]	不和〈between, among ～の間の〉，分割，部門， 仕切り divide 動 を分ける [≒ separate]
0360 **establishment** [ɪstǽblɪʃmənt]	設立，制定，組織 establish 動
0361 **conservation** [kà(:)nsərvéɪʃən]	(動植物・森林などの)保護，(建物・文化遺産 などの)保存 conserve 動　conservative 形 保守的な
0362 **murder** [mə́:rdər]	殺人 動 を殺害する murderer 名 人殺し
0363 **presence** [prézəns]	存在，出席 (⇔ absence) present 形 ある，出席している
0364　🔺アクセント **paradox** [pǽrədà(:)ks]	パラドックス，逆説，矛盾 paradoxical 形
0365 **prisoner** [prízənər]	囚人 [≒ inmate, convict] prison 名 刑務所
0366　🔺発音 **surgeon** [sə́:rdʒən]	外科医 surgery 名 外科(手術)　surgical 形 外科(治療)の
0367　🔺発音・アクセント **frequency** [frí:kwənsi]	頻度，しばしば起こること frequent 形 頻繁な　動 をよく訪れる frequently 副 しばしば
0368 **port** [pɔ:rt]	港 [≒ harbor]

The **division between** the rich and the poor is getting worse in that country.	その国では，富裕層と貧困層の**分断**が悪化している。
The two universities announced the **establishment** of a joint research laboratory.	その2つの大学は，共同研究所の**設立**を発表した。
The new **conservation** measures led to a rise in the number of elephants in the area.	新しい**保護**対策により，その地域の象の数が増えた。
The police reported that the **murder** rate in the city is falling every year.	警察は，その都市の**殺人**率は年々下がっていると報告した。
The continuing **presence** of the army in the area is upsetting local residents.	その地域に継続して軍が**いること**が地元の住民を困らせている。
He found it to be a **paradox** that the harder he worked, the less he achieved.	働けば働くほど得るものが減るのは**パラドックス**だと彼は思った。
The political **prisoner** spent over ten years in jail before he was set free.	その政治**犯**は釈放されるまで10年以上を刑務所で過ごした。
He spoke with the **surgeon** about his upcoming heart operation.	彼は今度の心臓手術について**外科医**と話した。
The **frequency** of storms and extreme weather events has been increasing recently.	嵐と異常気象事象の**頻度**は最近高くなっている。
The large cruise ship sailed slowly into the **port**.	大きなクルーズ船はその**港**にゆっくりと入った。

0369				
reception [rɪsépʃən]	歓迎会，受付，（テレビなどの）受信状態 receptionist 名 受付係 ▶ wedding reception 結婚披露宴

0370				
coworker [kóuwə̀:rkər]	同僚，仕事仲間 [≒ colleague, peer, associate]

0371				
rust [rʌst]	さび 動 さびつく，をさびさせる

0372				
athletics [æθlétɪks]	〓 スポーツ，運動競技 athletic 形　athlete 名 [金θliːt] 運動選手

0373	⚠発音・アクセント
voyage [vɔ́ɪɪdʒ]	（ゆったりした長い）旅，船旅 [≒ travel] ▶ go on a voyage 航海に出発する

0374				
ecologist [ɪká(:)lədʒɪst]	生態学者，環境保護論者 ecology 名 生態学　ecological 形 生態(学)の

0375	⚠発音
soul [soul]	魂 [≒ spirit] (⇔ body)，精神 [≒ mind]

形容詞

0376				
isolated [áɪsəlèɪt̬ɪd]	孤立した，孤独な isolation 名

0377	⚠発音
biased [báɪəst]	偏った，偏見を持った〈against 〜に対して〉 bias 名 偏見，先入観

There will be a **reception** for conference attendees in the ballroom at 7 p.m.	午後7時に，大宴会場で会議の出席者のための**歓迎会**がある。
The woman and one of her **coworkers** decided to ask their boss for a raise.	その女性と彼女の**同僚**の1人は上司に昇給を要求することに決めた。
Many of the tools in the box were covered in **rust**.	その箱の中の道具の多くは**さび**に覆われていた。
In many countries, men's **athletics** receives more funding than women's **athletics**.	多くの国では，男子**スポーツ**が女子**スポーツ**よりも多くの資金援助を受ける。
The sailors' **voyage** around the world took several years.	その船員たちの世界一周の**航海**は数年を要した。
Several famous **ecologists** gave speeches at the conference on climate change.	数名の著名な**生態学者**が，気候変動についてその会議で演説した。
The people prayed for the **souls** of those who had died in the shipwreck.	人々は，船の沈没により亡くなった人たちの**魂**に祈りを捧げた。
Elderly people who live alone can feel **isolated**.	ひとり暮らしのお年寄りは，**孤立して**いるように感じることがある。
This report found that the media has become more **biased** in recent years.	この報告によると，近年メディアはより**偏って**いる。

0378		
multiple [mʌ́ltɪpl]	多数の，多様な multiply 動 を増やす，(数)をかける 語源 multi (多くの) + ply (折り重ねる)

0379		
critical [krɪ́tɪkəl]	批判的な〈of ～に〉，重大な criticism 名 批評，批判　critic 名 批評家，批判する人

0380		
remote [rɪmóut]	人里離れた，遠い〈from ～から〉(⇔ nearby) ▶ remote area [region] 僻地 ▶ remote control 遠隔操作，(テレビなどの) リモコン

0381		
encouraging [ɪnkə́ːrɪdʒɪŋ]	勇気づける，望みを持たせる (⇔ discouraging) encourage 動 を励ます〈to do ～するように〉

0382		
underground [ʌ̀ndərgráund]	地下の，秘密の 名 [ʌ́ndərgràund] 🇬🇧 (the ～) 地下鉄 [≒ 🇺🇸 subway]

0383		
stable [stéɪbl]	安定した [≒ firm, steady] (⇔ unstable) stably 副　stability 名　stabilize 動 を安定させる

0384		
domestic [dəméstɪk]	国内の [≒ internal] (⇔ foreign)，家庭の [≒ household] ▶ domestic products 国産品

0385		
shallow [ʃǽlou]	浅薄な [≒ superficial]，浅い (⇔ deep)

0386		
willing [wɪ́lɪŋ]	(willing to do で) ～するのをいとわない，快く ～する (⇔ unwilling) willingness 名 快く～すること [気持ち]

0387		
superior [supíəriər]	優れている〈to ～より〉，勝っている (⇔ inferior) 名 上司，目上の人 superiority 名

These days, the number of people who work **multiple** jobs is increasing.	近ごろ，**多数の**仕事を持つ人の数が増えている。
Community leaders have been very **critical of** the proposed cuts to welfare benefits.	コミュニティーの指導者たちは，提案された生活保護の削減に非常に**批判的**である。
The Air Force used helicopters to deliver aid to those living in **remote** areas of the country.	空軍はヘリコプターを使って，その国の**僻地**に住む人々に救援物資を届けた。
The **encouraging** news is that the unemployment figures are down this month.	**励みになる**ニュースは，今月は失業者数が減少しているということだ。
The prisoners of war escaped through an **underground** tunnel they had secretly built.	その戦争捕虜たちはひそかに作った**地下**トンネルを通って逃げた。
Children need a very **stable** environment when they are growing up.	子供たちが成長する際には，とても**安定した**環境が必要である。
This new model of car is aimed primarily at the **domestic** market.	この自動車の新型モデルは主に**国内**市場向けである。
He is a very **shallow** person and only cares about himself.	彼はとても**浅薄な**人間で，自分のことにしか興味がない。
The nurses said they were **willing to work** extra shifts if necessary.	看護師たちは必要であれば追加のシフトで**働くこともいとわない**と言った。
The judges felt that the winning essay was vastly **superior to** any of the others.	審査員は，受賞したエッセーはほかのどれ**よりも**圧倒的に**優れ**ていると感じた。

0388	⚠️アクセント	利益になる，有利な
profitable [prá(:)fəṭəbl]		profit 图 利益(⇔ loss 損失)

0389		確実な，固体の，頑丈な
solid [sá(:)ləd]		图 固体，固形物

0390		(大きさ・数量・程度などが)途方もない [≒ huge]
tremendous [trəméndəs]		tremendously 副

0391	⚠️アクセント	知的な，知性の
intellectual [ìnʈəléktʃuəl]		intellect 图

0392		主な，最高位の
chief [tʃi:f]		图 (団体・組織の)長 ▶ chief executive officer 最高経営責任者(略 CEO)

0393	⚠️発音	着実な，一定した(⇔ irregular)，固定された
steady [stédi]		steadily 副

0394	⚠️発音	邪悪な [≒ sinister, wicked, wrongful]，有害な
evil [í:vəl]		图 害，邪悪

0395		沿岸(地方)の
coastal [kóustəl]		coast 图 [≒ shore]

0396	⚠️発音	ミルクから作られる，酪農の
dairy [déəri]		图 乳製品加工[販売]所，乳製品 ▶ dairy products 乳製品

0397		消化の
digestive [daidʒéstiv]		digest 動 digestion 图 ▶ the digestive system 消化器系

The company recently launched a highly <u>profitable</u> range of products.	その企業は最近，高い<u>利益を上げる</u>商品一式を発売した。
The police spokesperson said they had <u>solid</u> evidence that the man was guilty.	警察の広報担当者は，その男が有罪である<u>動かぬ</u>証拠を持っていると話した。
Scientists all over the world made a <u>tremendous</u> effort to find a vaccine for the virus.	世界中の科学者がそのウイルスのワクチンを見つけるために<u>大変な</u>努力をした。
For many years, humans have underestimated the <u>intellectual</u> capacity of other animals such as pigs.	長年，人間は豚のようなほかの動物の<u>知的</u>能力を過小評価してきた。
The study found that unemployment was the <u>chief</u> cause of poverty.	その研究により，失業が貧困の<u>主な</u>原因であることが分かった。
There has been a <u>steady</u> increase in tourism in the last few years.	この2，3年，観光業には<u>着実な</u>増加がある。
This actor is well known for playing <u>evil</u> characters, but in real life he is very pleasant.	この俳優は，<u>悪</u>役を演じることで有名だが，実生活ではとても感じがよい。
The beaches in many <u>coastal</u> areas were spoiled by oil spilling out of the damaged tanker.	多くの<u>沿岸</u>地方の浜は，難破したタンカーから流れ出した油によって損なわれた。
In many countries, sales of <u>dairy</u> products have been declining recently.	多くの国では最近，<u>乳製品</u>の売り上げが下がっている。
The doctor decided to test the girl for allergies due to her constant <u>digestive</u> problems.	その少女は常に<u>消化</u>不良を起こすため，医師は彼女にアレルギーの検査をすることに決めた。

0398		
loyal [lɔ́ɪəl]	忠実な〈to 〜に〉(⇔ disloyal)
	loyalty 图
	▶ loyal customer 忠実な顧客, 上顧客

0399		
sensory [sénsəri]	感覚の, 知覚の
	sense 图 感覚
	▶ sensory organ 感覚器(官)

0400		
fancy [fǽnsi]	高級な, 装飾的な
	動 を想像する [≒ imagine] 图 好み, 空想

⏱ 1分間 mini test ••••••••••••••••••••••••••

(1) I took the ( ) the doctor had given me to the drugstore.

(2) The political ( ) spent over ten years in jail before he was set free.

(3) The rate of ( ) has increased in the last ten years.

(4) The soldiers were expected to ( ) their superiors.

(5) The doctor decided to test the girl for allergies due to her constant ( ) problems.

😊 ここから選んでね。 ※文頭にくる語も小文字になっています。 ················

① convince   ② isolated   ③ obey   ④ digestive
⑤ prescription   ⑥ prisoner   ⑦ domestic   ⑧ firm
⑨ obesity   ⑩ divorce

The actor thanked his **loyal** fans for their support during his illness.	その俳優は，**忠実な**ファンに闘病中の支援を感謝した。
Scientists found that some children were suffering from **sensory** processing difficulties.	科学者は，**感覚**処理障害に苦しんでいる子供たちがいることに気づいた。
A **fancy** shopping mall recently opened in the center of the town.	最近，町の中心部に**高級な**ショッピングモールがオープンした。

◆◆◆

(6) Both of my brothers work for my uncle's (　　　　).

(7) This new model of car is aimed primarily at the (　　　　) market.

(8) It took the boy a long time to (　　　　) his parents to let him study abroad.

(9) (　　　　) can raise the risk of a number of diseases.

(10) Elderly people who live alone can feel (　　　　).

正解

(1) ⑤ (→0322)　(2) ⑥ (→0365)　(3) ⑩ (→0344)　(4) ③ (→0304)　(5) ④ (→0397)
(6) ⑧ (→0335)　(7) ⑦ (→0384)　(8) ① (→0314)　(9) ⑨ (→0352)　(10) ② (→0376)

loyal と royal「王の」を混同しないように注意。

Section 5

動詞

0401	
spoil [spɔɪl]	を台無しにする [≒ ruin], を甘やかす [≒ indulge] spoilage 图

0402	⚠アクセント
stimulate [stímjulèɪt]	を刺激する, を激励する [≒ encourage, prompt] stimulation 图 刺激　stimulus 图 刺激 (になるもの) stimulant 图 刺激剤, 刺激

0403	
distract [dɪstrǽkt]	(注意・心など)をそらす〈from ~から〉, を散らす [≒ divert, deflect] distracted 形　distraction 图 気を散らすもの, 気晴らし

0404	
bargain [bá:rgɪn]	(売買の)交渉をする〈about, over ~について, for ~を求めて〉[≒ negotiate] 图 買い得品, 契約, 取引　bargaining 图 交渉

0405	
emerge [ɪmə́:rdʒ]	明らかになる [≒ transpire, unfold], 現れる [≒ appear, arise] emergence 图 出現　emergent 形 出現する, 新興の

0406	⚠発音
browse [brauz]	(商品など)を見て歩く [≒ window-shop], 拾い読 みする〈through 本などを〉[≒ scan] browser 图 本を拾い読みする人, ブラウザ

0407	
define [dɪfáɪn]	を定義する, を明確に示す definition 图 定義　definite 形 明確な

0408	
adjust [ədʒʌ́st]	を調節する〈to ~に〉[≒ regulate], 順応する [≒ adapt] adjustable 形 調節できる　adjustment 图 調節

0409	⚠発音
deserve [dɪzə́:rv]	に値する [≒ merit, earn] deserving 形

The continuous rain spoiled our holiday on the tropical island.	降り続く雨が熱帯の島での我々の休暇を台無しにした。
We have to do something to stimulate the economy.	私たちは経済を刺激するために何かしなければならない。
The noise distracted them **from** doing their homework.	その騒音のせいで，宿題から彼らの注意がそれた。
We bargained for a long time **over** the price of the handmade rug.	私たちは手織りのラグの価格をめぐって長い間交渉した。
New information about the scandal has emerged in the last few days.	ここ2，3日で，スキャンダルについての新しい情報が明らかになった。
I browsed the shoe department of the store for a pair of sandals.	私はサンダルを1足買おうと思い，店内の靴売り場を見て歩いた。
It is not easy to define what success is.	成功とは何かを定義することは簡単ではない。
You can use this key to adjust the volume on the computer.	このキーを使ってコンピューターの音量を調節することができる。
Many people think the firefighter deserves a medal for risking his life to save the girl.	その消防士は命がけで少女を救出したことでメダルに値する，と多くの人は考えている。

0410 ▲アクセント **undergo** [ʌ̀ndərgóʊ]	を経験する [≒ experience, go through]

0411 **contradict** [kà(:)ntrədíkt]	と矛盾する [≒ conflict], に反駁する [≒ counter, oppose, deny]
	contradiction 名 contradictory 形

0412 ▲アクセント **withdraw** [wɪðdrɔ́ː]	を引き出す〈from ～から〉[≒ take out], 撤退する [≒ retreat]
	withdrawal 名 払い戻し, 撤退

0413 **accompany** [əkʌ́mpəni]	と一緒に行く [≒ go [come] with, escort], に付随する [≒ attend]
	accompaniment 名 伴奏

0414 **infect** [ɪnfékt]	(人)を感染させる〈with ～に〉[≒ affect], を汚染する [≒ contaminate, pollute, taint]
	infection 名 infectious 形

0415 ▲アクセント **rebel** [rɪbél]	反抗する〈against ～に〉, 反逆する [≒ revolt]
	名 [rébəl] 反逆者, 反抗者 rebellion 名 反逆 rebellious 形 反逆(者)の(ような)

0416 ▲アクセント **convert** [kənvə́ːrt]	(建物)を改造する〈into, to ～に〉, (形・用途など)を変える [≒ change]
	conversion 名 変化, 転換, 改造

0417 ▲アクセント **calculate** [kǽlkjulèɪt]	(calculate that ... で)…と計算する, …と判断 [予測] する, を計算する
	calculation 名 calculator 名 (小型の)計算機

0418 **utilize** [júːʈəlàɪz]	を(効果的に)利用する [≒ make use of]
	utility 名 役立つこと, 実用(性), (通例 -ties)(電気・ガス・水道などの)公共の設備

0419 **admit** [ədmít]	(admit that ... で)…と(しぶしぶ)認める [≒ concede] (⇔ deny), を中に入れる
	admission 名 入学, 入場料, 承認

You should expect to **undergo** many changes during your life.	あなたは生涯で多くの変化を経験すると考えておくべきだ。
The new witness statement seems to **contradict** the police report.	新たな目撃者の証言は，警察の調書と矛盾するようだ。
There is a limit to how much money a person can **withdraw from** an ATM at any one time.	現金自動支払機で1度に引き出せる金額は制限されている。
My wife **accompanied** me on my business trip to Seoul.	私の妻はソウル出張に私と一緒に行った。
I'm afraid my computer is **infected with** a virus.	残念ながら私のコンピューターはウイルスに感染しているようだ。
He **rebelled against** his overly strict parents.	彼は過度に厳しい両親に反抗した。
The factory was **converted into** a large art museum.	その工場は大きな美術館に改造された。
He **calculated that** it would take about 10 years before he would be able to buy a boat.	彼は船が買えるようになるには約10年かかるだろうと算出した。
Vitamin D helps your body absorb and **utilize** calcium.	ビタミンDは体がカルシウムを吸収し，利用することを助ける。
The driver **admitted that** he had been texting just before the accident.	その運転手は事故の直前に携帯電話でメールをしていたことを認めた。

infect には「に影響を与える」の意味もあるよ。

0420 □□□ **punish** [pʌ́nɪʃ]	を罰する〈for 罪などに対して〉, を懲らしめる punishment 图 刑罰〈for 〜に対する〉
0421 □□□ ⚠発音 **approve** [əprúːv]	(を)承認する〈of 〜を〉, (を)認可する (⇔ disapprove) approval 图
0422 □□□ **owe** [ou]	(owe A to B で)AはBのおかげである, (owe A B, owe B to A で)AにB(責任など)を負っている, AにB(金など)を借りている
0423 □□□ **proceed** [prəsíːd]	向かう〈to 〜に〉, 先へ進む process 图 過程, 経過 procession 图 行列
0424 □□□ **navigate** [nǽvɪgèɪt]	(船舶・航空機など)(を)操舵[操縦]する navigation 图
0425 □□□ ⚠発音・アクセント **postpone** [poustpóun]	を延期する〈to, until 〜まで〉[≒ put off] 語源 post (後に) + pone (置く)
0426 □□□ **swallow** [swɑ́(ː)lou]	(飲食物など)を飲み込む cf. swallow 图 ツバメ
0427 □□□ **tailor** [téɪlər]	を合わせて作る〈to, for 要求・条件などに〉 cf. tailor-made 厖 あつらえの, 目的に合わせた
0428 □□□ **overhear** [òuvərhíər]	を偶然耳にする

A study found that parents tend to **punish** older children more severely than younger ones.	ある調査によると，親は年少の子供より年長の子供をより厳しく罰する傾向がある。
Ireland was the first country to **approve** same-sex marriage by referendum.	アイルランドは国民投票によって同性婚を認めた最初の国だ。
I **owe** my success in life **to** my parents.	私が人生において成功したのは両親のおかげである。
The passengers were told to **proceed** immediately **to** the departure gate.	乗客たちはすぐに出発ゲートに向かうようにと言われた。
The captain **navigated** his ship safely past the rocks.	船長は船を操舵して無事に岩礁を通り過ぎた。
The conference had to be **postponed** due to the snowstorm.	その会議は吹雪により，延期せざるを得なかった。
These tablets should be **swallowed** with a glass of water.	これらの錠剤はコップ1杯の水と一緒に飲み込むべきだ。
At this language school, we **tailor** our lessons to meet the needs of each student.	当語学学校では，各学習者のニーズに添うようレッスンを作っています。
I **overheard** two of my friends discussing my surprise birthday party.	私は友人2人が私のサプライズ誕生パーティーについて話しているのを偶然耳にしてしまった。

I owe you one. は「あなたに1つ借りができたね」という意味だよ。

0429 ⚠️アクセント

consequence
[ká(:)nsəkwens]

(通例 ~s)結果 [≒ result]，重要さ [≒ importance]

consequent 形 結果として起こる
consequently 副 その結果(として)

0430

application
[æplɪkéɪʃən]

申請書〈for ～を求める〉，申し込み，適用

apply 動 申し込む〈for ～を〉，を適用する　applicant
名 応募者　applicable 形 適用[応用]できる

0431

workout
[wɔ́:rkàʊt]

運動，(運動競技の)練習

0432

obstacle
[á(:)bstəkl]

障害(物)〈to ～に対する〉[≒ barrier]

0433

treaty
[trí:ti]

(国家間の)条約，協定 [≒ agreement, pact]

0434

deforestation
[di:fɔ(:)rɪstéɪʃən]

森林破壊 [伐採]

deforest 動

0435

infrastructure
[ínfrəstrλktʃər]

インフラ，基本的施設，経済基盤

infrastructural 形

0436

contribution
[kà(:)ntrɪbjú:ʃən]

貢献〈to, toward ～への〉，寄付(金) [≒ donation]

contribute 動 貢献する〈to ～に〉，寄付する
contributor 名 寄付者

0437

congestion
[kəndʒéstʃən]

混雑 [≒ jam]，密集

congest 動 を混雑させる
▶ traffic congestion 交通渋滞

0438

exposure
[ɪkspóʊʒər]

身をさらすこと〈to 危険などに〉，暴露

expose 動 をさらす，を暴露する　exposition 名 展示，博覧会

His decision to leave school could have serious **consequences** for his future.	退学するという彼の決断は，彼の将来にとって深刻な結果をもたらすかもしれない。
I handed in my passport **application** last Tuesday.	私はこの前の火曜日にパスポートの申請書を提出した。
He does a 30-minute **workout** three times a week.	彼は週に3回，30分の運動をする。
He had to overcome a lot of **obstacles** before becoming president.	彼は社長になる前にたくさんの障害を乗り越えなければならなかった。
The two sides met in order to sign a new peace **treaty**.	新しい平和条約に調印するため，両国は会談した。
The students learned about **deforestation** and why it is bad for our planet.	生徒たちは森林破壊とそれが地球に悪影響を与える理由について学んだ。
After the war, one of the basic needs of the country was to rebuild its **infrastructure**.	戦後その国の基本的ニーズの1つは，インフラを再建することであった。
He thanked her for her positive **contribution to** the conference.	彼は彼女の会議への積極的な貢献に感謝した。
Drivers were advised to avoid Highway 10 due to heavy **congestion**.	大渋滞のため，ドライバーたちは10号線を避けるように忠告を受けた。
Exposure to secondhand cigarette smoke has been known to cause cancer.	副流煙に身をさらすことはガンを引き起こすことが知られている。

0439 **blow** [bloʊ]	強打，打撃 [≒ knock]，災難 [≒ misfortune, disaster] *cf.* blow 動 (風が) 吹く，(息など) を (ふっと) 吹く
0440 **participation** [pɑːrtìsɪpéɪʃən]	参加〈in ～への〉 participant 图 参加者　participate 動
0441 **crisis** [kráɪsɪs]	危機，難局 [≒ emergency]
0442 ▲アクセント **ancestor** [ǽnsèstər]	先祖，祖先 (⇔ descendant 子孫) ancestral 形　ancestry 图 家系
0443 ▲発音・アクセント **architect** [áːrkɪtèkt]	建築家，設計者 architecture 图 建築　architectural 形 建築上の
0444 **existence** [ɪgzístəns]	存在 [≒ being]，生存 [≒ survival] exist 動 存在する　existing 形 存在する
0445 **deposit** [dɪpá(:)zət]	内金〈on ～の〉，頭金 [≒ down payment]，預金 (額) 動 を預金する，を内金として払う
0446 **finance** [fáɪnæns]	金融，財政 (学) 動 に融資する financial 形 財政 (上) の
0447 **awareness** [əwéərnəs]	認識，意識 [≒ consciousness, recognition, realization, perception] aware 形 気づいて〈of ～に〉
0448 ▲アクセント **intake** [íntèɪk]	摂取量，(空気・水などの) 取り入れ

The boxer received several **blows** to the head during the match.	そのボクサーは試合中に頭に何度か**強打**を受けた。
Participation **in** the school festival is required of all students.	全生徒に学園祭**への参加**が求められている。
Many people were worried about the economic **crisis** in the country.	多くの人々がその国の経済**危機**を心配していた。
My father took me there to visit the grave of my **ancestors**.	父は**先祖**の墓参りをするために，私をそこへ連れていった。
The **architects** are working on the plans for the new sports stadium.	その**建築家たち**は新たなスポーツ競技場の設計図面に取り組んでいる。
The **existence** of life outside our solar system has yet to be proven.	太陽系の外での生命の**存在**はまだ証明されていない。
I put down a **deposit** of 200 dollars **on** the car.	私は自動車の**内金**200ドルを支払った。
He is an expert on global **finance**.	彼は国際**金融**の専門家だ。
He seems to lack **awareness** of the dangers of drunk driving.	彼は飲酒運転の危険性に関する**認識**を欠いているようだ。
The doctor suggested that he reduce his **intake** of salt by half.	医師は塩分の**摂取量**を半分に減らすことを彼に勧めた。

0449			
witness [wítnəs]	目撃者〈to ~の〉[≒ eyewitness], (法廷に立つ)証人 動 を目撃する, (法廷で)証言する

0450	▲発音
coverage [kávərɪdʒ]	報道[≒ report], ▆ (保険の)補償範囲 [≒ ▆ cover], 適用範囲 cover 動 を覆う, を報道する, に保険をかける

0451			
lawsuit [lɔ́:sjùːt]	(民事)訴訟〈against ~に対する〉[≒ suit, legal action] cf. suit 名 (主に民事)訴訟

0452			
session [séʃən]	会議, 集会[≒ meeting, gathering, assembly], 会期[≒ ▆ sitting]

0453			
means [miːnz]	(単数・複数扱い)手段〈of ~の〉, 方法 ▶ means of transportation 交通手段

0454	▲アクセント
pioneer [pàɪəníər]	先駆者, 草分け, (未開地の)開拓者 動 を開拓する, 開拓者となる pioneering 形 先駆的な, 先駆けとなる

0455			
satisfaction [sæ̀tɪsfǽkʃən]	満足[≒ content] (⇔ dissatisfaction) satisfy 動 を満足させる satisfactory 形 満足のいく

0456			
basis [béɪsɪs]	根拠〈for, of ~の〉, 基礎[≒ base]

0457			
element [élɪmənt]	(構成)要素〈of ~の〉, 成分 elementary 形 初級の, 簡単な

0458			
phenomenon [fəná(:)mənà(:)n]	現象, 事象

The police have interviewed several <u>witnesses</u> **to** the car accident.	警察はその自動車事故の**目撃者**数人から話を聞いた。
There was a lot of media <u>coverage</u> of the royal wedding.	そのロイヤルウエディングに関するマスコミの**報道**はたくさんあった。
I filed a <u>lawsuit</u> **against** the company because the staff refused to replace the faulty goods.	社員が欠陥製品の交換を拒否したため，私はその会社**に対して訴訟**を起こした。
An emergency <u>session</u> of the UN Security Council was called to discuss the incident.	その紛争について話し合うため，国連安全保障理事会の緊急**会合**が招集された。
Music can be a very powerful <u>means</u> **of** communication.	音楽は非常に強力なコミュニケーション**の手段**になり得る。
He was a real <u>pioneer</u> in the computer industry.	彼はコンピューター業界における真の**先駆者**だった。
All the workers were asked to fill out a survey on employee <u>satisfaction</u>.	全ての従業員が，社員の**満足**度に関する調査に記入するように求められた。
There is no <u>basis</u> **for** the story reported in today's newspaper.	今日の新聞で報じられた記事に**は**何も**根拠**がない。
One of the key <u>elements</u> **of** effective leadership is trust.	効果的な指導力の**重要要素**の1つは信頼である。
The research team studies natural <u>phenomena</u> such as auroras.	その研究チームはオーロラのような自然**現象**を研究している。

basis の複数形は bases，phenomenon の複数形は phenomena だよ。

0459		
scale [skeɪl]	規模, 程度 ▶ on a large [small] scale 大[小] 規模に [の]

0460		
journal [dʒə́:rnəl]	(専門)雑誌, 日刊 [週刊] 新聞 journalist 图 新聞 [雑誌] 記者, ジャーナリスト 語源 jour (日) + al (形容詞語尾)

0461		
grain [greɪn]	(集合的に) 穀物, 穀類 *cf.* wheat 图 小麦

0462		
continent [ká(:)ntənənt]	大陸, (the Continent で) (イギリスから見て) ヨーロッパ大陸 continental 形 大陸の, ヨーロッパ大陸の

0463		
headquarters [hédkwɔ̀:rtərz]	(単数・複数扱い) 本社, (軍・警察・会社などの) 本部

0464		
globalization [glòʊbələzéɪʃən]	グローバル化 globe 图 (通例 the ~) 地球 [≒ earth]　global 形 地球全体の, 地球規模の

0465	⚠ 発音
brochure [broʊʃʊ́ər]	パンフレット, 小冊子 [≒ pamphlet, booklet]

0466		
inspection [ɪnspékʃən]	検査, 点検 inspect 動 を点検する, を検査する 語源 in (中を) + spect (見る)

0467		
attendance [əténdəns]	(集合的に) 出席 [入場] 者数 〈at ~への〉, 出席 attend 動 に出席する　attendant 图 出席者, 付添人

0468		
copper [ká(:)pər]	銅

The government doesn't seem to understand the <u>scale</u> of the problem.	政府はその問題の<u>大きさ</u>を理解していないようだ。
The doctor submitted several articles to a well-respected medical <u>journal</u>.	その医師は，評判の高い医学雑誌に記事をいくつか投稿した。
The main <u>grains</u> grown in this region are wheat and oats.	この地域で育てられている主な<u>穀物</u>は小麦とオート麦である。
Africa is a vast <u>continent</u> of 54 independent nations and a large variety of cultures.	アフリカは54の独立国と多様な文化を持つ広大な<u>大陸</u>である。
The company plans to move its <u>headquarters</u> in the near future.	その会社は，近い将来<u>本社</u>を移転する計画である。
Although <u>globalization</u> is a good thing, it can lead to the destruction of local cultures.	<u>グローバル化</u>は望ましいことだが，地域の文化を破壊することにもなり得る。
The travel agent gave the elderly couple several <u>brochures</u> to look through.	旅行代理店の店員は年配の夫婦が目を通せるようにいくつか<u>パンフレット</u>を渡した。
Passengers are asked to have their passports ready for <u>inspection</u> upon arrival at the destination.	乗客は目的地に着くとすぐに，<u>検査</u>のためパスポートを準備するように言われる。
<u>Attendance</u> **at** the team's matches has risen by 50 percent in the past year.	そのチームの試合の<u>入場者数</u>はこの1年で50パーセント増えた。
There used to be a number of <u>copper</u> mines in this area.	かつてこの地域には，いくつかの<u>銅山</u>が存在した。

0469　　　⚠発音	12（個），1ダース
dozen [dʌ́zən]	▶ dozens of ～ 何十もの～

0470	（しばしば the ～）**インフルエンザ**
flu [fluː]	★ influenza の略

0471　　　⚠発音	埋葬
burial [bériəl]	bury 動[béri] を埋葬する，を埋める（⇔ dig up）

0472	カビ
mold [mould]	*cf.* mold 動 を型に入れて作る　名 鋳型

0473	小区画の土地，継ぎ
patch [pætʃ]	動 に継ぎを当てる

0474	図（表），グラフ
diagram [dáɪəgræm]	語源 dia（交差して）＋ gram（書く）

0475	（就職先・学校・里親などの）斡旋，配置
placement [pléɪsmənt]	▶ job placement services 職業紹介 ▶ placement test クラス分け試験

0476	残念［遺憾］なこと，恥，不名誉
shame [ʃeɪm]	動 に恥ずかしい思いをさせる　shameful 形 恥ずべき， 不名誉な　ashamed 形 恥じて

0477	車椅子
wheelchair [*h*wíːltʃèər]	

There were about a **dozen** children playing in the park.	その公園では<u>12</u>人ほどの子供たちが遊んでいた。
Several students and teachers are off with the **flu** at the moment.	今のところ，数名の生徒と先生が<u>インフルエンザ</u>で休んでいる。
There is an ancient **burial** ground just near here.	このすぐ近くに，古代の<u>埋葬</u>地がある。
It took me about an hour to clean some **mold** off the bathroom wall.	風呂場の壁の<u>カビ</u>を落とすのに約1時間かかった。
I planted some cabbages in a small **patch** of land behind my house.	私は自宅裏の小さな土地の<u>区画</u>にキャベツを植えた。
The engineers studied a **diagram** of the building's air conditioning system.	技術者たちは，そのビルの空調システムの<u>図</u>を詳しく調べた。
The child was given a **placement** with a foster family.	その子供は里親の家族の<u>斡旋</u>を受けた。
It's a **shame** that you can't join us at the class reunion.	あなたが同窓会に来られないのは<u>残念なこと</u>だ。
He has been in a **wheelchair** since his motorbike accident.	彼はバイクの事故以来，<u>車椅子</u>で生活をしている。

鉄道の「ダイヤ」はdiagramのことだよ。

形容詞

0478
experienced
[ɪkspíəriənst]

熟練した [≒ skillful, skilled, expert]
(⇔ inexperienced 未熟な)
experience 動 を経験 [体験] する 名 経験

0479
initial
[ɪníʃəl]

初めの [≒ first]，語頭にある
initially 副 初めに，初めのうちは　initiate 動 を新た
に始める　initiative 名 自発性，主導権

0480
mainstream
[méɪnstrìːm]

主流の
名 主流

0481　⚠発音
appropriate
[əpróupriət]

適切な〈for, to ～に〉[≒ proper, suitable]
(⇔ inappropriate)
appropriately 副

0482
fake
[feɪk]

偽の，偽造の [≒ false, counterfeit, sham]
(⇔ genuine 本物の)
名 偽物，模造 [偽造] 品　動 を模造 [偽造] する

0483
alert
[əlɔ́ːrt]

油断のない〈to, for ～に対して〉[≒ watchful,
vigilant]
名 警報　動 に警報を出す

0484　⚠発音
fatal
[féɪṭəl]

致命的な [≒ deadly, lethal, mortal]，破滅的な
[≒ disastrous]
fatally 副　fate 名 運命 [≒ destiny]

0485
nutritious
[njutríʃəs]

栄養になる [≒ nourishing]
nutrition 名 栄養 (物)　nutrient 名 栄養分 [素]

0486　⚠アクセント
sophisticated
[səfístɪkèɪṭɪd]

洗練された [≒ refined, cultivated]，精巧な
[≒ delicate, elaborate, exquisite]
sophistication 名

0487
automatic
[ɔ̀ːṭəmǽṭɪk]

自動の (⇔ manual 手動の)
automatically 副
語源 auto (自分で) + matic (動く)

She is an **experienced** climber who has conquered many famous mountains around the world.	彼女は世界中の数多くの有名な山々を征服してきた、熟練した登山家だ。
After the **initial** shock of having won the prize, the contestant thanked the judges.	受賞の最初の驚きの後、出場者は審査員たちに感謝した。
She writes a weekly column for a **mainstream** newspaper.	彼女は主要紙に毎週のコラムを書いている。
I don't think your outfit is **appropriate for** that kind of formal party.	その手のフォーマルなパーティーに君の服装は適切ではないと思う。
I was shocked to find out that my diamond necklace was **fake**.	私はダイヤモンドのネックレスが偽物だと分かってショックだった。
The soldiers were **alert to** the possibility of an attack.	兵士たちは攻撃の可能性に用心していた。
There was a **fatal** car crash on Highway 26 yesterday afternoon.	昨日の午後、26号線で死者を出す自動車事故があった。
I try to cook my family a healthy, **nutritious** meal every evening.	私は毎晩、家族のために健康的で栄養のある食事を作ることに努めている。
She has very **sophisticated** taste in clothes and music.	彼女の服と音楽の好みはとても洗練されている。
I walked through the **automatic** doors into the airport.	私は自動ドアを通って空港へ入った。

0488 ⚠発音 **raw** [rɔː]	生の，未加工の
0489 **slight** [slaɪt]	(量・程度などが) わずかな (⇔ large) slightly 副 [≒ a little]
0490 **man-made** [mǽnméɪd]	(物質などが) 合成の [≒ synthetic]，人工の [≒ artificial]
0491 **aging** [éɪdʒɪŋ]	高齢化が進む，老朽化している age 名 年齢 動 年をとる ▶ aging society 高齢化社会
0492 **spiritual** [spírɪtʃuəl]	精神的な，精神の (⇔ material 物質的な) spirit 名 精神，霊，意気
0493 **endangered** [ɪndéɪndʒərd]	(動植物が) 絶滅の危機にある
0494 **sticky** [stíki]	ねばねばの，粘着性の stick 動 くっつく ⟨to ～に⟩ *cf.* sticker 名 ステッカー，シール
0495 ⚠発音・アクセント **fertile** [fə́ːrtəl]	(土地などが) 肥沃な (⇔ infertile, barren 不毛の) fertilize 動 を肥沃にする　fertilizer 名 肥料

副詞

0496 ⚠アクセント **elsewhere** [élshwèər]	どこかほかのところで [に，へ] [≒ somewhere else]

He put some slices of raw onion in his sandwich.	彼は生タマネギの薄切りをサンドイッチに入れた。
I read in the newspaper that there was a slight increase in crime last year.	私は，昨年は犯罪がわずかに増加したと新聞で読んだ。
All the clothes we produce are made of man-made fibers such as nylon and polyester.	当社が生産する全ての衣類はナイロンやポリエステルのような合成繊維でできている。
The committee discussed how to deal with the problem of an aging population.	その委員会は高齢化する人口の問題にどのように対処するかに関して議論した。
He is considered to be the spiritual leader of the country.	彼はその国の精神的指導者と考えられている。
This project aims to protect orangutans and other endangered species.	このプロジェクトはオランウータンやほかの絶滅危惧種を保護することを目的としている。
I cleaned the sticky jam off the kitchen floor with a mop.	私は台所の床のべとついたジャムをモップで掃除した。
The scientists found that the land in the valley was surprisingly fertile.	科学者たちは，その低地の土地が驚くほど肥沃であることを発見した。
I couldn't find the book I wanted in the library and decided to look elsewhere.	私は欲しかった本を図書館で見つけられず，どこかほかで探すことに決めた。

0497 □□□ **altogether** [ɔ́:ltəɡéðər]	完全に [≒ completely]（⇔ partially 部分的に）
0498 □□□ **strictly** [stríktli]	厳格に，厳しく strict 形 ▶ strictly speaking 厳密に言えば
0499 □□□ **beforehand** [bɪfɔ́:rhæ̀nd]	前もって，あらかじめ [≒ in advance]
0500 □□□ **likewise** [láɪkwàɪz]	同じように [≒ in the same way]

🕐 1分間 mini test

(1) This project aims to protect orangutans and other (   ) species.

(2) We (   ) for a long time over the price of the handmade rug.

(3) Music can be a very powerful (   ) of communication.

(4) (   ) at the team's matches has risen by 50 percent in the past year.

(5) The captain (   ) his ship safely past the rocks.

ここから選んでね。※文頭にくる語も小文字になっています。

① sophisticated ② endangered ③ bargained ④ rebelled
⑤ navigated ⑥ attendance ⑦ deposit ⑧ mold
⑨ means ⑩ treaty

On advice from his doctor, the man decided to give up drinking **altogether**.	医師からのアドバイスに従って，その男性は**完全に**飲酒をやめることに決めた。
The use of smartphones is **strictly** prohibited in this area of the hospital.	病院のこの区域では，スマートフォンの使用が**固く**禁止されている。
I wish I'd known the teacher was planning to give us a test **beforehand**.	先生がテストをしようとしていると**前もって**分かっていたらよかったのに。
I work hard and I expect my employees to do **likewise**.	私は一生懸命働き，従業員にも**同じように**することを期待する。

◆ ◆

(6) She has very (   ) taste in clothes and music.

(7) He (   ) against his overly strict parents.

(8) It took me about an hour to clean some (   ) off the bathroom wall.

(9) The two sides met in order to sign a new peace (   ).

(10) I put down a (   ) of 200 dollars on the car.

正解

(1) ② (→0493)　(2) ③ (→0404)　(3) ⑨ (→0453)　(4) ⑥ (→0467)　(5) ⑤ (→0424)
(6) ① (→0486)　(7) ④ (→0415)　(8) ⑧ (→0472)　(9) ⑩ (→0433)　(10) ⑦ (→0445)

でる度Aはここまで。お疲れさま！　127

To complete each item, choose the best word or phrase from among the four choices.

(1) When the professor showed the student that the passage in his report was identical to that of a published article, the student was forced to (　　) that he had copied it.

1 ensure 　　　　　　 **2** acknowledge
3 define 　　　　　　 **4** contradict

(2) The effects of the pain medication were nearly (　　). In a matter of minutes, the patient reported that he felt much better.

1 immediate 　　　　　 **2** aggressive
3 mainstream 　　　　　 **4** nutritious

(3) The astronauts took samples of water back to the spaceship with them in hopes of detecting living (　　) in it and proving that there was life on the planet.

1 symptoms 　　**2** procedures 　　**3** organisms 　　**4** obstacles

----

正解 *(1)* **2** (→0216) 　*(2)* **1** (→0197) 　*(3)* **3** (→0157)

訳

(1) その学生のレポートのその一節が発表された論文のものと全く同じであることを教授が示したとき，学生はそれを写したことを認めざるを得なかった。

(2) 痛み止めの効き目はほぼ即座だった。ものの数分で患者は気分がずっとよくなったと報告した。

(3) 宇宙飛行士たちは，水の中に有機体を検出してその惑星に生物がいることを証明することを期待して，水のサンプルを宇宙船に持ち帰った。

単語編

覚えておきたい単語 **500**

Section 6

動詞

0501	
detect [dɪtékt]	を感知する [≒ notice]，を見つける detection 名 発見，発覚　detective 名 刑事 detector 名 探知器

0502	
combat [kəmbæt]	を撲滅しようとする，と交戦する [≒ battle against]（⇔ give in to に降参する） 名 [káːmbæt] 戦闘，対立　combative 形

0503	
pose [pouz]	(問題など)を引き起こす，を提起する [≒ present] 名 ポーズ，姿勢，見せかけ

0504	
emphasize [émfəsàɪz]	を強調する [≒ stress, underline, highlight] emphasis 名　emphatic 形

0505	
highlight [háɪlàɪt]	を強調する，を目立たせる [≒ stress, underline, emphasize] 名 ハイライト，見せどころ

0506	⚠ 発音
resist [rɪzíst]	に抵抗する [≒ oppose]，(通例否定文で) に耐える [≒ withstand] resistance 名　resistant 形

0507	⚠ アクセント
exceed [ɪksíːd]	を超える，に勝る [≒ surpass] excess 名　excessive 形 語源 ex (外へ) + ceed (行く)

0508	
relocate [rìːlóʊkeɪt]	(住居・事務所・住民など)を移転 [移動] させる [≒ transfer] relocation 名

0509	
disprove [dɪsprúːv]	の誤りを証明する，の反証を挙げる [≒ refute] disproof 名

I <u>detected</u> a slight difference between the two samples.	私は2つのサンプルの間にあるわずかな違い<u>に気づいた</u>。
Governments around the world are trying to <u>combat</u> Internet crime.	世界中の政府が，インターネット犯罪を<u>なくそう</u>としている。
I don't think this project <u>poses</u> any special problems.	私はこのプロジェクトは何も特別な問題を<u>起こさない</u>と思う。
Advertisements tend to <u>emphasize</u> products' best features.	広告は，商品の一番よい特徴を<u>強調する</u>傾向がある。
I have <u>highlighted</u> all the spelling and punctuation mistakes in yellow.	全てのつづりと句読点の間違いを黄色で<u>強調して</u>おきました。
The people in the country <u>resisted</u> the changes to the tax law.	その国の国民は，その税法の変更<u>に抵抗した</u>。
The number of book orders <u>exceeded</u> all our expectations.	書籍の注文数は，我々みんなの予想<u>を超える</u>ものであった。
The company has decided to <u>relocate</u> its head office to another city.	その会社はほかの都市に本社を<u>移転させる</u>ことに決めた。
The new DNA evidence <u>disproved</u> the police's theory.	新たなDNAの証拠が警察の仮説<u>の誤りを証明した</u>。

0510 **crawl** [krɔ:l]	（人・虫などが）はって進む，はう [≒ creep] 图 はうこと，徐行，（水泳の）クロール
0511 **foster** [fɑ́(:)stər]	を促進する [≒ promote, encourage]，（里子として）を育てる [≒ raise, bring up] 形（血縁関係でなく）養育関係による
0512 **harass** [həræs]	を絶えず悩ます〈with 〜で〉，を苦しめる [≒ bother] harassment 图
0513 **magnify** [mǽgnɪfàɪ]	を拡大する [≒ enlarge]，を誇張する magnification 图　magnificent 形 壮大な 語源 magni（大きな）+ fy（〜にする）
0514 **sneak** [sni:k]	こっそり動く [≒ creep] 形 こっそり行われる sneaker 图 忍び歩く人 [動物]，スニーカー
0515 **stray** [streɪ]	迷い出る〈from 〜から〉[≒ wander off]，（考えなどが）わきへそれる [≒ deviate] 形 迷い出た，飼い主のいない
0516 **worsen** [wə́:rsən]	悪化する，を悪化させる [≒ deteriorate] （⇔ improve） worse 形
0517 ⚠アクセント **advocate** [ǽdvəkèɪt]	を主張する，を弁護する [≒ support] 图 [ǽdvəkət] 主張者 advocacy 图 擁護
0518 **evacuate** [ɪvǽkjuèɪt]	を避難させる，から立ち退く [≒ leave] evacuation 图 語源 「空にする」の意のラテン語から。vacuum と同系
0519 **verify** [vérɪfàɪ]	の正しさを確認する，を実証する [≒ confirm, prove, certify] verification 图

The soldiers **crawled** slowly across the battlefield.	兵士たちは戦場を横切ってゆっくりと<u>はって進んだ</u>。
Our group hopes to **foster** good relations between teachers and parents.	私たちのグループは，教師と親の間によい関係を<u>育みたい</u>と思っている。
The judge ordered the man to stop **harassing** the actress.	裁判官は，その女優に<u>嫌がらせをする</u>ことをやめるよう男に命じた。
I **magnified** the image of the skin cells using a microscope.	私は顕微鏡を使って皮膚細胞の画像を<u>拡大した</u>。
The children **sneaked** into the back of the movie theater.	子供たちは映画館の裏口に<u>こっそり潜り込んだ</u>。
The children got lost after they **strayed** too far **from** the campsite.	子供たちはキャンプ場**から**あまりにも遠くまで<u>さまよい出てしまい</u>，迷子になった。
The situation in the war zone is **worsening** day by day.	交戦地帯の状況は日に日に<u>悪化している</u>。
This organization **advocates** the abolition of the death penalty.	この組織は死刑廃止<u>を主張している</u>。
During the forest fire, all the local people were **evacuated** to a safer area.	森林火災の間，全ての地元民がもっと安全な地域へ<u>避難した</u>。
The police were unable to **verify** the woman's alibi.	警察はその女性のアリバイ<u>の正しさを確認</u>できなかった。

foster parentは「里親」，foster childは「里子」だよ。

0520 ⚠発音	
abuse [əbjúːz]	を虐待する，を悪用する [≒ misuse] 图 [əbjúːs] 悪用，虐待 abusive 形 乱暴な

0521	
scatter [skǽtər]	をまき散らす [≒ spread, sprinkle]，を追い散らす [≒ disperse, break up] 图 散布，(散在する) 少数 [少量]

0522	
endorse [ɪndɔ́ːrs]	を推奨する [≒ recommend]，を是認する [≒ approve]，を支持する [≒ support] endorsement 图

0523	
modify [má(ː)dɪfàɪ]	を(部分的に)修正 [変更] する [≒ change, alter]， を和らげる modification 图

0524	
penetrate [pénətrèɪt]	を貫く [≒ pierce]，の内部に入る，に浸透する penetration 图

0525	
conform [kənfɔ́ːrm]	従う〈to, with 習慣・規則などに〉[≒ comply]， 一致する [≒ correspond, agree] conformity 图

名詞	
0526	
leave [liːv]	休暇 ▶ on maternity leave 産休中で

0527 ⚠発音	
tissue [tíʃuː]	(動植物の細胞の)組織，ティッシュペーパー ▶ nerve [muscle] tissue 神経 [筋肉] 組織

0528	
gut [gʌt]	腸 [≒ intestine]，消化管，(〜s)内臓

The child was taken into care after being <u>abused</u> by his parents.	その子は両親から<u>虐待を受けた</u>後，保護された。
After the service, the old man's ashes were <u>scattered</u> near his favorite tree.	葬儀の後，老人の遺灰は彼の大好きだった木の近くに<u>まか</u>れた。
The famous golfer received $25 million for <u>endorsing</u> the company's products.	その有名なゴルファーは，その会社の製品を<u>推奨する</u>ことで2,500万ドルを受け取った。
We need to <u>modify</u> our product to satisfy new customer needs.	我々は，顧客の新しいニーズを満たすため，製品に<u>修正を加える</u>必要がある。
The bullet from the gun <u>penetrated</u> the door.	その銃の弾丸はドアを<u>撃ち抜いた</u>。
He finds it hard to <u>conform</u> **to** school rules.	彼は校則<u>に</u><u>従う</u>のは大変だと思っている。
In many countries, it is now common for men to take paternity <u>leave</u>.	多くの国において，男性が育児<u>休暇</u>を取るのは今や珍しくない。
The scientists collected human brain <u>tissue</u> for research.	科学者たちは研究のためヒトの脳の<u>組織</u>を採取した。
A healthy person has a countless number of bacteria in their <u>gut</u>.	健康な人は<u>腸</u>に数えきれないほど多くのバクテリアを宿している。

0529			
lightning [láɪtnɪŋ]	雷，稲妻 形 (稲妻のように)非常に速い ★ thunderは「雷鳴」のこと

0530			
camel [kǽməl]	ラクダ，黄褐色

0531		⚠アクセント
antioxidant [æ̀nt̬iá(:)ksɪdənt]	抗酸化物質，酸化防止剤

0532		⚠アクセント
disorder [dɪsɔ́:rdər]	障害，病気，混乱，無秩序 disorderly 形

0533			
cattle [kǽt̬l]	(集合的に，複数扱い)牛 (の群れ) [≒ cows, bulls]

0534		⚠発音
oath [oʊθ]	誓い〈to do ～する〉，誓約 [≒ vow, pledge]

0535			
monument [má(:)njumənt]	(人・事件などの)記念碑 [塔] monumental 形 不朽 [不滅] の，重要な

0536			
heating [hí:t̬ɪŋ]	暖房 (装置)

0537		⚠発音
germ [dʒə:rm]	細菌，病原菌

0538		⚠アクセント
legend [lédʒənd]	伝説，言い伝え，伝説的な人物 legendary 形

Two golfers are being treated in the hospital after being struck by lightning yesterday.	2人のゴルファーが昨日雷に打たれた後，病院で治療を受けている。
These days, there are very few wild camels left in Egypt.	近ごろ，エジプトには野生のラクダはほとんど残っていない。
Many plant foods such as red beans and berries are very high in antioxidants.	小豆やベリーのような多くの植物性食物には抗酸化物質が非常に多く含まれる。
It is important that those suffering from eating disorders receive effective treatment.	摂食障害を患う人たちが効果的な治療を受けるのは重要なことである。
A large amount of jungle was cleared to create grazing land for cattle.	牛の放牧地を作るため，広範囲のジャングルが切り開かれた。
Many American medical students take some kind of oath on entry to medical school.	多くのアメリカの医学生は医大に入学すると何らかの誓いを立てる。
A monument was put up to commemorate the victims of the terrorist attack.	テロ攻撃の犠牲者を追悼して，記念碑が建てられた。
It was very cold in the house, so I turned up the heating.	家の中はとても寒かったので，私は暖房の温度を上げた。
You need to wash your hands carefully to remove germs.	細菌を落とすためには，注意深く手を洗う必要がある。
According to a local legend, a dragon once lived in this cave.	地元の伝説によると，かつてこの洞窟には竜が住んでいた。

「反～」などを表す接頭辞 anti- は [æntaɪ] と発音されることも多いよ。

0539	
auditorium [ɔ̀ːdɪtɔ́ːriəm]	(学校の)講堂, ▨▨ 公会堂

0540	
therapy [θérəpi]	療法, 治療, セラピー therapist 名 セラピスト, 治療する人　therapeutic 形

0541 ⚠発音	
heritage [hérəṭɪdʒ]	遺産, 相続財産 ▶ World Heritage (Site) 世界遺産

0542	
invasion [ɪnvéɪʒən]	侵害 [≒violation], 侵入 〈of 〜への〉 (⇔withdrawal) invade 動　invasive 形

0543	
instruction [ɪnstrʌ́kʃən]	(〜s)(製品の)使用書, 指示, 教育 instruct 動　instructor 名 指導者, インストラクター instructive 形

0544	
extinction [ɪkstíŋkʃən]	(家系・種などの)絶滅, 消滅 [≒extermination] extinct 形

0545	
creativity [krìːeɪtívəṭi]	創造性, 独創力 [≒inventiveness] creation 名 創造　creative 形　create 動

0546	
plantation [plæntéɪʃən]	(熱帯・亜熱帯の)(大)農園 plant 動　planter 名 プランター, 植える人

0547 ⚠発音	
drought [draʊt]	干ばつ, 日照り

0548 ⚠発音	
wealth [welθ]	財産, 富 (⇔poverty), 豊富 (⇔lack) wealthy 形 [≒rich]

The **auditorium** was packed, so some of the students had to stand at the back.	講堂は満席だったので，何人かの学生は後ろに立たなければならなかった。
There are many kinds of **therapy** available to treat cancer these days.	最近では，がん治療のために利用できるたくさんの種類の療法がある。
This shrine is part of Japan's national **heritage**.	この神社は，日本の国家遺産の1つだ。
Opening another person's mail is an **invasion** of privacy.	他人の手紙を開封することは，プライバシーの侵害だ。
Please read the **instructions** carefully before operating the machine.	機械を操作する前に，使用書を注意深く読んでください。
Several species of whale are in danger of **extinction**.	数種のクジラが絶滅の危機にある。
Creativity is highly important in developing new and better products.	新しい，よりよい製品を開発するためには，創造性が極めて重要だ。
There are many cotton and tobacco **plantations** in the southern American states.	アメリカ南部の各州には，綿とタバコの大農園が数多くある。
This is the worst **drought** our country has ever experienced.	これは私たちの国が今までに経験した最悪の干ばつだ。
Her personal **wealth** is said to be around 50 million dollars.	彼女の個人的な財産は約5,000万ドルだと言われている。

invasion of Scotland は「スコットランド<u>への</u>侵攻」の意味なんだ。

0549 **reminder** [rɪmáɪndər]	思い出させるもの〈of ～を〉，記念物 [品] remind 動
0550 **inquiry** [ínkwəri]	問い合わせ〈about ～についての〉，質問 [≒ question, query]，調査〈into ～の〉 inquire 動
0551 **investigation** [ɪnvèstɪɡéɪʃən]	(詳しい)調査〈into ～の〉，研究 [≒ examination] investigate 動
0552 **boundary** [báundəri]	境界(線)〈between ～の間の〉 [≒ border]，(通例 -ries)限界，範囲
0553 **compartment** [kəmpáːrtmənt]	(列車・客室などの)コンパートメント，(仕切 った)区画 [部屋]
0554 ⚠アクセント **substitute** [sʌ́bstɪtjùːt]	代わり(となるもの [人])〈for ～の〉 動 を代わりにする [使う] [≒ exchange] substitution 名
0555 **hybrid** [háɪbrɪd]	(動植物の)雑種 [≒ crossbreed]，混成物 [≒ mixture]，ハイブリッド車 形 雑種の，混成の
0556 ⚠アクセント **characteristic** [kæ̀rəktərístɪk]	(しばしば ～s)特徴 [≒ feature, trait] 形 特有の　character 名 性格，特徴，登場人物 characterize 動 を特徴づける
0557 ⚠発音・アクセント **routine** [ruːtíːn]	日課，決まり切った仕事 形 日常の，決まり切った routinely 副
0558 **edge** [edʒ]	優勢〈on, over ～に対する〉 [≒ advantage]，刃， 端 [≒ border] 動 をふち取る，じりじりと進む

The accident serves as a **reminder of** the importance of wearing a bicycle helmet.	その事故は，自転車用ヘルメットの着用の重要性**を思い出させるもの**として役立っている。
We do our best to handle all **inquiries** quickly and efficiently.	私たちは迅速かつ効率的に全ての問い合わせに対応するため，最善を尽くしている。
The criminal **investigation** lasted more than two years.	その犯罪捜査は，2年以上続いた。
This bridge marks the **boundary between** Vietnam and China.	この橋はベトナムと中国の境界を示している。
The first-class **compartments** have very wide and comfortable seats.	1等客室のコンパートメントには非常に広くて，座り心地のよい座席がある。
This recipe uses soy milk as a **substitute for** dairy milk.	このレシピでは，牛乳の代わりとして豆乳を使う。
This big cat is a **hybrid** between a lion and a tiger.	この大きなネコ科の動物は，ライオンとトラの交配種だ。
These two breeds of dogs have very different **characteristics**.	これらの2種類の犬には，非常に異なる特徴がある。
His doctor told him to make exercise a part of his daily **routine**.	医師は彼に運動を毎日の日課の一部とするようにと言った。
When playing tennis on grass, he has the **edge over** his main rival.	芝生でテニスをする場合，彼は最大のライバルより優勢だ。

0559 ⚠️アクセント **incident** [ínsɪdənt]	(反乱・戦争などの)**事件**, **騒動** [≒ event, accident] 形 付随する incidental 形 二次的な
0560 **clue** [kluː]	**手がかり**〈to, about, as to ~のなぞを解く〉[≒ hint, key]
0561 **removal** [rɪmúːvəl]	**除去** [≒ elimination], **移動** [≒ move] remove 動
0562 ⚠️アクセント **outcome** [áʊtkʌm]	**結果**〈of ~の〉[≒ result, consequence, effect]
0563 **altitude** [ǽltɪtjùːd]	**高度** [≒ height], (しばしば ~s)**高地** [≒ highland]
0564 **closure** [klóʊʒər]	(工場・学校などの)**閉鎖** [≒ closing] close 動
0565 ⚠️アクセント **compound** [ká(ː)mpàʊnd]	**化合物**, **複合物** [≒ mixture, blend] 形 合成の, 複合の 語源 com(一緒に) + pound(置く)
0566 ⚠️アクセント **surplus** [sə́ːrplʌs]	**余剰**, **余分** [≒ excess] (⇔ shortage 不足), **黒字** (⇔ deficit 赤字) 形 余剰の, 余分の
0567 ⚠️発音 **vaccine** [væksíːn]	**ワクチン** vaccinate 動 vaccination 名 ワクチン [予防] 接種
0568 ⚠️アクセント **reference** [réfərəns]	**言及**〈to ~(へ)の〉[≒ mention], **参照** [≒ consultation] refer 動

The international **incident** increased the chances of war breaking out.	その国際的な事件は，戦争勃発の可能性を高めた。
The police had few **clues** **as to** who had robbed the bank.	警察には銀行強盗犯**に関する**手がかりがほとんどなかった。
He ordered the **removal** of a number of bushes from outside his house.	彼は家の外から何本かの低木を除去することを命じた。
The **outcome of** the contest was in doubt until the very last moment.	コンテスト**の結果**は，最後の最後まで分からなかった。
The plane was flying at an **altitude** of 5,000 meters when it hit turbulence.	その飛行機は乱気流に入ったとき，高度5,000メートルを飛行していた。
Local people complained about the threatened **closure** of the hospital.	地元の人々はその病院が閉鎖の危機にあることに不満を述べた。
Sugar is a **compound** which is made of three elements.	砂糖は3つの元素からなる化合物だ。
This state has a **surplus** of unskilled laborers.	この州では未熟練労働者が余っている。
Scientists hope to develop a **vaccine** against AIDS one day.	科学者たちはいつかエイズ用のワクチンを開発したいと思っている。
There is no **reference to** the accident in today's newspaper.	今日の新聞には，その事故**への**言及はない。

incident と 0945 incidence が紛らわしいなあ。　143

0569 **obligation** [à(ː)bligéɪʃən]	義務〈to *do* ～する〉，責任 [≒ duty] obligate 動 obligatory 形
0570 **ritual** [rítʃuəl]	儀式 [≒ ceremony, rite] 形 儀式の，儀式的な

形容詞

0571 **mean** [miːn]	意地の悪い〈to ～に〉，不親切な (⇔ kind) *cf.* mean 形 平均の，中間の
0572 **coral** [kɔ́(ː)rəl]	サンゴ (製) の 名 サンゴ ▶ coral reef サンゴ礁
0573 **novel** [ná(ː)vəl]	斬新な，目新しい [≒ new, original] novelty 名
0574 **relevant** [réləvənt]	関連 [関係] がある〈to ～に〉(⇔ irrelevant) relevance 名
0575 **efficient** [ɪfíʃənt]	効率的な，有能な [≒ competent] (⇔ inefficient) efficiency 名
0576　　▲発音 **fragile** [frǽdʒəl]	壊れやすい，もろい [≒ breakable, delicate, frail] (⇔ durable) fragility 名
0577 **impressive** [ɪmprésɪv]	印象的な，感動的な impression 名 impress 動

We all have a moral **obligation to try** to keep our planet clean.	私たち全員に，地球をきれいに保とう**とする**道徳上の義務がある。
The priest performed a number of complicated **rituals** during the ceremony.	その司祭は式典の最中，いくつかの複雑な儀式を執り行った。
The teacher told the children not to be **mean to** each other.	先生は子供たちに互い**に**意地悪をしてはいけないと話した。
Ocean warming caused by climate change is endangering **coral** reefs worldwide.	気候変動による海洋温暖化は世界中のサンゴ礁を危険にさらしている。
This new smartphone has several **novel** features.	この新しいスマートフォンにはいくつかの斬新な特徴がある。
Please ensure that you bring all the **relevant** documents with you.	必ず全ての関連書類をお持ちください。
This new solar panel will help us make more **efficient** use of sunlight.	この新型太陽光パネルは太陽光のより効率的な利用に役立つだろう。
This vase is extremely **fragile**. Please handle it carefully.	この花瓶はとても壊れやすいです。慎重に取り扱ってください。
The soccer team has an **impressive** record in international competitions.	そのサッカーチームは，国際的な大会で印象的な記録を持っている。

0578	⚠️アクセント	不快な [≒ unpleasant]，攻撃的な
offensive		offense 名違反，感情を害すること offend 動 の感情
[əfénsɪv]		を害する offender 名犯罪者，違反者

0579		はっきりと分かる [≒ clear]，明らかに異なる
distinct		[≒ different]
[dɪstíŋkt]		distinction 名区別 distinguish 動 を区別する

0580		一時的な，臨時の (⇔ permanent)
temporary		temporarily 副
[témpərèri]		

0581	⚠️アクセント	傲慢な，尊大な (⇔ humble)
arrogant		arrogance 名
[ǽrəgənt]		

0582		広々とした [≒ roomy]
spacious		space 名
[spéɪʃəs]		

0583		筋の通った，分別のある [≒ rational]，（値段な
reasonable		どが）手ごろな
[ríːzənəbl]		reason 名理由，理性　動 理論的に考える

0584	⚠️アクセント	（数量などが）かなりの [≒ considerable]，重要
substantial		な，実質的な
[səbstǽnʃəl]		substance 名物質 substantially 副 かなり

0585		身体 [心身] 障害の [≒ handicapped]
disabled		disable 動 disability 名
[dɪséɪbld]		

0586	⚠️アクセント	率直な [≒ frank, candid, honest]，単純な
straightforward		[≒ simple] (⇔ complicated)
[strèɪtfɔ́ːrwərd]		副 率直に，包み隠さず

0587		飼い慣らされた，おとなしい [≒ domestic]
tame		(⇔ wild)
[teɪm]		動 を飼い慣らす

I found the comedian's comments about women very **offensive**.	私は女性に関するそのコメディアンのコメントはとても<u>不快だ</u>と思った。
There was a **distinct** smell of burning in the room.	その部屋では何かが燃えていることが<u>はっきりと分かる</u>においがした。
He got a **temporary** job on a construction site for two months.	彼は建設現場で2カ月間の<u>一時的な</u>仕事を得た。
He is really **arrogant** and always thinks he knows better than the rest of us.	彼は本当に<u>傲慢</u>で，いつも私たちの誰よりも自分の方がよく分かっていると考えている。
They plan to move to a more **spacious** apartment soon.	彼らはまもなくもっと<u>広い</u>アパートに引っ越す予定である。
What you said in the meeting seemed **reasonable** to me.	会議でのあなたの発言内容は，私には<u>もっともだ</u>と思われた。
The insurance company paid the victim a **substantial** amount of money.	保険会社は被害者に対して，<u>相当な</u>金額を支払った。
This factory employs a large number of **disabled** people.	この工場では，数多くの<u>障害者</u>を雇用している。
His explanation was **straightforward** and to the point.	彼の説明は<u>単刀直入</u>で的を射ていた。
This lion cub is very **tame** and will eat out of your hand.	このライオンの子供はとても<u>人になついている</u>ので，あなたの手から食べ物を食べます。

0588	
mandatory [mǽndətɔ̀ːri]	義務的な，強制的な，命令の [≒ compulsory, obligatory]（⇔ voluntary）

0589	
edible [édəbl]	食用の，（毒性がなくて）食べられる （⇔ inedible） *cf.* eatable 形（おいしく）食べられる

0590	
outstanding [àutstǽndɪŋ]	際立った，優れた [≒ excellent, prominent, distinguished]，未払いの *cf.* stand out 目立つ

0591	
deadly [dédli]	致命的な，命にかかわる [≒ fatal, lethal, mortal]

0592	
petty [péti]	低級の，心の狭い（⇔ generous），取るに足りない [≒ trivial, unimportant] ▶ petty crime 軽犯罪

副 詞

0593	⚠ アクセント
definitely [défənətli]	間違いなく，確かに [≒ certainly, surely] definite 形　define 動 を定義する definition 名 定義

0594	
roughly [rʌ́fli]	おおよそ [≒ about, approximately]，乱暴に [≒ violently] rough 形　roughness 名

0595	
virtually [və́ːrtʃuəli]	ほとんど [≒ almost]，実質的に [≒ practically] virtual 形

0596	⚠ アクセント
apparently [əpǽrəntli]	（真偽のほどはともかく）聞いた [見た] ところでは，どうやら apparent 形

In this factory, **mandatory** safety inspections are carried out twice a year.	この工場では年に2回，義務づけられた安全検査が実施される。
These cakes are wrapped in **edible** paper.	これらのケーキは食べることができる紙に包まれている。
She gave an **outstanding** performance in playing the main role.	彼女は主役を演じて際立った演技を見せた。
A bite from this snake can be **deadly** if not treated in time.	このヘビにかまれると，処置が遅れれば致命傷になることがある。
He is a **petty** thief and has been in trouble several times with the police.	彼はけちな泥棒で，警察に何回かしょっぴかれている。
This is **definitely** the best smartphone I have ever had.	これは間違いなく私が今までに使った中で最高のスマートフォンだ。
That town is **roughly** 100 kilometers away from here.	あの町はここからおおよそ100キロ離れている。
It will be **virtually** impossible to finish this work by the deadline.	締め切りまでにこの仕事を終えることはほとんど不可能だろう。
Apparently, the CEO of the company decided to quit last week.	聞いたところでは，その会社の最高経営責任者は先週辞任を決めたようだ。

0597 ☐☐☐ **unfairly** [ʌ̀nféərli]	不当に，不公平に (⇔fairly) unfair 形
0598 ☐☐☐ **briefly** [brí:fli]	少しの間 [≒for a little while]，簡潔に brief 形　brevity 名
0599 ☐☐☐ **aside** [əsáid]	わきに，別にして，考慮に入れないで ▶ put aside (不和・問題・憎しみなど) を考えないことに する
0600 ☐☐☐ **legally** [lí:gəli]	法的に，合法的に (⇔illegally) legal 形　legality 名

⏱ 1分間 mini test

(1) There is no (　　　　) to the accident in today's newspaper.

(2) A large amount of jungle was cleared to create grazing land
for (　　　　).

(3) The insurance company paid the victim a (　　　　) amount
of money.

(4) I have (　　　　) all the spelling and punctuation mistakes
in yellow.

(5) The bullet from the gun (　　　　) the door.

😊 ここから選んでね。

① reference　② deadly　③ highlighted　④ strayed
⑤ substantial　⑥ substitute　⑦ fragile　⑧ penetrated
⑨ extinction　⑩ cattle

He claimed that he had been **unfairly** dismissed from his job.	彼は不当に仕事を解雇されたと主張した。
We chatted **briefly** at the station before the train arrived.	私たちは電車が到着するまで、駅で少しの間おしゃべりをした。
The two countries decided to put their differences **aside** and find ways to work together.	その2カ国は、相違点はわきにやり、協力する方法を見つけることに決めた。
The owners of the factory are **legally** responsible for making sure the working conditions are safe.	その工場の所有者には、安全な職場環境を確保する法的責任がある。

・・

(6) A bite from this snake can be (　　　　) if not treated in time.

(7) The children got lost after they (　　　　) too far from the campsite.

(8) This vase is extremely (　　　　). Please handle it carefully.

(9) Several species of whale are in danger of (　　　　).

(10) This recipe uses soy milk as a (　　　　) for dairy milk.

正解

(1) ①(→**0568**)　**(2)** ⑩(→**0533**)　**(3)** ⑤(→**0584**)　**(4)** ③(→**0505**)　**(5)** ⑧(→**0524**)
(6) ②(→**0591**)　**(7)** ④(→**0515**)　**(8)** ⑦(→**0576**)　**(9)** ⑨(→**0544**)　**(10)** ⑥(→**0554**)

aside from ～「～を除いて、～のほかに」も覚えておこう。

動詞

0601 **⚠発音** **resort** [rızɔ́:rt]	訴える〈to 望ましくない手段に〉, 頼る 图 頼りにするもの [人], 手段, 行楽地
0602 **⚠アクセント** **submit** [səbmít]	を提出する〈to ~に〉[≒ hand in], 屈する submission 图 **語源** sub (下へ) + mit (送る)
0603 **⚠アクセント** **originate** [ərídʒənèɪt]	由来する〈from ~から, in ~に〉, 生じる, 始ま る (⇔ end) origin 图 original 形 originally 副
0604 **⚠アクセント** **regret** [rɪgrét]	を後悔する, を遺憾に思う 图 後悔 regretful 形 (人が) 後悔している regrettable 形 (行為・出来事などが) 遺憾な
0605 **cooperate** [kouá(:)pərèɪt]	協力する〈with ~と〉[≒ collaborate] cooperation 图 cooperative 形 **語源** ラテン語 co (一緒に) + operari (働く)
0606 **revise** [rɪváɪz]	(法律など)を改正する, (印刷物)を改訂する, を 校訂する revision 图
0607 **restrict** [rɪstríkt]	(大きさ・数量・範囲など)を制限する〈to ~に〉 [≒ limit] restriction 图 (⇔ freedom)
0608 **⚠アクセント** **occupy** [á(:)kjupàɪ]	(国・町など)を占領する, (空間・時間)を占める occupancy 图 占有 occupation 图 職業, 占領 occupant 图 占有者, 居住者
0609 **fade** [feɪd]	(記憶などが徐々に)消えていく[≒ disappear], (色が)あせる

There is a danger that the protesters may **resort to** violence if nobody listens to them.	抗議者たちの話に誰も耳を傾けない場合，彼らが暴力に**訴える**危険がある。
Do you think you can **submit** the report by 10 a.m. tomorrow?	レポートを明日の午前10時までに**提出**できると思いますか。
The new virus is thought to have **originated in** bats.	その新しいウイルスはコウモリに**由来する**と考えられている。
I sincerely **regret** the cruel things that I said to him.	私は彼に言ったひどいことを心から**後悔している**。
The two environmental groups decided to **cooperate with** each other on the recycling project.	2つの環境団体は，リサイクルプロジェクトにおいて，互いに**協力する**ことに決めた。
After there were several accidents, the company decided to **revise** their safety regulations.	いくつか事故が発生した後，その会社は安全規定を**見直す**ことに決めた。
The number of people allowed into the museum at one time is being **restricted** now.	現在，その博物館に一度に入れる人数は**制限**されている。
The protesting students **occupied** the government building.	抗議をする学生たちが，政府の建物を**占拠した**。
As time passed, his memories of his early life in Africa began to **fade**.	時間が経つにつれて，彼のアフリカでの若いころの記憶が**消え**始めた。

regretと一緒にremorseful「後悔でいっぱいの」も覚えておこう。

0610		
relieve [rɪlíːv]	(苦痛など)を和らげる，(問題など)を軽くする relief 图

0611		⚠️アクセント
suppress [səprés]	(思い・感情など)を抑える [≒ restrain]，(暴動など) を制圧する [≒ subdue] suppression 图

0612		
starve [stɑːrv]	餓死する，飢える starvation 图

0613		
scratch [skrætʃ]	を引っかく 图引っかくこと，引っかき傷 ▶ from scratch 何もないところから，最初から

0614		
unite [junáɪt]	団結する [≒ cooperate, collaborate]，を一体化 する (⇔ separate) 語源 ラテン語 unire「1つにする」から

0615		
grip [grɪp]	をしっかりつかむ [≒ hold, grasp, clasp, clutch, seize] 图 しっかりつかむ [握る] こと，支配(力)

0616		
surrender [səréndər]	降伏する〈to ~に〉 [≒ give in, yield, submit]，を放棄する [≒ give up] 图 降伏，放棄

0617		
twist [twɪst]	を捻挫する，をひねる [≒ sprain, wrench] 图ねじれ，捻挫

0618		
remodel [riːmá(ː)dəl]	を改装する，を改造する [≒ renovate]

0619		
triple [trípl]	3倍になる，を3倍にする 图3倍(の数量)　形3倍の，三重の *cf.* double 動2倍になる

Listening to music and talking with friends are both simple ways to **relieve** stress.	音楽を聞くことと友人と話すことは、どちらもストレス**を和らげる**簡単な方法である。
The lecture was very boring and the young man found it hard to **suppress** a yawn.	その講義はとても退屈だったので、若い男性はあくび**をかみ殺す**のが大変だった。
Many farm animals were left behind to **starve** after people left the area due to the fire.	火災のため、人々がその地域を離れた後、多くの家畜は取り残され**餓死してしまった**。
The cat became frightened and **scratched** the girl when she tried to pick him up.	その猫は、少女が抱き上げようとすると怖がって彼女**を引っかいた**。
The factory workers **united** to demand a pay raise from management.	工場労働者は経営側に賃上げを要求するために**団結した**。
She was afraid of heights and **gripped** the handrail in the elevator tightly.	彼女は高所恐怖症なので、エレベーターの手すり**を**しっかり**つかんだ**。
The soldiers were surrounded and had no choice but to **surrender**.	その兵士たちは包囲され、**降伏する**しかなかった。
I **twisted** my ankle playing soccer last weekend.	私は、先週末にサッカーをしていて足首**を捻挫した**。
There are plans to **remodel** the old station building next year.	古くなった駅舎を来年**改装する**計画がある。
Sales of the products **tripled** after the new TV commercials were aired.	その商品の売り上げは新しいテレビコマーシャルが流れると**3倍になった**。

starve to death「餓死する」という表現もある。 **155**

0620 ▲発音	溺れ死ぬ，を溺死させる
drown [draʊn]	

0621	傾く〈toward, to 〜へ〉，寄りかかる〈against 〜に〉
lean [li:n]	

0622 ▲発音	(雨・汗などが)をずぶ濡れにする，を(液体に)浸す
soak [soʊk]	

0623	(鳥・昆虫・ヘリコプターなどが)空中(の一点)に止まる〈over, above 〜の上で〉
hover [hʌ́vər]	

0624 ▲発音・アクセント	(人の話・行動など)を妨げる，を中断する interruption 名
interrupt [ìntərʌ́pt]	

0625	(社交的に)交際する〈with 〜と〉
socialize [sóʊʃəlàɪz]	social 形 社会の，社交の sociable 形 社交的な，人付き合いのよい

名詞

0626 ▲アクセント	シロアリ
termite [tə́:rmaɪt]	

0627 ▲アクセント	微生物，細菌 [≒ microorganism, germ, virus] microbial 形
microbe [máɪkroʊb]	

0628 ▲発音	(水以外の)飲み物 [≒ drink]
beverage [bévərɪdʒ]	

Several people drowned after the ferry sank in rough seas.	フェリーは荒れた海で沈没し, 数名が溺死した。
We still have not decided which house to buy, but we are leaning toward the one by the beach.	我々はまだどの家を買うか決めていないが, 海辺の近くの物件に傾いている。
I forgot my umbrella and I got soaked on the way home from the station.	私は傘を忘れて, 駅から家に帰るまでにずぶ濡れになった。
An eagle hovered briefly over our heads before flying away.	1羽のワシが少しの間, 我々の頭上で止まった後, 飛び去った。
Sorry to interrupt your meeting, but there is someone here to see you.	会議の途中にお邪魔してすみませんが, お客さまがお見えです。
The members of the sales team often enjoyed socializing together after work.	営業チームのメンバーは仕事後の付き合いをよく楽しんでいた。
We discovered that the old wooden building had been damaged by termites.	我々は, その古い木造建築がシロアリの被害を受けていたことを発見した。
Microbes are extremely small, and can only be seen under a microscope.	微生物は非常に小さいので, 顕微鏡でしか見ることができない。
Sales of the new beverage were much lower than expected.	その新しい飲料の売り上げは予想よりもはるかに少なかった。

0629	
paperwork [péipərwə̀ːrk]	(必要)書類，書類事務

0630	
descendant [dɪséndənt]	子孫 [≒ offspring] （⇔ ancestor） descend 動 降りる，（遺産などが）受け継がれる

0631	
sculpture [skʌ́lptʃər]	彫像，彫刻 sculptor 名 彫刻家

0632	
handout [hǽndàut]	（講演・授業などの）配布物，プリント *cf.* hand out ～ ～を手渡す

0633	
replacement [rɪpléɪsmənt]	交換，交替，代わりの人 [もの] [≒ substitute] replace 動 に取って代わる，を取り替える

0634	
minister [mínɪstər]	（しばしば Minister で）大臣 ministry 名 省 ▶ the Prime Minister 総理大臣

0635	
stream [striːm]	小川 [≒ river, brook] 動 流れる，を流す

0636 ⚠ アクセント	
predator [prédətər]	捕食動物（⇔ prey），略奪者 predatory 形

0637	
observer [əbzə́ːrvər]	監視員，観察者 observe 動　observation 名 observant 形 すぐに気づく，注意深い

0638	
commission [kəmíʃən]	代理手数料，歩合，委員会 動 （任務・仕事など）を委託する

Your student loan will be processed once we have received the necessary <u>paperwork</u>.	必要な書類を受け取りしだい,あなたの学生ローンは処理されます。
Many of the people living in the north of the country are <u>descendants</u> of the Spanish settlers.	その国の北部に住む人の多くは,スペインからの入植者の子孫である。
The large <u>sculpture</u> outside the museum is very popular with tourists.	その美術館の外にある大きな彫像は観光客に大人気である。
The lecturer prepared a number of <u>handouts</u> for the students.	その講師は,学生たちのためにいくつかの配布物を準備した。
Many of the tiles on the roof are broken and in need of <u>replacement</u>.	屋根のタイルの多くは壊れていて,張り替えの必要がある。
The new Environment <u>Minister</u> said a shift to green energy is his priority.	新しい環境大臣は,環境に優しいエネルギーに移行することが彼の優先事項であると述べた。
The children stood on the bridge throwing sticks into the <u>stream</u> below.	子供たちは橋の上に立ち,下方の小川に小枝を投げていた。
Some animals such as polar bears and sharks have no natural <u>predators</u>.	ホッキョクグマやサメのような一部の動物は天敵を持たない。
A team of international <u>observers</u> said it saw no evidence of fraud in the recent election.	国際監視員のチームが,最近の選挙における不正の証拠は見られないと言った。
For every item you sell, you will receive a <u>commission</u> of 5 dollars.	商品を1つ売るごとに,5ドルの手数料を受け取ることになる。

0639 □□□ **committee** [kəmíti]	(集合的に) 委員会
0640 □□□ **junk** [dʒʌŋk]	がらくた，つまらないもの ▶ junk mail 迷惑メール
0641 □□□ **departure** [dɪpɑ́ːrtʃər]	出発〈from ～からの，for ～へ向けての〉(⇔ arrival) depart 動
0642 □□□ **description** [dɪskrípʃən]	描写，説明 [≒ explanation, illustration] describe 動
0643 □□□ **supervisor** [súːpərvàɪzər]	監督者，管理者 [≒ manager, boss] supervise 動
0644 □□□ **guidance** [gáɪdəns]	指導〈on, about ～についての〉，案内 guide 動 を案内する，を指導する 图 案内人，指導書
0645 □□□ **landscape** [lǽndskèɪp]	(通例単数形で) 眺め，風景，景色 [≒ view]
0646 □□□ ⚠発音 **crew** [kruː]	(集合的に) (船の) 乗組員，(飛行機・列車などの) 乗務員 ★ crew の一人一人は，crew member
0647 □□□ **drain** [dreɪn]	排水管 [路]，▇▇ 排水口 動 (液体) を流出させる，排出する drainage 图 排水，排水設備 [装置]
0648 □□□ **stereotype** [stériətàɪp]	固定観念，ステレオタイプ 動 を型にはめる stereotyped 形

A special **committee** was formed to investigate the causes of the accident.	その事故の原因を調査するため，特別**委員会**が設置された。
The family got rid of a lot of **junk** when they moved to a new house.	その家族は新しい家へ引っ越す際，多くの**がらくた**を処分した。
I had to delay my **departure** due to the bad weather.	私は悪天候のため**出発**を遅らせなければならなかった。
He was unable to give the police an accurate **description** of his attacker.	彼は警察に対して，彼を襲撃した者の正確な**描写**ができなかった。
My **supervisor** told me I could have the day off next Tuesday.	私の**上司**は，来週の火曜日に休んでもよいと私に言った。
The careers office provides students with **guidance on** which course to choose.	就職課は，どのコースを選択すべきか**について**学生に**指導**する。
Farming has had a big impact on the country's natural **landscape** and environment.	農業はその国の自然**景観**や環境に多大な影響を及ぼしてきた。
The **crew** of the cruise ship rescued the refugees after their boat sank.	そのクルーズ船の**乗組員**は，ボートが沈んでしまった難民を救助した。
The **drains** in the building are very old and sometimes become blocked.	その建物の**排水管**はとても古く，ときどき詰まってしまう。
They received some complaints about the outdated gender **stereotypes** in their ad.	彼らは，広告の中のジェンダーに関する時代遅れの**固定観念**について苦情を受けた。

0649	
edition [ɪdíʃən]	(刊行物の)版 edit 動 (出版物)を編集する　editor 名 編集者

0650	
graphic [grǽfɪk]	図，挿絵 形 グラフ [図表] を用いた．(描写が) 克明な (⇔ vague)

0651	
pathway [pǽθwèɪ]	小道，細道 [≒ path, way]

0652	
reunion [ri:jú:njən]	再会の集い，再会 reunite 動 (通例受身形で) 再会する〈with ～と〉 ▶ class reunion クラスの同窓会

0653	
cliff [klɪf]	崖，絶壁

0654	
coordinator [kouɔ́:rdənèɪt̬ər]	コーディネーター，取りまとめ役，責任者 coordinate 動

0655	
depth [depθ]	深さ，深み deep 形　deepen 動　deeply 副

0656	
liver [lívər]	肝臓，(食用の)レバー *cf.* kidney 名 腎臓

0657	⚠ アクセント
monopoly [mənɑ́(:)pəli]	(商品・事業などの)独占，独占権 monopolize 動 語源 mono (ひとりで) + poly (売る)

0658	⚠ 発音
usage [jú:sɪdʒ]	使用，使い方 use 動 を使う　名 [ju:s] 使用．用途

The new **edition** of the textbook should be in stores by the end of next week.	その教科書の新版は来週末までには書店に並ぶはずだ。
The presentation was easy to understand as it included a lot of **graphics**.	そのプレゼンは，多くの図が使われていたので容易に理解できた。
The men cleared a **pathway** through the snow from the car to the front door.	その男性たちは，車から家の玄関まで，雪をかき分けて小道を作った。
The woman was excited to receive a letter inviting her to a school **reunion**.	その女性は，学校の同窓会の招待状を受け取って興奮した。
The man slipped and almost fell off the edge of the **cliff**.	その男性は滑って，もう少しで崖の端から落ちるところだった。
The **coordinator** will organize all the details of the event.	コーディネーターがイベントの全ての詳細を手配するだろう。
The nuclear submarine dived to a **depth** of 250 meters.	その原子力潜水艦は，水深250メートルまで潜った。
The doctor specializes in treating patients with **liver** disease.	その医師は肝臓病を持つ患者の治療を専門としている。
The company holds a **monopoly** over the sale of weapons in the region.	その企業は，地域での武器販売を独占している。
The survey showed that there were negative effects of smartphone **usage** on young people.	その調査は，スマートフォンの使用は若者に悪影響を及ぼすことを示した。

coordinator の発音は「コーディネーター」ではないので注意！

0659 **chart** [tʃɑːrt]	グラフ，図，図表 ▶ bar chart 棒グラフ ▶ pie chart 円グラフ
0660 **expectancy** [ɪkspéktənsi]	期待，見込み ▶ life expectancy 平均余命
0661 **nowhere** [nóuʰwèər]	どの場所も〜ない [≒ no place] 副 どこにも [どこへも] 〜ない [≒ not anywhere]
0662 **courthouse** [kɔ́ːrthàus]	裁判所 (の建物) *cf.* court 名 裁判所，法廷
0663 **cove** [kouv]	入江，小湾 [≒ bay, inlet]
0664 **dock** [dɑ(ː)k]	■ 埠頭，波止場 [≒ wharf]，(艦船の) ドック 動 (船) をドックに入れる
0665 **ministry** [mínɪstri]	(通例 Ministry で) 省 minister 名 大臣 ▶ the Foreign Ministry 外務省
0666 **inflammation** [ìnfləméɪʃən]	炎症 [≒ irritation]，点火，引火 inflame 動　inflammable 形 燃えやすい　名 (通例 〜s) 燃えやすいもの
0667 **cholesterol** [kəléstəròul]	コレステロール
0668 **gender** [dʒéndər]	(社会的・文化的) 性別，ジェンダー

This **chart** shows the sales figures for the first three months of the year.	このグラフは，年の最初の3カ月の売上高を示している。
People in Japan have a higher life **expectancy** than in many other countries in the world.	日本の人は世界のほかの多くの国よりも平均余命が長い。
If you had no money and **nowhere** to live, how would you survive?	もしも一文無しで住む場所もなければ，どうやって生き延びるのですか？
The lawyer had lunch in a small café just across the street from the **courthouse**.	その弁護士は，裁判所から通りを隔てた真向かいの小さなカフェで昼食を取った。
There are several white sand **coves** on the west side of the island.	その島の西側には白砂の入江がいくつかある。
The ship was unable to get close to the **dock** because the weather was so bad.	天候が非常に悪かったため，その船は埠頭に近づくことができなかった。
The **Ministry** of Tourism made a very helpful guidebook for tourists.	観光省は旅行者に大変役立つガイドブックを作成した。
The doctor gave the man some medicine to reduce the **inflammation** in his throat.	医師はその男性に喉の炎症を抑えるための薬を処方した。
High **cholesterol** can lead to the hardening of the arteries.	コレステロールが多いと，動脈硬化が起こり得る。
Regardless of **gender**, all employees have the right to apply for the top managerial position.	性別にかかわらず，全社員が経営幹部に志願する権利がある。

0669				
depression [dɪpréʃən]	うつ病，意気消沈，不景気 depress 動 depressed 形 元気のない，落ち込んだ depressing 形 気のめいるような

0670			
stem [stem]	(草木の)茎 [≒ stalk] 動 生じる，由来する〈from ～から〉

0671			⚠ アクセント
personnel [pə̀:rsənél]	(集合的に)職員，人員 [≒ staff]，人事課 形 職員の，人事の

0672			⚠ アクセント
controversy [ká(:)ntrəvə̀:rsi]	(長期の)論争，論戦 [≒ debate, dispute] controversial 形

0673			
recognition [rèkəgníʃən]	(人・物が)それと分かること，認めること，認識 recognize 動 recognizable 形

0674			⚠ アクセント
applicant [ǽplɪkənt]	応募者〈for ～への〉，志願者 [≒ candidate] application 名 応募 apply 動

0675			
anthropologist [æ̀nθrəpá(:)lədʒɪst]	人類学者 anthropology 名 人類学 anthropological 形

0676			⚠ 発音
sewage [súːɪdʒ]	汚水，下水

形容詞

0677			
acceptable [əkséptəbl]	受け入れられる〈to ～に〉，容認できる (⇔ unacceptable) accept 動 acceptance 名

She suffered from <u>depression</u> for several months after she lost her job.	彼女は失業してからの数カ月間，うつ病を患った。
The roses she gave me had beautiful, long, leafy <u>stems</u>.	彼女が私にくれたバラには，美しくて長い，葉がたくさんついた茎があった。
Our highly competent <u>personnel</u> are our company's main asset.	我々の非常に優秀な職員は，わが社の主要な財産である。
A <u>controversy</u> has arisen over the site of the new airport.	新空港の建設用地に関して論争が持ち上がった。
He walked straight past us with no sign of <u>recognition</u> whatsoever.	私たちに<u>見覚えがある</u>様子は全くなく，彼は私たちの前を通り過ぎてまっすぐ歩いて行った。
There were more than 20 <u>applicants</u> **for** the driver's position.	ドライバーの職**には**，20人を超える応募者がいた。
I became an <u>anthropologist</u> because I'm interested in human customs and beliefs.	私が<u>人類学者</u>になったのは，人間の習慣や信仰に興味があるからだ。
The engineers are working on a new system to deal with <u>sewage</u>.	エンジニアたちは，<u>汚水</u>を処理するための新システムに取り組んでいる。
I'm not sure if this proposal will be <u>acceptable</u> **to** my boss.	この提案が上司**にとって**<u>受け入れられる</u>ものかどうか分からない。

0678	
nuclear [njúːkliər]	原子力利用の，核エネルギーの ▶ nuclear power 原子力 ▶ nuclear weapon 核兵器

0679	
moral [mɔ́(ː)rəl]	道徳（上）の，倫理的な 名（～s）道徳，教訓 morally 副　morality 名 倫理，道徳

0680 ⚠️アクセント	
marine [məríːn]	海洋の，海の 名（しばしば Marine で）海兵隊（員）

0681	
conventional [kənvénʃənəl]	伝統的な，型にはまった（⇔ unconventional） convention 名 慣習，しきたり，会議

0682 ⚠️発音	
awful [ɔ́ːfəl]	ひどい，不愉快な [≒ terrible, horrible] awe 名 畏敬，畏怖　awfully 副 とても，ひどく悪く

0683	
consistent [kənsístənt]	着実な，安定した，首尾一貫した [≒ constant, steady] consistency 名

0684 ⚠️発音	
primitive [prímətɪv]	（技術が）単純な（⇔ sophisticated），原始的な，未開の（⇔ modern） 語源 primus（最初の）より，primary, prime と同系

0685 ⚠️発音	
mature [mətúər]	（精神的・肉体的に）十分発達した，成熟した（⇔ immature） maturity 名

0686	
unfamiliar [ʌnfəmíljər]	（人が）不慣れな〈with ～に〉，精通していない，（物事が）よく知られていない〈to ～に〉 （⇔ familiar）

0687	
impractical [ɪmprǽktɪkəl]	実用的でない，非現実的な（⇔ practical）

The French government decided to shut down several **nuclear** plants.	フランス政府は数基の**原子力**発電所の運転を停止する決定を下した。
Do you think we have a **moral** obligation to help the poor?	我々は貧困層を助けるという**道徳的**義務を負うと思いますか？
The team studied dolphins and other **marine** animals living in the area.	チームはその地域に生息するイルカやほかの**海洋**動物の研究をした。
Doctors say that this new therapy works much better than any of the **conventional** treatments.	この新しい療法はどんな**伝統的**な治療よりずっと効果的であると医師たちは言っている。
The weather in this region has been **awful** recently.	最近，この地域の天気は**ひどく悪い**。
There has been a **consistent** rise in unemployment over the past few years.	この2，3年，失業者数には**着実な**増加が見られる。
Early mobile phones seem very **primitive** when we compare them with the devices we use these days.	最近使っている機器と比較すると，初期の携帯電話はかなり**洗練されていない**ように見える。
She is only 15, but she is very **mature** for her age.	彼女はまだ15歳だが，年齢のわりにとても**大人っぽい**。
This leaflet is aimed at tourists who may be **unfamiliar with** local manners and customs.	このリーフレットは地元の風俗習慣に**不慣れ**かもしれない旅行者向けである。
The waiters complained that their new white uniforms were very **impractical**.	ウエーターたちは，新しい白い制服が非常に**実用的でない**と不満を漏らした。

0688 **unpredictable** [ʌ̀nprɪdíktəbl]	変わりやすい，予測できない (⇔ predictable) predict 動
0689 **misleading** [mìslí:dɪŋ]	誤解させる，紛らわしい mislead 動
0690 **plentiful** [plénṭɪfəl]	豊富な，十分な [≒ abundant] (⇔ scarce) plenty 名
0691 ⚠発音・アクセント **Mediterranean** [mèdɪtəréɪniən]	地中海 (沿岸地域) の 名 (the ～) 地中海 語源 medi (中に) + terra (地) から「陸の中心にある」
0692 **unsafe** [ʌ̀nséɪf]	安全でない，危険な [≒ dangerous, risky] (⇔ safe)
0693 **bare** [beər]	露出した [≒ uncovered]，裸の (⇔ dressed) ▶ bare feet 素足 ★ 全身が裸の場合は naked を使う
0694 **feeble** [fí:bl]	病弱な，(体が) 弱々しい [≒ weak, frail] (⇔ strong)
0695 **horrible** [hɔ́(:)rəbl]	実にひどい [≒ awful, terrible]，ぞっとする horror 名 恐怖
0696 ⚠発音 **scenic** [sí:nɪk]	景色のよい scene 名
0697 ⚠アクセント **supplementary** [sʌ̀plɪménṭəri]	補足の，追加の [≒ extra, additional] supplement 名 動

Around this time of year, the weather on the island is very **unpredictable**.	毎年今ごろの時期には，その島の天候はとても変わりやすい。
The report found that a lot of information on the company's website was very **misleading**.	報告によると，その企業のウェブサイト上の多くの情報は非常に誤解を招くものだった。
In those days, there were a lot of coal mines in the area and jobs were **plentiful**.	当時，その辺りには炭鉱が多く存在し，有り余るほどの仕事があった。
Mainland Greece is almost completely surrounded by the **Mediterranean** Sea.	ギリシャ本土は，ほぼ完全に地中海に囲まれている。
There have been several reports that conditions in the factory are **unsafe** for workers.	その工場の状況は労働者にとって安全でないとの報告がいくつかされてきた。
The gardener noticed several **bare** patches of earth on the lawn.	その庭師は，芝生のところどころで土がむき出しになっていることに気づいた。
The **feeble** old man lived alone in the countryside.	その病弱な老人はひとりで田舎で暮らしていた。
The weather was really **horrible** last weekend and we decided to cut our vacation short.	先週末の天気は実にひどかったので，我々は休暇を早めに切り上げることに決めた。
We had a picnic in a **scenic** spot overlooking the beach.	我々は海辺が見える景色のよい場所でピクニックをした。
The teacher gave the students several **supplementary** materials to study at home.	その教師は，家で勉強するための補足教材を生徒にいくつか渡した。

misleading は mis-「誤った」方向へ lead「導く」ということだね。

0698 nosy [nóuzi]	詮索好きな，おせっかいな [≒ curious, inquisitive] nose 图 鼻
0699 ⚠発音 intermediate [ìntərmíːdiət]	(程度が)中級の ★ elementary（初級の）と advanced（上級の）の中間 語源 inter（の間）+ mediate（調停する）
0700 universal [jùːnɪvə́ːrsəl]	(あらゆる人に)共通の，全員の，普遍的な universe 图 (the ～)宇宙，全世界

⏱ 1分間 mini test ••••••••••••••••••••••••••••••

(1) She is only 15, but she is very (   ) for her age.

(2) The man slipped and almost fell off the edge of the
(   ).

(3) The (   ) old man lived alone in the countryside.

(4) I sincerely (   ) the cruel things that I said to him.

(5) The doctor gave the man some medicine to reduce the
(   ) in his throat.

😊 ここから選んでね。••••••••••••

① regret   ② feeble   ③ remodel   ④ mature
⑤ applicants ⑥ inflammation ⑦ termites   ⑧ cliff
⑨ supervisor ⑩ replacement

Her new neighbors were very **nosy** and always asking questions.	彼女の新しい隣人たちはとても詮索好きでいつも質問をしてきた。
Intermediate students should go to Classroom A on the second floor.	中級の生徒は2階のA教室に行ってください。
In many countries, there is a **universal** healthcare system.	多くの国で，国民皆保険制度が存在する。

* *

(6) There are plans to (　　　　) the old station building next year.

(7) There were more than 20 (　　　　) for the driver's position.

(8) My (　　　　) told me I could have the day off next Tuesday.

(9) Many of the tiles on the roof are broken and in need of (　　　　).

(10) We discovered that the old wooden building had been damaged by (　　　　).

正解

(1) ④(→0685)　(2) ⑧(→0653)　(3) ②(→0694)　(4) ①(→0604)　(5) ⑥(→0666)

(6) ③(→0618)　(7) ⑤(→0674)　(8) ⑨(→0643)　(9) ⑩(→0633)　(10) ⑦(→0626)

nose にも動詞で「詮索する」という意味があるよ。

動詞

0701	
capture [kǽptʃər]	を捕らえる, を捕虜にする (⇔ release) 名 捕獲, 逮捕 captive 形

0702	
arise [əráɪz]	起こる [≒ occur], 出現する [≒ emerge]

0703 ⚠発音・アクセント	
implement [ímplɪmènt]	を実行する [≒ execute, fulfill, carry out] 名 [ímplɪmənt] 道具, 手段 implementation 名 実行

0704	
reproduce [rìːprədjúːs]	を複製する [≒ copy], を繁殖させる [≒ breed], を再現する reproduction 名　reproductive 形

0705 ⚠発音	
seize [siːz]	を差し押さえる [≒ confiscate], をつかむ [≒ hold], を奪い取る [≒ capture] seizure 名 つかむこと, 差し押さえ, 発作

0706	
dominate [dá(ː)mɪnèɪt]	を支配する [≒ control], 優勢である 〈over ~より〉[≒ predominate] dominant 形　domination 名

0707	
complicate [ká(ː)mpləkèɪt]	を複雑にする (⇔ simplify) complicated 形　complication 名 (物事を) 複雑に する問題 [要因], (通例 ~s) 合併症

0708	
scan [skæn]	をざっと見る〈for ~を求めて〉[≒ skim], を注意 深く眺め回す [≒ scrutinize] 名 よく見て調べること, 精査

0709 ⚠発音	
negotiate [nɪɡóʊʃièɪt]	交渉する〈for, about ~について〉[≒ bargain], を交渉して取り決める negotiation 名　negotiator 名 交渉する人

The soldiers are thought to have been **captured**.	その兵士たちは捕らえられたと考えられている。
Please don't hesitate to contact me at once if any problems **arise**.	何か問題が起こったらすぐに私に気兼ねなく連絡してください。
These plans are scheduled to be **implemented** next year.	これらの計画は来年実施される予定である。
We plan to **reproduce** several hundred copies of the painting.	私たちはその絵画を数百枚複製することを計画している。
The authorities **seized** all of the corrupt politician's assets.	当局は，その汚職政治家の資産全てを押収した。
This company has **dominated** the electronics market in the country for over 40 years.	この企業は40年以上にわたりこの国の電子産業市場を支配してきた。
He **complicated** matters by not telling the police the truth immediately.	彼は事実をすぐに警察に告げなかったことで，事態を複雑にした。
He **scanned** the classified ads looking for a new job.	彼は新しい仕事を探すために，求人広告に目を通した。
The nurses' union is **negotiating for** better working conditions.	看護師の組合はよりよい労働条件を求めて交渉している。

ariseは過去形arose，過去分詞arisen [ərízən]と変化するよ。

0710	
illustrate [íləstrèɪt]	を説明する，を例示する [≒ demonstrate, exemplify] illustration 图　illustrative 形

0711	
encounter [ɪnkáʊnṭər]	に遭遇する [≒ meet with, run into] 图 (偶然の) 出会い，遭遇

0712	
confine [kənfáɪn]	を限定する〈to ~に〉[≒ restrict, limit]，を閉じ込める [≒ imprison] confinement 图 監禁 (状態)

0713	⚠ アクセント
transmit [trænsmít]	を送る [≒ send]，を伝える [≒ convey] transmission 图 伝達，伝染　transmitter 图 発信器 語源 trans (向こうへ) + mit (送る)

0714	
administer [ədmínɪstər]	を管理する，を経営する [≒ manage, direct]，を治める [≒ govern]，(治療) を施す administration 图　administrator 图 管理者

0715	⚠ 発音
ease [iːz]	を和らげる，を緩和する [≒ alleviate] 图 たやすさ easy 形

0716	⚠ 発音
resume [rɪzjúːm]	を再開する [≒ renew, restart, reopen] (⇔ discontinue) resumption 图

0717	⚠ アクセント
pursue [pərsjúː]	を追跡する [≒ chase]，を追求する [≒ seek] pursuit 图 語源 pur (前へ) + sue (ついて行く)

0718	⚠ アクセント
decay [dɪkéɪ]	虫歯になる，腐る [≒ rot]，衰退する 图 衰退，腐敗 ▶ decayed tooth 虫歯

0719	
shrink [ʃrɪŋk]	縮む [≒ contract]，減る [≒ decrease, decline, diminish, dwindle] shrinkage 图

He **illustrated** his point by telling us a story about his childhood.	彼は，子供時代の話を私たちにすることによって，自分の言わんとするところを説明した。
If you **encounter** any difficulties, please contact me.	何でも困ったことに遭遇したら，私に連絡してください。
The fighting was **confined to** one area of the city.	戦闘は市内のある地域に限定されていた。
The spaceship **transmitted** its signal back to the earth.	宇宙船は地球にその信号を送り返した。
The charity's funds are **administered** by a commercial bank.	その慈善団体の資金は，商業銀行によって管理されている。
After his operation, the doctor prescribed several medications to **ease** his pain.	手術後に，医師は痛みを和らげるため，彼にいくつかの薬を処方した。
They are scheduled to **resume** work on the bridge after the winter break.	彼らは冬期休暇の後にその橋の作業を再開する予定だ。
The police **pursued** the stolen car for almost three kilometers.	警察は3キロ近くその盗難車を追いかけた。
The dentist warned the children that eating sweets would make their teeth **decay**.	歯科医は，甘いものを食べていると虫歯になると子供たちに警告した。
My favorite shirt has **shrunk** after being washed many times.	何度も洗濯されて，私のお気に入りのシャツは縮んでしまった。

illustration は「イラスト」。illustrate は図や例で説明をすること。

0720 **cherish** [tʃérɪʃ]	を大事 [大切] にする [≒ treasure]，をいつくしむ [≒ love]
0721 ⚠発音 **launch** [lɔ:ntʃ]	を売り出す [≒ market]，を開始する [≒ start]，(ロケットなど) を発射する 图 開始，発射
0722 **accommodate** [əká(:)mədèit]	を収容できる [≒ hold]，を宿泊させる [≒ lodge] accommodation 图 宿泊設備，収容力
0723 **withstand** [wɪðstǽnd]	に耐える，に逆らう [≒ resist]
0724 ⚠発音 **halt** [hɔ:lt]	を中止する，を停止させる [≒ stop, suspend] 图 停止，中止 ▶ come to a halt 止まる
0725 ⚠アクセント **transform** [trænsfɔ́:rm]	を大きく変える [≒ change, convert] transformation 图 語源 trans (別の状態へ) + form (形作る)
0726 **transplant** [trænsplǽnt]	を移植する [≒ implant, graft] 图 [trǽnsplæ̀nt] (臓器などの) 移植
0727 ⚠アクセント **retail** [rí:teɪl]	を小売りする (⇔ wholesale を卸売りする) 图 小売り　retailer 图 小売業者 語源 re (再び) + tail (切り取る)
0728 **abandon** [əbǽndən]	を捨てる [≒ desert, leave]，を放棄する [≒ give up, discard, renounce] abandonment 图

I will **cherish** the memories of my wedding day forever.	私はいつまでも，結婚した日の思い出を大事にするつもりだ。
The cosmetics company will **launch** a new range of products this fall.	その化粧品会社は今秋，新しい製品シリーズを売り出すだろう。
The hotel ballroom can **accommodate** up to 500 guests.	そのホテルのダンスホールは，500人まで客を収容することができる。
The prisoner was too weak to **withstand** any further punishment.	その囚人はとてもひ弱で，それ以上の罰に耐えることはできなかった。
The government decided to **halt** the sale of weapons overseas.	政府は外国への武器販売を中止する決定をした。
In only one year, the new CEO completely **transformed** the company.	たった1年で，その新CEOは完全に会社を変えた。
The surgeons **transplanted** a patch of skin onto the patient's back.	外科医たちは患者の背中に皮膚の一部を移植した。
This sportswear company **retails** its products all over Europe.	このスポーツウエア会社はヨーロッパ中で製品を小売りしている。
After two years in prison, he **abandoned** all hope of ever being released.	彼は刑務所で2年間過ごすと，いつかは釈放されるという一切の望みを捨てた。

名詞

0729
developer
[dɪvéləpər]

宅地造成業者, 開発者
develop 動　development 名

0730
circulation
[sə̀:rkjuléɪʃən]

発行部数, 循環, 流布
circulate 動 循環する　circulatory 形 循環の

0731
appliance
[əpláɪəns]

(特に家庭用の)器具
▶ household appliances　家庭用(電気)器具

0732
bond
[bɑ(:)nd]

きずな〈between ～の間の〉, 債券, 契約
動 を接着する

0733　⚠発音
circuit
[sə́:rkət]

周回すること, 回路, 巡回
circuitous 形
▶ integrated circuit 集積回路 (略 IC)

0734
innovation
[ìnəvéɪʃən]

(技術)革新〈in ～における〉, 新機軸
innovative 形　innovate 動

0735
infant
[ínfənt]

幼児, 乳児 [≒ baby]
形 幼児の, 初期の
infancy 名 幼年時代

0736
transaction
[trænsǽkʃən]

(商)取引 [≒ deal], (業務・取引などの)処理
transact 動

0737　⚠アクセント
celebrity
[səlébrəti]

有名人, 著名人 [≒ personality]
celebrate 動 を祝う　celebration 名 祝賀
celebrated 形 有名な

0738
checkup
[tʃékʌ̀p]

健康診断, 検査 [≒ examination, inspection]

The **developer** has decided to build a large office building in this area.	その宅地造成業者は，この地域に大型のオフィスビルを建設することを決めた。
This newspaper has the highest **circulation** of all the English newspapers in Japan.	この新聞は，日本の全ての英字新聞の中で最も**発行部数**が多い。
Most people these days own a lot of electrical **appliances**.	最近ではほとんどの人がたくさんの電気器具を所有している。
The **bond between** a parent and a child is very deep.	親と子の**きずな**は非常に深い。
One **circuit** around the park takes approximately an hour.	公園を**1周**するには約1時間かかる。
There have been several important **innovations in** the computer industry recently.	最近，コンピューター業界でいくつかの重要な**技術革新**があった。
This range of toys is designed for **infants**.	この一連のおもちゃは**幼児**向けに作られたものだ。
The two sides finalized the **transaction** over lunch.	双方は昼食を食べながら**取引**をまとめた。
A number of **celebrities** are expected to attend the restaurant's opening tonight.	今夜，そのレストランの開店に数人の**有名人**が出席する見込みだ。
I went to the doctor for my annual **checkup** last week.	私は先週，年次健康診断を受けに医者に行った。

bond には「接着剤」の意味もあるよ。

0739			
makeup [méɪkʌp]	構成，構造 [≒ composition, constitution, structure]，化粧 ★ make-up ともつづる

0740			
respondent [rɪspá(:)ndənt]	(調査・アンケートなどの)回答者 respond 動　response 名　responsive 形

0741			
well-being [wèlbíːɪŋ]	健康〈of ～の〉[≒ health]，幸福 [≒ happiness, welfare]

0742		⚠発音
flaw [flɔː]	欠点 [≒ fault, defect, shortcoming]，傷，ひび [≒ crack] flawless 形 欠点のない

0743			
strain [streɪn]	重圧 [≒ pressure, stress]，緊張 [≒ tension] 動 を痛める，を最大限に働かせる

0744		⚠発音
rivalry [ráɪvəlri]	ライバル意識〈with ～との，between ～の間の〉，競争 [≒ competition] rival 名 ライバル，競争相手

0745			
publicity [pʌblísəti]	一般に知れ渡ること (⇔ privacy)，評判 [≒ popularity]，宣伝 [≒ promotion] public 形 公の，公共の　publicize 動

0746		⚠アクセント
consent [kənsént]	同意〈to ～についての〉[≒ agreement] (⇔ dissent) 動 同意する〈to ～に〉 語源 con (共に) + sent (感じる)

0747			
addiction [ədíkʃən]	依存 [≒ dependence, dependency] addict 動 [ədíkt] (受身形で) 常習する〈to ～を〉，依存する　名 [ǽdɪkt] 中毒患者　addictive 形

0748			
profession [prəféʃən]	(主に知的な)職業 [≒ occupation, vocation] professional 形　profess 動 を装う，を公言する

The coach decided to change the **makeup** of the team.	監督はチームの構成を変えることに決めた。
Almost all the **respondents** to the survey said they liked the new drink.	調査の回答者のほぼ全員が、その新しい飲み物が好きだと言った。
The counselor's job is to take care of the emotional **well-being of** the children.	そのカウンセラーの仕事は、子供たちの感情面の健康に気をつけることだ。
One of his main **flaws** is that he is extremely short-tempered.	彼の主要な欠点の1つはひどく短気なことだ。
The **strain** of her demanding job began to show.	彼女のきつい仕事による重圧が表れ始めていた。
We were all aware of the **rivalry between** the two salespeople.	私たち全員がその2人の販売員の間にあるライバル意識に気がついていた。
The soccer player received a lot of **publicity** after he moved to another team.	そのサッカー選手は、別のチームに移籍した後、非常に注目された。
Her parents refused to give their **consent to** her marriage.	彼女の両親は、彼女の結婚に同意することを拒んだ。
The doctors discussed the best ways to treat drug **addiction**.	医師たちは薬物依存の最善の治療法について話し合った。
Law and medicine are **professions** which require many years of study.	法律と医学は、何年もの勉強を必要とする専門職だ。

0749 ⚠発音 **sacrifice** [sǽkrɪfàɪs]	犠牲〈for 〜のための〉[≒ cost, price] 動 を犠牲にする sacrificial 形
0750 ⚠発音 **nerve** [nəːrv]	度胸〈to do 〜する〉[≒ courage]，神経 nervous 形 心配して，神経質な
0751 **assumption** [əsʌ́mpʃən]	(確証のない) 仮定〈that ... …という〉，想定，思い込み [≒ presumption, supposition] assume 動
0752 ⚠発音・アクセント **context** [ká(:)ntekst]	文脈，背景 [≒ background]，状況 [≒ circumstance, situation, condition]
0753 **era** [íərə]	時代 [≒ age, epoch, period] ▶ the Meiji era 明治時代
0754 **trait** [treɪt]	特徴，特色 [≒ feature, characteristic]
0755 ⚠発音 **voucher** [váʊtʃər]	クーポン券，商品券 [≒ coupon]
0756 ⚠発音 **draft** [dræft]	下書き，草稿 動 の下書きをする
0757 **blaze** [bleɪz]	炎 [≒ flame, flare]，強い輝き [≒ glare, glow] 動 炎上する，きらきらと輝く
0758 **currency** [kə́ːrənsi]	通貨 [≒ money]，普及 [≒ circulation] current 形 現在の　currently 副 現在 (は) 語源 ラテン語 currere (走る) から

She has had to make major <u>sacrifices</u> for her children.	彼女は子供たち**のために**，大きな<u>犠牲</u>を払ってこなければならなかった。
I still can't believe she had the <u>nerve</u> to **come** uninvited.	彼女が招待されてもいないのに**やってくる**<u>度胸</u>を持ち合わせていたとはいまだに信じられない。
We are working on the <u>assumption</u> **that** sales will increase.	私たちは，売り上げが増えるという<u>仮定</u>の下に仕事をしている。
It is difficult to guess the meaning of a new word without knowing the <u>context</u>.	<u>文脈</u>が分からないと，知らない語の意味を推測するのは難しい。
The formation of the new government marks the beginning of a new <u>era</u> for this country.	新政府を組織することは，この国にとって新<u>時代</u>の始まりを示すものだ。
All of her children had very different personality <u>traits</u>.	彼女の子供たちは皆，非常に異なる性格の<u>特徴</u>（＝個性）を持っていた。
She gave me some discount <u>vouchers</u> to use in the cafeteria.	彼女は私にそのカフェテリアで使うことができる割引<u>クーポン券</u>をくれた。
I handed the final <u>draft</u> of my book to my publisher yesterday.	私は昨日，本の最終<u>原稿</u>を出版社に渡した。
Sixty firefighters fought the factory <u>blaze</u> for over two days.	60人の消防士たちが2日以上にわたって工場の<u>火災</u>と闘った。
Where can I change some money into the local <u>currency</u>?	どこでお金を現地<u>通貨</u>に両替できますか。

nerveと一緒に接頭辞neuro-「神経の」も覚えよう。neurology「神経学」。

0759			
stance [stæns]	立場，対処の姿勢 [≒ position, attitude, standpoint, viewpoint]

0760			
fluid [flúːɪd]	液体，流動体 [≒ liquid] (⇔ solid) 形 滑らかな [≒ smooth]，流動体の fluidity 名 流動性

0761			
dispute [dɪspjúːt]	論争 [≒ argument, quarrel] 動 に反論する，論争する disputable 形

0762			
counterpart [káunṭərpɑ̀ːrt]	対応[相当]する人[もの] 〈to ～に〉 [≒ equivalent]

0763			
perception [pərsépʃən]	認識，知覚 [≒ awareness, recognition] perceive 動 [≒ notice, recognize] perceptive 形

0764			
custody [kʌ́stədi]	親権，保護 [≒ care, guardianship, protection]，管理，拘留 custodial 形 custodian 名 管理人

0765			
venue [vénjuː]	会場 〈for ～の〉，開催地 [≒ site]

0766			⚠発音
dread [dred]	不安，恐れ [≒ fear, anxiety] 動 をひどく恐れる，を心配する dreadful 形

0767			
incentive [ɪnsénṭɪv]	動機 〈to do ～するための〉，誘因 [≒ inducement, motivation, motive] 形 促すような，励みになる

0768			
disgust [dɪsgʌ́st]	嫌悪，反感 [≒ hatred, dislike] 動 をむかつかせる disgusting 形

The newspaper took a **stance** against racism.	その新聞は反人種差別の**立場**を取った。
The doctor told me to stay in bed and drink plenty of **fluids**.	医師は私に安静にして**水分**を十分摂取するように言った。
The **dispute** has been going on for three years now.	その**論争**は3年経った今も続いている。
The French Foreign Minister discussed trade issues with his German **counterpart** last night.	フランスの外務大臣は昨夜, ドイツの**対応する人**（＝外務大臣）と貿易問題について議論した。
Your **perception** of war is distinctly different from mine.	あなたの戦争についての**認識**は, 私のものとは明らかに異なっている。
The court awarded **custody** of the children to their father.	裁判所は父親にその子供たちの**親権**を与えた。
We are looking for a suitable **venue** for our annual conference.	我々は年次総会にぴったりの**会場**を探している。
The student waited in **dread** for the result of his math test.	その生徒は数学のテストの結果を**不安**に思いながら待った。
The workers in this company have little **incentive** **to work** any harder.	この会社の従業員には, これ以上一生懸命に**働こうという励みになるもの**がほとんどない。
Many people expressed **disgust** at the way the animals on the farms are treated.	その農場における動物の扱われ方に対し, 多くの人々が**嫌悪感**を表した。

0769	
province [prá(:)vɪns]	(カナダ・フランス・中国などの)州, 県, 省 provincial 形 州[県, 省]の, 地方の, 偏狭な

0770	
proponent [prəpóʊnənt]	支持者〈of ～の〉[≒ advocate, supporter] (⇔ opponent)

形容詞

0771	
commercial [kəmə́ːrʃəl]	商業(上)の, 営利的な 名 (テレビなどの)コマーシャル commerce 名 commercialize 動 commercially 副

0772	
excessive [ɪksésɪv]	過度の(⇔ moderate), 法外な excess 名 exceed 動 excessively 副

0773	
vulnerable [vʌ́lnərəbl]	弱い〈to 病気などに〉, 傷つきやすい(⇔ immune 免疫のある, 影響を受けない) vulnerability 名

0774	
protective [prətéktɪv]	保護する, 守ろうとする protect 動 protection 名

0775 ⚠アクセント	
secure [sɪkjʊ́ər]	安全な [≒ safe], 確かな [≒ certain] 動 を手に入れる, を守る security 名 securely 副

0776 ⚠発音・アクセント	
obvious [á(:)bviəs]	明らかな [≒ clear, plain] (⇔ obscure) obviously 副

0777	
reluctant [rɪlʌ́ktənt]	気が進まない〈to do ～することに〉[≒ unwilling] reluctance 名

Canada is divided into several <u>provinces</u> with their own local governments.	カナダは，独自の地方政府を持ついくつかの<u>州</u>に分かれている。
He is well known as a <u>proponent</u> of clean energy.	彼はクリーンエネルギー**の**<u>支持者</u>としてよく知られている。
There are many <u>commercial</u> zones in this city.	この都市には，多くの<u>商業地域</u>がある。
We complained about the <u>excessive</u> noise coming from the construction site.	私たちは建設現場からの<u>過度の</u>騒音に関して文句を言った。
Small children and the elderly are more <u>vulnerable</u> **to** flu viruses.	小さな子供とお年寄りはインフルエンザウイルス**により**<u>弱い</u>。
Sunscreen provides a <u>protective</u> layer against UV rays.	日焼け止めは紫外線に対する<u>保</u>護層を作る。
Try to use <u>secure</u> websites when shopping on the Internet.	インターネットで買い物をするときは<u>安全な</u>ウェブサイトを使うようにしなさい。
The solution to the problem was <u>obvious</u> to everyone.	その問題の解決法は誰の目にも<u>明らか</u>だった。
She was <u>reluctant</u> **to lend** him any more money.	彼女は彼にそれ以上お金**を貸す**ことに<u>気が進まなかった</u>。

0778　　　⚠アクセント	
confident [ká(:)nfɪdənt]	確信して〈that ... …と，of, about 〜を〉[≒ sure, certain]，自信に満ちた (⇔ anxious) confidence 图　confide 動 を打ち明ける

0779	
intelligent [ɪntélɪdʒənt]	知能の高い，利口な [≒ clever, bright, smart] intelligence 图

0780	
barren [bǽrən]	不毛の，作物ができない [≒ sterile] (⇔ fertile) 图 (通例 〜s) やせ地，(特に北米の) 荒野

0781	
epidemic [èpɪdémɪk]	(病気などが) 流行 [伝染] 性の，流行の 图 流行 [伝染] 病，流行

0782	
reliable [rɪláɪəbl]	信頼できる [≒ dependable, trustworthy] (⇔ unreliable) rely 動　reliability 图

0783	
curious [kjúəriəs]	好奇心の強い〈about, as to 〜に対して〉，詮索好きな [≒ nosy] (⇔ indifferent) curiously 副　curiosity 图

0784　　　⚠発音	
hasty [héɪsti]	急ぎの [≒ quick]，早まった [≒ rash] hastily 副　haste 图　hasten 動

0785	
behavioral [bɪhéɪvjərəl]	行動の behavior 图　behave 動

0786	
bulky [bʌ́lki]	かさばった，扱いにくいほど大きい bulk 图

0787	
faulty [fɔ́:lti]	(機械・装置などが) 欠陥のある [≒ defective] (⇔ faultless) fault 图

He said he was **confident that** the economy would recover soon.	経済がまもなく回復すること**を確信して**いると彼は語った。
Everyone knows that whales and dolphins are highly **intelligent** animals.	クジラとイルカはとても**知能が高い**動物だということを誰もが知っている。
The dry, **barren** land in that area is quite difficult to farm.	乾燥して**不毛な**その地域の土地は耕すのがとても困難だ。
The influenza outbreak has already reached **epidemic** proportions in this country.	この国では，インフルエンザの発生がすでに**大流行**の域に達している。
I'm afraid the bus service in this area is not very **reliable**.	残念なことに，この地域のバスの運行はあまり**信頼**できない。
Small children are naturally very **curious about** the world around them.	小さな子供たちは生来，自分たちの周りの世界**に対する好奇心**がとても**強い**。
I don't think you two should be so **hasty** to get married.	あなたたち2人は結婚をそんなに**急ぐ**べきではないと思う。
Her job is to help children with **behavioral** problems.	彼女の仕事は，**行動上の**問題がある子供たちを助けることだ。
He squeezed the **bulky** suitcase into the trunk of the car.	彼は**かさばる**スーツケースを車のトランクに押し込んだ。
I had to return the bicycle because the brakes were **faulty**.	ブレーキに**欠陥があった**ので，私はその自転車を返品しなければならなかった。

0788	
hectic [héktɪk]	やたらと忙しい [≒ very busy] hectically 副

0789	
knowledgeable [ná(:)lɪdʒəbl]	よく知っている〈about ～を〉[≒ familiar], 物知りの [≒ well-informed] knowledge 名

0790	
tense [tens]	緊迫した [≒ strained], 緊張した [≒ nervous] (⇔ relaxed) tension 名

0791	⚠ アクセント
intact [ɪntǽkt]	損なわれていない [≒ undamaged], 手をつけられていない

0792	
comprehensive [kà(:)mprɪhénsɪv]	包括的な, 広範囲にわたる [≒ inclusive] *cf.* comprehend 動 を理解する comprehension 名 理解

0793	
hesitant [hézɪtənt]	ためらいがちな〈to *do* ～するのを〉[≒ uncertain, undecided] hesitate 動　hesitation 名

0794	⚠ 発音
scarce [skeərs]	十分でない, 乏しい [≒ insufficient, inadequate] (⇔ plentiful) scarcely 副　scarcity 名

0795	
defensive [dɪfénsɪv]	防御的な (⇔ offensive) defend 動

副詞

0796	
permanently [pə́:rmənəntli]	永遠に, いつも [≒ forever] (⇔ temporarily) permanent 形　permanence 名

The magazine editor leads a very **hectic** life.	その雑誌編集者は<u>やたらと忙し</u>い日々を送っている。
He is very **knowledgeable about** Japanese arts and crafts.	彼は日本の美術と工芸**を**とても<u>よく知っている</u>。
The atmosphere in the hospital waiting room was very **tense**.	病院の待合室の空気は非常に<u>張り詰めていた</u>。
Not a single structure remained **intact** after the bombing.	爆撃の後に<u>無傷で</u>残っている建造物は1つもなかった。
This **comprehensive** report on air pollution contains a lot of new facts.	大気汚染に関するこの<u>包括的な</u>報告書にはたくさんの新事実が含まれている。
The little girl was very **hesitant to pet** the large dog.	少女はその大型犬**をなでること**<u>を</u>大いに<u>ためらっていた</u>。
Supplies of daily necessities like drinkable water are **scarce** in the war zone.	その交戦地域では，飲料水といった日々の生活必需品の供給が<u>十分ではない</u>。
I think the team needs a more **defensive** strategy.	私はそのチームにはもっと<u>守備的な</u>戦略が必要だと思う。
They decided to settle **permanently** in the south of Spain.	彼らはスペイン南部に<u>ずっと</u>定住することに決めた。

permanent wave「パーマ」は「永遠に崩れない」髪型ということ。

0797 ⚠アクセント **nonetheless** [nλnðəlés]	それにもかかわらず [≒ nevertheless]
0798 ⚠発音・アクセント **primarily** [praɪmérəli]	主として [≒ mostly], 初めに [≒ firstly] primary 形 主要な, 最初の prime 形 最も重要な
0799 **intentionally** [ɪnténʃənəli]	故意に, 意図的に [≒ deliberately] (⇔ unintentionally) intention 名 intentional 形
0800 **abruptly** [əbrʌ́ptli]	突然に [≒ suddenly, unexpectedly] abrupt 形

⏱ 1分間 mini test

(1) She was (　　　　) to lend him any more money.

(2) I handed the final (　　　　) of my book to my publisher yesterday.

(3) The government decided to (　　　　) the sale of weapons overseas.

(4) Not a single structure remained (　　　　) after the bombing.

(5) The (　　　　) of her demanding job began to show.

😊 ここから選んでね。

① ease　　② reliable　　③ bond　　④ reproduce
⑤ draft　　⑥ reluctant　　⑦ intact　　⑧ dread
⑨ halt　　⑩ strain

Everything seems to be OK now, but <u>nonetheless</u> we should prepare for the worst.	今は全てうまくいっているように思えるが，それでも最悪の事態に備えるべきだ。
This English conversation course was designed <u>primarily</u> for beginners.	この英会話講座は主に初心者のために作られた。
I would never <u>intentionally</u> try to hurt your feelings.	私はあなたの感情を故意に傷つけようとは決してしない。
She stopped the car <u>abruptly</u> in the middle of the road.	彼女は道路の真ん中で突然車を止めた。

＊＊

(6) I'm afraid the bus service in this area is not very (　　　　).

(7) We plan to (　　　　) several hundred copies of the painting.

(8) The (　　　　) between a parent and a child is very deep.

(9) After his operation, the doctor prescribed several medications to (　　　　) his pain.

(10) The student waited in (　　　　) for the result of his math test.

正解

(1) ⑥ (→**0777**)　**(2)** ⑤ (→**0756**)　**(3)** ⑨ (→**0724**)　**(4)** ⑦ (→**0791**)　**(5)** ⑩ (→**0743**)
(6) ② (→**0782**)　**(7)** ④ (→**0704**)　**(8)** ③ (→**0732**)　**(9)** ① (→**0715**)　**(10)** ⑧ (→**0766**)

動詞

0801	
outsource [áʊtsɔ̀ːrs]	を外注する，を業務委託する outsourcing 图

0802　⚠発音	
applaud [əplɔ́ːd]	に拍手する [≒ clap]，を賞賛する [≒ praise, commend, acclaim] applause 图

0803	
bribe [braɪb]	を買収する [≒ buy off] 图 賄賂（の金品） bribery 图 賄賂の授受

0804　⚠アクセント	
replicate [réplɪkèɪt]	(同一実験など)を繰り返す，を複製する [≒ copy, reproduce] 形 [réplɪkət] 複製された　replication 图

0805	
stroll [stroʊl]	ぶらぶら歩く，散歩する [≒ walk, wander, roam] 图 ぶらぶら歩くこと，散歩

0806	
swell [swel]	増大する [≒ increase, expand]，腫れる 图 ふくらみ，腫れ，増大 swelling 图 腫れること，腫れもの

0807	
uphold [ʌphóʊld]	を支持する [≒ support]，を確認する [≒ confirm]，を維持する [≒ maintain]

0808　⚠アクセント	
vomit [vá(ː)mət]	吐く，もどす [≒ throw up] *cf.* nauseated 形 吐き気を催した

0809	
expire [ɪkspáɪər]	(権利などの)期限が切れる，終了する [≒ run out, end, terminate] expiration 图

We have decided to <u>outsource</u> this job to China.	私たちは中国にこの仕事を<u>外注</u><u>する</u>ことに決めた。
We <u>applauded</u> the judge's decision to free the prisoner.	私たちは囚人を釈放するという裁判官の判決に<u>拍手を送った</u>。
He <u>bribed</u> the CEO of the company to get the contract.	彼は契約を取るためにその会社のCEOに<u>賄賂を渡した</u>。
The scientist was unable to <u>replicate</u> the results of his original experiment.	その科学者は，最初の実験結果を<u>再現する</u>ことができなかった。
We had a lovely time <u>strolling</u> in the park.	私たちは公園を<u>ぶらぶら散歩し</u>て楽しい時間を過ごした。
The crowd of protesters in the square <u>swelled</u> to well over 10,000.	広場の抗議者たちの群れは優に1万人以上に<u>ふくれ上がった</u>。
It is the role of a judge to <u>uphold</u> the law.	法を<u>支持する</u>のが裁判官の役割だ。
The sight of all the blood made him want to <u>vomit</u>.	一面の血の海を見て彼は<u>吐き</u>たくなった。
There are only about ten days left before my passport <u>expires</u>.	私のパスポートの<u>期限が切れる</u>までに，約10日しか残っていない。

expiration date は「（クレジットカードなどの）有効期限」のこと。

0810	
recruit [rɪkrúːt]	(新会員・新社員など)を募集[勧誘]する[≒ hire, employ, enroll] 图 新兵. 新社員 recruitment 图 新会員の募集

0811	
enhance [ɪnhǽns]	を増す, を高める[≒ improve, increase, boost] enhancement 图 enhanced 形

0812	
accumulate [əkjúːmjulèɪt]	を蓄積する, を集める[≒ gather, collect, pile up] accumulation 图

0813	⚠アクセント
designate [dézɪgnèɪt]	を指定する〈as, for ～に〉, を任命[指名]する [≒ appoint, nominate] designation 图

0814	
conceal [kənsíːl]	を隠す[≒ hide, mask, cover up]（⇔ disclose） concealment 图

0815	
disregard [dìsrɪgάːrd]	を無視する, を軽視する[≒ neglect, ignore] （⇔ pay attention to） 图 無視. 軽視

0816	⚠発音
accelerate [əksélərèɪt]	(を)加速する[≒ speed up]（⇔ slow down, decelerate）, を促進する acceleration 图 加速 accelerator 图 アクセル

0817	
revive [rɪváɪv]	を生き返らせる, を復活させる[≒ restore] revival 图 蘇生. 復活 語源 re (再び) + vive (生きる)

0818	
enact [ɪnǽkt]	(法案)を制定する, を通過させる[≒ establish, pass] enactment 图

0819	⚠発音・アクセント
exert [ɪgzɚ́ːrt]	を行使する[≒ exercise], （exert *oneself* で）努力 する[≒ try, endeavor] exertion 图 [≒ effort]

Our company plans to <u>recruit</u> several university graduates this year.	当社は今年，数人の大学卒業生を募集する予定だ。
This new marketing method should <u>enhance</u> our sales productivity.	この新しいマーケティングの手法は，当社の販売生産性を向上させるはずだ。
He <u>accumulated</u> a lot of debt while he was a student.	彼は学生時代に多額の借金をため込んだ。
This park has been <u>designated</u> **as** a smoke-free area.	この公園は禁煙地区に指定されている。
The passenger <u>concealed</u> an extra bottle of liquor in his hand luggage.	その乗客は手荷物に1びん余分な酒を隠した。
The accident happened because they completely <u>disregarded</u> the safety rules.	彼らが安全に関するルールを完全に無視したことが原因で，その事故は起こった。
Sports cars usually <u>accelerate</u> much faster than passenger cars.	スポーツカーはふつう，乗用車よりはるかに速く加速する。
They did all they could, but were unable to <u>revive</u> the elderly woman.	彼らはできることは全てやったが，その年配の女性を蘇生させることはできなかった。
The government will be pushing to <u>enact</u> the bill as soon as possible.	政府は，できるだけ早くその法案を制定するために努力するだろう。
The group <u>exerted</u> pressure on the government in an attempt to bring about changes in the law.	そのグループは法律を変えようと試みて，政府に圧力をかけた。

designate の as, for は省略することもできるよ。

0820	
leak [liːk]	(秘密など)を漏らす〈to ～に〉，(液体・気体など)を漏らす，漏れる 名 漏れること，(秘密などの)漏洩

0821	
jail [dʒeɪl]	を投獄 [拘置] する〈for ～のかどで〉 名 刑務所，牢獄 [≒ prison]

0822	
reform [rɪfɔ́ːrm]	を改革する，を改善する [≒ improve] 名 改革，革新 語源 re (再び) + form (形成する)

0823	
declare [dɪkléər]	を宣言する [≒ proclaim]，を断言する declaration 名 語源 de (完全に) + clare (明らかにする)

0824 ⚠アクセント	
outline [áʊtlàɪn]	の要点を述べる [≒ summarize]，の輪郭を描く [≒ sketch] 名 概略，輪郭

0825	
annoy [ənɔ́ɪ]	をいらいらさせる，を悩ます [≒ bother, irritate] annoying 形　annoyance 名

0826 ⚠発音・アクセント	
interfere [ìntərfíər]	妨げる〈with ～を〉，干渉する〈in ～に〉 interference 名

名詞

0827	
nest [nest]	(鳥の)巣 動 巣を作る，巣ごもる

0828	
founder [fáʊndər]	創設者 found 動　foundation 名 創設

The contents of the report were leaked to the press.	その報告書の内容が報道機関に漏れた。
The man was jailed for five years for speaking out against the government.	その男は政府に対して反対意見を述べたことで5年間投獄された。
The government plans to reform the education system to make it fairer for all.	政府は全国民により公平になるように，教育制度を改革することを計画している。
The mayor declared a state of emergency after the city was flooded.	市長は，市が洪水に見舞われた後，非常事態を宣言した。
The architect briefly outlined her plans for the new museum.	その建築家は，新しい博物館の計画の概略を簡潔に述べた。
It really annoys me when I see people dropping litter on the street.	私は人が道路にごみを捨てているのを見ると，非常にいらいらする。
The bright street lamp outside her bedroom interfered with her sleep.	寝室の外の明るい街灯が彼女の睡眠を妨げた。
A pair of sparrows built a nest above the station entrance.	2羽のスズメが，その駅の入口の上に巣を作った。
The founder of the university was born in this town.	その大学の創設者はこの町で生まれた。

found「を創設する」は find の過去形・過去分詞と同じ形だね。

0829 **biologist** [baɪá(:)lədʒɪst]	生物学者 biology 图 生物学　biological 形 語源 bio（生命）+ logy（学問）+ ist（人）
0830　⚠発音 **arrangement** [əréɪndʒmənt]	（通例 ~s）準備〈for ~のための〉，配置，取り決め arrange 動
0831 **landfill** [lǽndfil]	ごみ埋め立て地
0832 **trunk** [trʌŋk]	（木の）幹，（象の）鼻，🇺🇸（自動車の）トランク [≒ 🇬🇧 boot]
0833 **principle** [prínsəpəl]	（通例 ~s）（個人の）主義，信条，原則 ★ 同音語 principal（主要な，校長）
0834　⚠発音 **series** [síəri:z]	（通例単数形で）連続〈of ~の〉，一続き serial 形
0835 **independence** [ìndɪpéndəns]	独立〈from ~からの〉，自立（⇔ dependence） independent 形
0836 **exploration** [èkspləréɪʃən]	探検 [≒ expedition]，調査 [≒ investigation] explore 動　explorer 图 探検家
0837 **justice** [dʒʌ́stɪs]	正義，公正（⇔ injustice），司法，裁判 ▶ International Court of Justice 国際司法裁判所（略 ICJ）
0838　⚠アクセント **humanity** [hjumǽnəti]	（通例無冠詞，集合的に）人類 [≒ humankind] human 形

The police are investigating the millionaire's involvement in the crime.	警察はその大富豪の犯罪への関与を調査している。
The man worked in the accounting department of the company for over 30 years.	男性はその会社の経理部で30年以上働いた。
The report made several suggestions as to how to end race discrimination in the workplace.	その報告書は，職場での人種差別をなくす方法について，いくつか提案をした。
Inequality in education is an important issue which needs to be addressed.	教育における不平等は，取り組む必要のある重要な問題である。
Applicants for this job need at least a master's degree in economics.	この仕事への応募者は少なくとも経済学修士の学位が必要である。
This stadium was built to celebrate the beginning of the third millennium in the year 2000.	このスタジアムは第3千年紀の始まりを記念して2000年に建設された。
Everyone was surprised by his refusal to accept a promotion.	彼が昇進の受け入れを拒否したことには皆が驚いた。
The soldier's wound became infected and he had to be rushed to the hospital.	その兵士の傷は感染し，彼は病院に救急搬送されなければならなかった。
There is an absence of information about the long-term effects of this drug.	この薬の長期的影響に関する情報はない。
Who is in charge of the distribution of emergency supplies in this area?	この地域の防災用品の分配の責任者は誰ですか？

master と一緒に **0956** bachelor（学士），doctor（博士）も覚えよう。 205

0849 ⚠発音	荒れ地, 荒野
wilderness [wíldərnəs]	▶ wilderness area ▇ 自然保護区域

0850	濃度, 集中, 専念
concentration [kà(:)nsəntréɪʃən]	concentrate 動 (を)集中する〈on ～に〉

0851	(～s)工芸品, (手先でする)作業
craft [kræft]	*cf.* craftsperson 图 職人, 工芸家

0852	地殻, パンの耳, (動物の)甲殻
crust [krʌst]	

0853	地階, 地下室
basement [béɪsmənt]	

0854	(アパート・ビル・学校などの)用務員, 管理人
janitor [dʒǽnəţər]	

0855 ⚠アクセント	偏見〈against ～への〉, 先入観 [≒ bias]
prejudice [prédʒudəs]	動 に偏見[先入観]を抱かせる 語源 pre(先に) + judice(判断)

0856	繁栄, 繁盛
prosperity [prɑ(:)spérəţi]	prosper 動

0857	強盗(事件) [≒ burglary, theft]
robbery [rɑ́(:)bəri]	rob 動 robber 图 強盗, 泥棒

0858	保証(書)〈on ～の〉 [≒ guarantee]
warranty [wɔ́(:)rənţi]	warrant 動

The couple spent several years living in the New Zealand **wilderness**.	その夫婦はニュージーランドの<u>手付かずの自然</u>の中で数年間暮らした。
High **concentrations** of radiation were found in the area around the power plant.	その発電所の周辺地域で<u>高濃度</u>の放射線が見つかった。
This area is famous for **crafts** such as pottery and weaving.	この地域は陶器や織物などの<u>工芸品</u>で有名である。
The earth's **crust** is composed of several different layers of rock.	地球の<u>地殻</u>はいくつかの異なる岩の層からできている。
There are several shops and restaurants on the **basement** level of the building.	その建物の<u>地階</u>にはいくつかの店舗とレストランがある。
The school **janitor** is responsible for the maintenance and safety of our school buildings.	その学校の<u>用務員</u>は校舎の保守と安全に責任がある。
The students said that they had experienced racial **prejudice** at school.	生徒たちは学校で人種的<u>偏見</u>を経験したと言った。
After the war ended, the country experienced a period of great **prosperity**.	戦争が終わった後，その国は素晴らしい<u>繁栄</u>の時期を経験した。
The painting was stolen from the museum during a **robbery** last week.	その絵画は，先週の<u>強盗事件</u>の際，美術館から盗まれた。
All our washing machines come with a three-year **warranty**.	当店の洗濯機は全て3年間の<u>保証</u>がついております。

be under warranty で「保証期間中だ」という意味だよ。

0859	⚠アクセント	食欲, 欲求〈for ～への〉
appetite		appetizer 图 食欲を増進させるもの, 前菜
[ǽpɪtàɪt]		

0860	⚠発音	銃弾, 弾丸
bullet		▶ bullet train 弾丸列車, 新幹線
[búlɪt]		

0861		準備〈of, for ～の, to *do* ～する〉, 支度
preparation		prepare 動　preparatory 形
[prèpəréɪʃən]		

0862		市民権, 公民権, 市民 [国民] であること
citizenship		citizen 图 市民
[síṭɪzənʃìp]		

形容詞

0863		(パンなどが) 堅くなった, 鮮度の落ちた
stale		(⇔ fresh), 陳腐な
[steɪl]		

0864		(経済的・社会的に) 恵まれない [≒ deprived,
disadvantaged		underprivileged]
[dìsədvǽnṭɪdʒd]		disadvantage 图 不利な点, ハンディキャップ

0865		継続している, 進行中の [≒ continuing,
ongoing		in progress, under way]
[á(:)ngòʊɪŋ]		

0866	⚠発音	頑丈な, たくましい [≒ strong, robust], 不屈の
sturdy		[≒ unyielding, firm] (⇔ weak, frail)
[stə́ːrdi]		

0867		権限のない, (公的に) 認可されていない
unauthorized		(⇔ authorized)
[ʌnɔ́ːθəràɪzd]		authorize 動

I lost my **appetite** for a few days when I had the flu.	私はインフルエンザにかかったとき，2，3日間，食欲がなかった。
The **bullet** missed the man's head by a fraction of an inch.	銃弾はあとわずかで男の頭に当たるところだった。
I was not able to do as much **preparation for** the exam as I had hoped.	私は思っていたほど試験の準備ができなかった。
What documents do I need to apply for American **citizenship**?	アメリカの市民権を申請するには何の書類が必要ですか？
The food was great, but the bread was a bit **stale**.	料理は素晴らしかったが，パンは少し堅かった。
They took a group of **disadvantaged** children on a trip to the seaside.	彼らは恵まれない子供たちの集団を連れて海辺へ旅行に行った。
We are monitoring the **ongoing** hostage situation.	我々は現在発生している人質事件を注視している。
I took cover under the **sturdy** desk during the earthquake.	私は地震の間，頑丈な机の下に避難した。
No **unauthorized** persons are allowed in this area.	権限のない人間は誰もこの地域に立ち入ることができない。

0868				
verbal [və́:rbəl]	口頭での [≒ oral, spoken], 言葉の [に関する] (⇔ nonverbal)

0869 ⚠発音	
weary [wíəri]	疲れ果てた [≒ exhausted, worn out], うんざり した [≒ tired, fed up] weariness 名　wearisome 形 退屈な

0870 ⚠アクセント	
equivalent [ɪkwívələnt]	相当する 〈to ~に〉, 同等の [≒ equal] 名 等しいもの equivalence 名 同等

0871	
intense [ɪnténs]	極度の, 激しい [≒ extreme] (⇔ mild) intensify 動 を強化する　intensity 名

0872 ⚠発音	
consecutive [kənsékjʊtɪv]	連続した [≒ successive, straight] consecutively 副

0873 ⚠発音	
noticeable [nóʊṭəsəbl]	著しい, 目立つ [≒ conspicuous, prominent, outstanding] notice 動 に気づく　名 注意, 通知, 掲示

0874	
crucial [krúːʃəl]	重大な [≒ critical, vital], 決定的な [≒ decisive] crucially 副

0875	
electrical [ɪléktrɪkəl]	電気の, 電気を扱う electricity 名　electrically 副

0876	
steep [stiːp]	(傾斜が)急な (⇔ gradual)

0877	
civil [sívəl]	(軍人・官吏に対して)民間の, 一般市民の (⇔ military) civilian 名 形

We made a **verbal** agreement to deliver the product by April 1.	我々は4月1日までに製品を届けるという**口頭による**合意をした。
The firefighters were **weary** at the end of the long night.	消防士たちは長い夜の終わりには**疲れ果て**ていた。
One mile is **equivalent to** about 1.6 kilometers.	1マイルは約1.6キロメートル**に相当**する。
The **intense** cold last night caused the pond to freeze over.	昨晩の**強烈な**寒さのせいで池一面に氷が張った。
She has been world champion eight **consecutive** times.	彼女は今までに8回**連続**で世界チャンピオンになっている。
There has been a **noticeable** improvement in the patient's health recently.	その患者の健康状態は最近, **著しい**改善を見せている。
This is a **crucial** decision which will affect millions of people.	これは何百万人もの人々に影響を与える**重大な**決定だ。
Several **electrical** engineers worked all night to repair the power cables.	数名の**電気**技師が電力ケーブルを修理するため夜通し働いた。
We climbed the **steep** slope up to the hotel.	我々はホテルまで**急な**坂を上った。
The police arrested several **civil** rights activists during the demonstration.	警察はデモの最中に数名の**公民**権運動家を逮捕した。

electric ≒ electrical と electronic「電子の」を混同しないようにね。

0878 ▲発音	
supreme [suprí:m]	最高の，至高の (⇔lowest) supremacy 图

0879	
elite [ɪlí:t]	えり抜きの，エリートの 图 (通例 the ～，集合的に) エリート，精鋭

0880 ▲発音	
broad [brɔːd]	(幅の) 広い，広範囲な [≒wide] (⇔narrow) broaden 動　breadth 图幅

0881 ▲アクセント	
industrial [ɪndʌ́striəl]	産業の，工業の industry 图 (⇔agriculture)　industrialize 動 *cf.* industrious 形勤勉な [≒diligent]

0882	
allied [ǽlàɪd]	連合の〈to, with ～と〉，同盟を結んだ ally 動 图同盟国，連合国　alliance 图同盟，提携

0883	
external [ɪkstə́ːrnəl]	外部の，外 (側) の [≒outside, exterior] (⇔internal)

0884 ▲発音	
mere [mɪər]	ほんの，単なる [≒only, no more than] merely 副

0885	
latter [lǽtər]	後半の，後の方の (⇔earlier)，(the ～) 後者の (⇔former) 图 (二者のうちの) 後者

0886 ▲アクセント	
presidential [prèzɪdénʃəl]	大統領の [による]，社長の president 图 (しばしば President で) 大統領，社長，会長 presidency 图大統領の地位 [任期]

0887	
ethical [éθɪkəl]	倫理 (上) の，道徳の [≒moral] ethics 图　ethically 副

212

The **Supreme** Court of the United States is the highest court in the country.	合衆国最高裁判所は，国の最高裁である。
Unlike many of his friends, the company CEO did not go to an **elite** university.	多くの友人とは異なり，その企業の最高経営責任者は一流大学に行かなかった。
This university offers a **broad** range of courses including medicine and law.	この大学は医学と法律も含め幅広い講座を提供している。
The **industrial** revolution took place from the 18th century up until the 19th century.	産業革命は，18世紀から19世紀にかけて起きた。
Allied troops bombed the historical city during the war.	連合軍は戦時中その歴史ある都市を爆撃した。
The government denied they had changed the immigration policy due to **external** pressure.	政府は，外部からの圧力によって移民政策を変更したことを否定した。
A **mere** three people out of thousands were found to be infected with the virus.	数千人の中のほんの3人だけがそのウイルスに感染していることが判明した。
The weather should get better in the **latter** part of the week.	週の後半には天気はよくなるはずだ。
The next **presidential** election will take place at the end of next year.	次期大統領選挙は来年末に行われる。
Some consumers are against testing cosmetics on animals for **ethical** reasons.	一部の消費者は倫理上の理由から，動物への化粧品の試験に反対している。

2つあるものの前者がformer，後者がlatterだよ。

0888	
realistic [rìːəlístɪk]	現実的な，実際的な (⇔ unrealistic, idealistic) reality 名　realistically 副

0889	
harmless [háːrmləs]	害のない〈to ～にとって〉(⇔ harmful, dangerous) harm 名害　動 を傷つける

0890	
underlying [ʌ̀ndərláɪŋ]	潜在的な，根本的な [≒ basic, fundamental] underlie 動 の根底 [裏] にある

0891 ⚠発音	
urgent [ə́ːrdʒənt]	緊急の，切迫した [≒ emergency, pressing] urgency 名　urgently 副

0892	
complimentary [kà(ː)mpləméntəri]	無料の [≒ free]，賞賛する compliment 名賛辞

0893	
eager [íːgər]	熱望して〈to do ～したいと〉，熱心な [≒ keen, enthusiastic] eagerly 副　eagerness 名

副詞

0894	
loudly [láʊdli]	大声で，騒々しく (⇔ quietly, softly) loud 形 (⇔ low) *cf.* aloud 副 声を出して

0895	
accordingly [əkɔ́ːrdɪŋli]	それ相応に，(通例文頭で) 従って，そんなわけで [≒ therefore] *cf.* according to ～ ～によると，に従って

0896	
occasionally [əkéɪʒənəli]	ときどき [≒ sometimes, from time to time] occasion 名場合，機会　occasional 形

It is not **realistic** to expect our employees to work every weekend.	従業員が毎週末働くのを期待するのは現実的ではない。
Although this spider looks scary, it is actually **harmless**.	このクモは見た目は恐ろしいが，実際には無害である。
The professor explained the **underlying** reasons for the growth in crime.	その教授は犯罪増加の裏に潜む理由を説明した。
I received an **urgent** phone call from the hospital saying my wife had been in an accident.	私は妻が事故に巻き込まれたという緊急の電話を病院から受けた。
The hotel staff informed me that breakfast, Wi-Fi, and parking are **complimentary** during my stay.	滞在中は朝食，Wi-Fi，駐車場が無料だとホテルの従業員が教えてくれた。
The medical students were very **eager to start** treating patients.	その医学生たちは患者の治療を始めたいととても熱望していた。
I could hear some people singing **loudly** on the street outside my house.	私には自宅の外の通りで数人が大声で歌っているのが聞こえた。
He is the most popular comedian in the UK and is paid **accordingly**.	彼はイギリスで最も人気のあるコメディアンなので，それ相応の報酬が支払われている。
I **occasionally** go out for dinner with my friends from college.	私はときどき大学時代からの友人と一緒に夕食に出かける。

0897 ☐☐☐ **smoothly** [smú:ðli]	順調に，スムーズに，滑らかに smooth 形
0898 ☐☐☐ **frankly** [fræŋkli]	率直に，正直に [≒ honestly, candidly] frank 形 ▶ frankly speaking はっきり [率直に] 言って
0899 ☐☐☐ **notably** [nóuṭəbli]	とりわけ [≒ particularly, especially] notable 形 注目に値する，際立った　note 動 に注目する　名 メモ，注釈，🇬🇧 紙幣
0900 ☐☐☐ **continuously** [kəntínjuəsli]	継続して，連続して [≒ constantly] continue 動　continuous 形

⏱ 1分間 mini test

(1) The medical students were very (　　　　) to start treating patients.

(2) India achieved (　　　　) from British rule in 1947.

(3) We are monitoring the (　　　　) hostage situation.

(4) The architect briefly (　　　　) her plans for the new museum.

(5) (　　　　) troops bombed the historical city during the war.

💣 ここから選んでね。※文頭にくる語も小文字になっています。

① designated　② outlined　③ bribed　④ eager
⑤ allied　⑥ steep　⑦ warranty　⑧ ongoing
⑨ independence　⑩ refusal

My job interview went more <u>smoothly</u> than I had expected.	私の就職の面接は予想していたよりも順調に進んだ。
The soldier spoke <u>frankly</u> about his experiences in the war.	その兵士は戦争の体験を<u>ざっくばらんに</u>語った。
Some motorists, <u>notably</u> truck drivers, were not happy about the new speed restrictions.	運転手の中には，<u>特に</u>トラックのドライバーだが，新しい制限速度に不満を感じる人もいた。
In the last few years, the runner's performance has been <u>continuously</u> improving.	この2，3年，そのランナーの成績は<u>継続して</u>よくなっている。

* * *

(6) This park has been ( ) as a smoke-free area.

(7) All our washing machines come with a three-year ( ).

(8) He ( ) the CEO of the company to get the contract.

(9) Everyone was surprised by his ( ) to accept a promotion.

(10) We climbed the ( ) slope up to the hotel.

正解

(1) ④(→0893)　(2) ⑨(→0835)　(3) ⑧(→0865)　(4) ②(→0824)　(5) ⑤(→0882)
(6) ①(→0813)　(7) ⑦(→0858)　(8) ③(→0803)　(9) ⑩(→0845)　(10) ⑥(→0876)

動詞

0901 **compel** [kəmpél]	(compel O to *do* で)(人)に強いて~させる [≒ force] compelling 形 説得力のある
0902 ⚠発音 **distinguish** [dɪstíŋgwɪʃ]	区別する〈between ~の間を〉, を区別する〈from ~と〉[≒ differentiate] distinction 名　distinguished 形 著名な
0903 **heighten** [háɪtən]	を高める, を増大させる [≒ raise, increase] (⇔ lower) height 名
0904 ⚠発音 **ruin** [rúːɪn]	を台無しにする, を駄目にする (⇔ improve) 名 破滅, (~s) 廃墟, 遺跡
0905 ⚠アクセント **equip** [ɪkwíp]	に装備する〈with ~を〉[≒ provide] equipment 名
0906 ⚠アクセント **export** [ɪkspɔ́ːrt]	を輸出する〈to ~へ〉(⇔ import) 名 [ékspɔːrt] 輸出 語源 ラテン語 *ex* (外へ) + *portare* (運ぶ) から
0907 **glance** [glæns]	ちらりと見る〈at ~を〉[≒ glimpse] 名 ちらりと見ること
0908 **notify** [nóʊ̯əfàɪ]	に知らせる〈of, about ~を〉[≒ inform] notification 名
0909 **overdo** [òʊvərdúː]	を使い過ぎる, をやり過ぎる ▶ overdo it やり過ぎる, 無理をする

The governor was <u>compelled</u> **to resign** after his racist comments went viral.	知事は人種差別発言がネット上で拡散された後，**辞任**を**強いら**れた。
Many children are unable to <u>distinguish</u> **between** real and fake news.	多くの子供たちは，本物のニュースと偽のニュース**を区別する**ことができない。
The government created a series of advertisements to <u>heighten</u> awareness of climate change.	政府は気候変動への意識を高めるために一連の広告を作成した。
Our picnic in the park was <u>ruined</u> by the sudden rainstorm.	私たちの公園でのピクニックは突然の暴風雨で台無しになった。
The nurses were <u>equipped</u> **with** face shields as well as gloves and gowns.	看護師たちは手袋とガウンに加えてフェースシールド**を身につけ**ていた。
This company <u>exports</u> luxury cars **to** many countries, including Japan.	この会社は日本を含む多くの国へ高級車を輸出している。
The lawyer <u>glanced</u> **at** her notes before she began to speak.	その弁護士は，話し始める前にちらっとメモに目をやった。
We will <u>notify</u> you when your visa is ready to be picked up.	ビザの受け取りの準備が整ったらお知らせします。
He tends to <u>overdo</u> the spices when he makes curry.	彼はカレーを作るときに，スパイスを使い過ぎる傾向がある。

distinguish *oneself*「頭角を現す，有名になる」も覚えておこう。

0910	
pierce [pɪərs]	に穴を開ける，を突き通す [≒ penetrate]

0911	
overestimate [òʊvəréstɪmèɪt]	を過大に評価する [見積もる] [≒ overrate, overvalue] (⇔ underestimate) 名 [òʊvəréstɪmət] 過大評価

0912 ⚠発音	
raid [reɪd]	(警察が) に手入れを行う，(軍隊が) を襲撃する 名 手入れ，襲撃

0913 ⚠アクセント	
recall [rɪkɔ́ːl]	を思い出す [≒ remember] (⇔ forget)，(商品など) を回収する 名 記憶 (力)，(欠陥商品などの) リコール

0914	
simplify [símplɪfàɪ]	を簡単にする (⇔ complicate) simplification 名 simple 形 simply 副

0915	
wrinkle [ríŋkl]	(顔など) にしわを寄せる，(衣服など) にしわを作る 名 しわ，よれ

0916	
conspire [kənspáɪər]	陰謀を企てる ⟨to do ～しようと⟩，共謀する conspiracy 名 conspirator 名 共謀者

0917 ⚠アクセント	
imitate [ímɪtèɪt]	をまねる，を見習う [≒ copy, mimic, emulate] imitation 名 imitative 形

0918	
inhale [ɪnhéɪl]	を吸い込む [≒ breathe in] (⇔ exhale) inhalation 名

0919	
overrate [òʊvərréɪt]	(通例受身形で) 過大評価される [≒ overestimate, overvalue] (⇔ underrate)

I'm thinking of having my ears **pierced** after I graduate from high school.	私は高校を卒業したら, 耳に(ピアスの)穴を開けようと考えている。
We seem to have **overestimated** the number of tickets sold by about 10 percent.	どうも私たちはチケットの販売枚数を10パーセントほど多く見積もっていたようだ。
The police **raided** the suspect's apartment in the early hours of the morning.	警察は早朝, 容疑者のアパートに手入れを行った。
I can't **recall** exactly when I last visited this area.	この地域を最後に訪れたのがいつだったかを, 正確に思い出すことができない。
Would it be possible to **simplify** these instructions?	この説明書を簡略化していただくことは可能でしょうか?
He **wrinkled** up his nose in disgust at the bad smell.	彼はいやな臭いを嗅いで, 不快そうに鼻にしわを寄せた。
The suspect denied **conspiring to assassinate** the President.	その容疑者は大統領**暗殺を企**てていたことを否定した。
The girl began to **imitate** everything her older sister did and said.	その少女は姉のすることと言うことを全てまねし始めた。
The man was treated at the hospital after he **inhaled** smoke during the fire.	その男性は火事で煙を吸い込んだ後, 病院で治療を受けた。
To be honest, I think this restaurant is **overrated**.	率直に言うと, このレストランは過大評価されていると思う。

imitation には「まね」のほかに「模造品, 偽造品」の意味もあるよ。

0920 ▲アクセント **sympathize** [símpəθàɪz]	同情する〈with ～に〉[≒ feel sorry] sympathy 图 [≒ compassion] sympathetic 圏
0921 **glide** [glaɪd]	滑らかに動く，音もなく移動する [≒ slide] 图 滑り，滑走
0922 **kidnap** [kídnæp]	を誘拐する [≒ abduct] 图 誘拐 kidnapper 图 誘拐犯 kidnapping 图 誘拐
0923 ▲アクセント **pretend** [prɪténd]	(pretend to be で) のつもりになる，(pretend to *do* で) ～するふりをする pretense 图 見せかけ，ふり，言い訳
0924 **simmer** [símər]	(煮立たない程度に) ことこと煮える [≒ boil gently]
0925 **thaw** [θɔː]	解凍される [≒ defrost]，溶ける [≒ melt] 图 (氷・雪などが) 溶けること
0926 **unfold** [ʌnfóʊld]	(真相などが) 明らかになる，を明らかにする [≒ reveal, disclose, expose]
0927 **detain** [dɪtéɪn]	を勾留 [留置] する [≒ confine, imprison]，(人) を引き留める detention 图 拘置 detainee 图 拘留者
0928 **puncture** [pʌ́ŋktʃər]	(タイヤ) をパンクさせる，に穴をあける 图 穴，パンク
0929 **strangle** [strǽŋgl]	(発展・活動など) を抑圧する [≒ suppress, restrain, hamper]，を窒息させる [≒ choke, smother, stifle]

Having experienced something similar myself, I really **sympathize** **with** her situation.	私自身，似たような経験をしてきたので，彼女の状況**には**本当に**同情する**。
The actress **glided** gracefully into the ballroom.	その女優は滑るように優雅に舞踏場へ**入って行った**。
The billionaire's son was **kidnaped** on his way to school this morning.	その億万長者の息子が，今朝学校へ行く途中で**誘拐された**。
The children **pretended** **to be** characters from their favorite TV show.	子供たちは大好きなテレビ番組の登場人物**のつもりになっていた**。
I left the soup to **simmer** on the stove while I laid the table.	私は食卓の準備をする間，スープをコンロで**ことこと煮ていた**。
The frozen strawberries took several hours to **thaw** completely.	冷凍のイチゴが完全に**解凍される**まで数時間かかった。
Slowly the details of the crime began to **unfold**.	少しずつ，その犯罪の詳細が**明らかになり**始めた。
The police have **detained** two suspects in connection with the robbery last week.	警察は先週の強盗事件に関連して2人の容疑者を**勾留した**。
Somebody **punctured** the tires on my bicycle when I left it outside the park yesterday.	昨日公園の外に自転車を置いていたら，誰かがタイヤを**パンクさせた**。
Some people complained that the new government restrictions were **strangling** the economy.	政府による新たな規制は経済を**抑制している**と不満を漏らす人もいた。

unfold は fold「を折る，をたたむ」の逆のイメージだね。

名詞

0930 ⚠発音・アクセント **hygiene** [háɪdʒiːn]	衛生 (状態)，清潔 [≒ cleanliness, sanitation] hygienic 形　hygienics 名 衛生学
0931 **oppression** [əpréʃən]	抑圧，虐待 [≒ repression, suppression, persecution]（⇔ freedom） oppress 動　oppressive 形
0932 **collaboration** [kəlæbəréɪʃən]	合作〈with 〜との，between 〜間での〉，共同，協力 [≒ cooperation, alliance] collaborate 動
0933 ⚠発音 **harbor** [hάːrbər]	港 [≒ port]，避難所 [≒ refuge] 動 (犯人など)をかくまう
0934 ⚠発音 **lawn** [lɔːn]	芝生 ▶ mow the lawn 芝を刈る
0935 ⚠アクセント **pedestrian** [pədéstriən]	歩行者 [≒ walker] 形 歩行者の，徒歩の
0936 **racism** [réɪsìzm]	人種差別 (主義 [政策]) racist 名 人種差別主義者　形 人種差別主義(者)の
0937 **summit** [sʌ́mɪt]	(先進国)首脳会議，サミット，(山などの)頂上
0938 **bug** [bʌɡ]	(小さな)虫，昆虫 [≒ insect]
0939 **dirt** [dəːrt]	汚れ，泥 [≒ mud]，ほこり [≒ dust] dirty 形

In the interests of **hygiene**, please wash your hands for at least 20 seconds with soap and hot water.	衛生上の理由から，せっけんとお湯で少なくとも20秒は手を洗ってください。
We must do our best to support the victims of political **oppression**.	我々は政治的抑圧の被害者を支援することに最善を尽くさなければならない。
This new art show is a **collaboration between** artists from various countries in Europe.	この新しい美術展はヨーロッパのさまざまな国の芸術家たちの合作です。
From our hotel room, we had a great view of the boats in the **harbor**.	ホテルの部屋からは港に停泊している船の素晴らしい景色が楽しめた。
Due to water shortages, residents were asked not to water their **lawns**.	水不足のため，住民は芝生に水をやらないように依頼された。
There is no safe place for **pedestrians** to cross the road around here.	この辺りには，歩行者が道路を横断できる安全な場所がない。
Thousands of people all over the country recently took part in protests against **racism**.	つい最近，国中で何千人もの人々が人種差別に対する抗議に参加した。
Leaders from all over the world attended the **summit** last week.	世界中の首脳が先週首脳会議に出席した。
The small boy loved to look at the **bugs** in his grandmother's garden.	その小さな男の子は，祖母の家の庭で虫を見るのが大好きだった。
I can't seem to get all the **dirt** off the windows of my car.	車の窓の汚れを全て拭き取ることができそうにない。

bug には「（プログラムやシステムの）不具合，バグ」の意味もあるんだ。

0940	
maternity [mətə́:rnəʈi]	(形容詞的に) 妊産婦の (⇔ paternity), 母であること [≒ motherhood]
	▶ maternity leave 産休

0941	
stroke [strouk]	脳卒中, (強い) 発作, (武器などで) 打つこと

0942	
tale [teɪl]	(事実・伝説・架空の) 話, (文学作品としての) 物語 [≒ story, narrative]

0943	
certainty [sə́:rtənti]	確実性, 確信 [≒ confidence, conviction] (⇔ uncertainty, doubt)
	certain 形 certainly 副

0944	⚠アクセント
imbalance [ɪmbǽləns]	不均衡〈in ~の, between ~の間の〉, アンバランス [≒ disparity, inequality]

0945	
incidence [ínsɪdəns]	発生 (率)〈of 事件・病気などの〉

0946	
pit [pɪt]	穴, くぼみ [≒ hole, ditch, cavity]

0947	
texture [tékstʃər]	手 [肌] 触り, 感触 [≒ feel, touch], 食感

0948	⚠発音
thumb [θʌm]	(手の) 親指

0949	⚠発音
undergraduate [ʌ̀ndərgrǽdʒuət]	大学生 (⇔ graduate 卒業生, 🇺🇸 大学院生 🇬🇧 postgraduate 大学院生)

She took a year's **maternity** leave after the birth of her son.	彼女は息子を出産した後，1年間の産休を取得した。
The man was unable to walk after suffering a **stroke**.	その男性は脳卒中を起こした後，歩くことができなかった。
One of the local people told me an interesting **tale** about a giant who lived in the mountains.	地元の人の1人が私に山に住む巨人の面白い話をしてくれた。
I cannot say with **certainty** if we will be able to take a vacation next year.	来年私たちが休暇を取れるかどうかを確実に言うことはできない。
The minister reported that there was an **imbalance between** the country's import and export figures.	その大臣は，国の輸入額と輸出額の間には不均衡があると報告した。
There are several reasons why the **incidence of** crime is so low in this state.	この州で犯罪の発生率がそれほど低いのにはいくつか理由がある。
The ancient people buried their treasures in a deep **pit** in the middle of the desert.	古代の人々は，砂漠の真ん中の深い穴に彼らの宝物を埋めた。
I don't like the color or **texture** of this carpet.	私はこのカーペットの色も手触りも好きでない。
I hit my **thumb** with a hammer when I was hanging up a picture.	私は絵を掛けているときに，金づちで親指を打ってしまった。
Several **undergraduates** live together in this apartment.	数人の大学生がこのアパートで一緒に暮らしている。

男性が取る育児休暇は paternity leave というよ。

0950 □□□	知恵，賢明さ [≒ intelligence, knowledge]
wisdom [wízdəm]	▶ wisdom tooth 親知らず

0951 □□□	花嫁，新婦（⇔ bridegroom, groom）
bride [braɪd]	

0952 □□□	独裁者，専制君主 [≒ autocrat, tyrant]
dictator [díkteɪtər]	dictate 動 (を)命令する　dictatorship 名 独裁（政権） dictation 名 口述，書き取り，命令

0953 □□□ ⚠発音	署名，サイン
signature [sígnətʃər]	sign 動 名 表れ，身振り，標識 ★芸能人などの「サイン」は autograph

0954 □□□	（通例単数形で）あかし〈to ～の〉，証拠 [≒ evidence, proof, testimony]
testament [téstəmənt]	

0955 □□□	添付ファイル，添付書類
attachment [ətǽtʃmənt]	attach 動

0956 □□□ ⚠発音	独身の男性 [≒ unmarried man, single man]，学士
bachelor [bǽtʃələr]	

0957 □□□	水ぶくれ
blister [blístər]	動 に水ぶくれを作る

0958 □□□	（港湾などの）封鎖，経済 [通信] 封鎖
blockade [blɑ(:)kéɪd]	block 動 を封鎖する　名 障害（物）

0959 □□□	分譲マンション
condo [ká(:)ndoʊ]	★ condominium の略

There is a lot of <u>wisdom</u> contained in these children's stories.	これらの子供向けの物語には多くの<u>知恵</u>が含まれている。
The <u>bride</u> wore a long white dress with a veil.	その<u>花嫁</u>はベールの付いた長い白いドレスを身につけていた。
After 10 years, the <u>dictator</u> was finally removed from power.	10年経ってやっと、その<u>独裁者</u>は権力の座から降ろされた。
We require your <u>signature</u> on each of these insurance documents.	これらの保険書類の全てに<u>署名</u>が必要です。
The fact that this temple survived the earthquake is a <u>testament</u> **to** the skill of its builders.	この寺院が地震に耐えたという事実は、建築者の技術**の**<u>あかし</u>である。
I'm sending you the contract and other related information as an <u>attachment</u>.	契約書とほかの関連情報を<u>添付ファイル</u>でお送りします。
He said he enjoys life as a <u>bachelor</u> and has no plans to get married.	彼は<u>独身者</u>としての生活が楽しく、結婚する予定はないと言った。
My new shoes are very uncomfortable and I have several <u>blisters</u> on my feet.	私の新しい靴はとても履き心地が悪く、足にいくつか<u>水ぶくれ</u>ができている。
The <u>blockade</u> of the country's ports and airports is causing a great deal of hardship for residents.	その国の港と空港の<u>封鎖</u>は、住民に多大な困難を引き起こしている。
The couple bought a luxury <u>condo</u> in this area.	そのカップルはこの地域の高級<u>マンション</u>を購入した。

dictation「口述、書き取り」は英語学習の方法の1つにもあるね。

0960 ⚠アクセント **invoice** [ínvɔɪs]	明細請求書, 納品書 [≒ bill]
0961 ⚠発音 **leisure** [líːʒər]	自由な時間, 余暇 (⇔ work) leisurely 形 のんびりとした ▶ at *one's* leisure 時間のあるときに
0962 **meditation** [mèdɪtéɪʃən]	瞑想, 黙想 [≒ contemplation] meditate 動
0963 **procession** [prəséʃən]	(儀式などの)行列, 行進 proceed 動
0964 **unrest** [ʌ̀nrést]	(社会的な)混乱, 不安 [≒ disruption, turbulence], (心の)動揺 *cf.* rest 名 休息 動 休む
0965 **equator** [ɪkwéɪtər]	(the ~) 赤道 ★ Ecuador「エクアドル」はスペイン語で「赤道」の意味

形容詞

0966 ⚠発音 **exhausted** [ɪgzɔ́ːstɪd]	疲れ果てた exhaust 動 を疲れ果てさせる　名 (ガスなどの)排出, 排気ガス　exhaustion 名 極度の疲労
0967 **problematic** [prà(ː)bləmǽtɪk]	問題のある, 疑わしい [≒ troublesome] problem 名
0968 **desirable** [dɪzáɪərəbl]	望ましい [≒ attractive, advantageous] (⇔ undesirable) desire 動 名

Can you send me the **invoice** for this job by the end of the month?	この仕事の請求書を月末までに送っていただけますか？
He has been working in the **leisure** industry for several years.	彼はこの数年間，レジャー産業に従事してきた。
They teach a variety of **meditation** techniques to help the children manage their stress better.	子供たちがより上手にストレスと付き合えるように，彼らはさまざまな瞑想術を教えている。
Thousands of people gathered to watch the royal **procession** last Sunday.	先週の日曜日，何千人もの人が王室の車列を見るために集まった。
The government had trouble dealing with the **unrest** in the city.	政府はその市の混乱に対処するのに苦労した。
The island is located around 100 kilometers south of the **equator**.	その島は，赤道の南，約100キロに位置している。
I'm too **exhausted** to cook tonight. Shall we order some takeout?	私は今夜はくたくたで料理ができない。テイクアウトを注文しようか？
The political situation in this region is more **problematic** than we first thought.	この地域の政治情勢は，我々が当初思っていたよりも問題がある。
The house is expensive because it is located in a very **desirable** area.	その家は非常に魅力ある地域にあるため，価格が高い。

0969			

geological
[dʒìːələá(ː)dʒɪkəl]

地質 (学) 上の
geology 图 地質学　geologist 图 地質学者

0970			

rash
[ræʃ]

早まった，軽率な [≒ hasty]

0971			

solitary
[sá(ː)lətèri]

ひとりの，孤独の [≒ isolated]
solitude 图

0972			

uneven
[ʌníːvən]

でこぼこな，平らでない (⇔ even, flat)

0973			

antique
[æntíːk]

骨董の，時代遅れの (⇔ new, modern)
图 骨董品，(古代の) 遺物
cf. antiquity 图 [æntíkwəti] 古代

0974			

dense
[dens]

(霧・雲などが) 濃い [≒ thick]，(人・物が) 密集した (⇔ sparse)
density 图

0975			

economical
[ìːkəná(ː)mɪkəl]

経済的な，安上がりな [≒ cheap, inexpensive]
cf. economic 形 経済 (上) の

0976			

fictional
[fíkʃənəl]

架空の，フィクションの [≒ imaginary, invented] (⇔ real)
fiction 图

0977			

gradual
[grǽdʒuəl]

徐々の (⇔ sudden, abrupt)，(傾斜の) なだらかな (⇔ steep)
gradually 副

0978		⚠ 発音・アクセント

intimate
[íntəmət]

(場所・状況が) くつろげる，心地よい，(人が) 親しい，親密な
intimacy 图　intimately 副

The team carried out a **geological** survey of the entire region.	そのチームは，地域全体の地質調査を実施した。
I advise you to think carefully before making any **rash** decisions.	早まった決断をする前に，慎重に考えることを勧めます。
The dangerous prisoner was placed in a **solitary** cell.	その危険な囚人は独房に入れられた。
Take care not to trip. The ground around the door is very **uneven**.	つまずかないように気をつけて。ドアの辺りの地面はかなりでこぼこになっているので。
The store was filled with beautiful **antique** furniture.	その店は美しい骨董家具で埋め尽くされていた。
The hikers had trouble finding their camp in the **dense** fog.	ハイカーたちは濃い霧の中，キャンプ場を見つけるのに苦労した。
This car uses a lot of gas and is not at all **economical** to drive.	この車は多くのガソリンを使い，運転が全く経済的ではない。
This story is set in a **fictional** town in the north of Spain.	この物語の舞台は，スペイン北部の架空の町に設定されている。
Over the last few years, there has been a **gradual** change in the weather.	この数年にわたって，気候が徐々に変化してきた。
This restaurant has an **intimate** atmosphere and is ideal for a date.	このレストランにはくつろげる雰囲気があり，デートにうってつけだ。

rush hour「ラッシュアワー」のrushとrashを区別しよう。

0979	
lengthy [léŋkθi]	長い，長時間の (⇔ brief, concise) length 图　lengthen 動

0980 ⚠発音	
ultimate [Áltɪmət]	最終の，究極の [≒ last, final] ultimately 副

0981	
victorious [vɪktɔ́:riəs]	勝利を得た，勝ち誇った [≒ triumphant] (⇔ defeated) victory 图

0982	
witty [wíti]	機知に富んだ [≒ humorous] wit 图

0983	
blurry [blá:ri]	ぼやけた，不鮮明な [≒ blurred] (⇔ clear) blur 图 ぼんやり見えるもの　動 をぼかす

0984	
exceptional [ɪksépʃənəl]	例外的に優れた，まれな [≒ extraordinary, outstanding, excellent] (⇔ ordinary) exception 图　exceptionally 副

0985 ⚠発音	
finite [fáɪnaɪt]	有限の，限られた [≒ limited] (⇔ infinite)

0986	
on-the-job [à(:)nðədʒá(:)b]	実地の，職場での ▶ on-the-job training 実地訓練 (略 OJT)

0987 ⚠発音	
vacant [véɪkənt]	(部屋・座席などが) 空いている，使用されて いない [≒ empty, available] (⇔ occupied) vacancy 图

0988	
cheery [tʃíəri]	陽気な，元気な [≒ happy, cheerful] cheer 图 動

The **lengthy** report explains the problems with the current school system.	その長々と書かれた報告書では現在の学校制度に関する問題点が説明されている。
Our **ultimate** goal is to create an effective treatment for the disease.	我々の最終的な目標は，その病気の効果的な治療法を作り出すことだ。
France was **victorious** over Croatia in the World Cup final.	フランスはワールドカップの決勝戦でクロアチアに勝利した。
The actor made a number of **witty** remarks during his radio interview.	その俳優はラジオのインタビューで，いくつかの機知に富む発言をした。
The old photograph was very **blurry**, and it was hard to make out the people's faces.	その古い写真はかなりぼやけていて，顔を見分けるのが難しかった。
She showed **exceptional** talent as a painter from a very young age.	彼女は幼いころから画家としての並外れた才能を見せた。
It is important to remember that a lot of the natural resources we rely on are **finite**.	我々が依存する多くの天然資源は有限であると忘れないことは重要である。
This position offers **on-the-job** training as well as full health insurance.	この職では，完全な健康保険のほか，実地訓練が提供される。
The apartment on the first floor of this building has been **vacant** for over a year.	この建物の1階のアパートは1年以上空室になっている。
My neighbor waved and gave me a **cheery** smile as she passed my gate.	隣人は私の家の門を通り過ぎるとき，手を振って陽気な笑顔を見せてくれた。

finite と反意語 infinite [ínfɪnət] の発音の違いに注意。

0989 ▲発音	卑怯な，臆病な (⇔ brave, courageous)
cowardly	coward 图 臆病者，卑怯者
[káʊərdli]	

0990	計り知れない，果てしない，広大な [≒ immense,
immeasurable	infinite]
[ɪméʒərəbl]	

0991	(複合語で)〜に障害のある，弱った，損なわれ
impaired	た
[ɪmpéərd]	▶ physically impaired 身体に障害がある

0992	(道・川などが)通行できない [≒ blocked,
impassable	closed]，(困難・障害などが)克服できない
[ɪmpǽsəbl]	

0993	不活発な，停止中の [≒ idle, inert] (⇔ active)
inactive	
[ɪnǽktɪv]	

0994 ▲発音	不便な，不都合な [≒ inappropriate,
inconvenient	troublesome, unfavorable] (⇔ convenient)
[ìnkənví:niənt]	inconvenience 图

0995	迷信深い，迷信の
superstitious	superstition 图
[sù:pərstíʃəs]	

0996 ▲発音	不愉快な，いやな [≒ annoying, displeasing]
unpleasant	(⇔ pleasant)
[ʌnplézənt]	

0997 ▲発音	悪意のある，意地の悪い [≒ evil, sinister,
wicked	wrongful]
[wíkɪd]	

0998	環境の，生態(学)の
ecological	ecology 图
[ì:kəlá(:)dʒɪkəl]	

The judge condemned the <u>cowardly</u> attack on the homeless man.	裁判官はホームレスの男性に対するその<u>卑怯な</u>攻撃を非難した。
The oil spill caused <u>immeasurable</u> harm to the wildlife living along the coast.	その原油流出は海岸沿いに生息する野生生物に<u>計り知れない</u>害をもたらした。
It is essential that those who are visually <u>impaired</u> get the support they need.	視覚障害のある人々が必要な支援を得ることは極めて重要である。
This mountain road is virtually <u>impassable</u> during the winter months.	この山道は冬の間は事実上<u>通行できない</u>。
The scientist explained that the volcano had been <u>inactive</u> for over 100 years.	その火山は100年以上活動を<u>休止して</u>いると，科学者は説明した。
My new office is situated in a very <u>inconvenient</u> location.	私の新しいオフィスはとても<u>不便な</u>場所にある。
My grandmother is more <u>superstitious</u> than anyone else in my family.	私の祖母は家族の誰よりも<u>迷信深い</u>。
There was a very <u>unpleasant</u> smell coming from the drain in the hotel bathroom.	ホテルの浴室の排水口からとても<u>不快な</u>臭いがした。
In the story, a <u>wicked</u> wizard casts a spell on a princess.	その物語では，<u>邪悪な</u>魔法使いがプリンセスに魔法をかける。
Climate change is probably the most important <u>ecological</u> issue we face these days.	気候変動はおそらく，近年我々が直面している最も重要な<u>環境</u>問題である。

0999	想像上の，架空の [≒ fictional]（⇔ real, actual）
imaginary [ɪmǽdʒənèri]	imagine 動　imagination 名　imaginative 形 想像力に富んだ

1000	（果実・穀物が）熟した，実った [≒ mature, ripened]（⇔ unripe）
ripe [raɪp]	ripen 動

⏱ 1分間 mini test

(1) The hikers had trouble finding their camp in the (　　　　) fog.

(2) I don't like the color or (　　　　) of this carpet.

(3) The girl began to (　　　　) everything her older sister did and said.

(4) Leaders from all over the world attended the (　　　　) last week.

(5) My new office is situated in a very (　　　　) location.

😊 ここから選んでね。

① exceptional　② signature　③ notify　④ exhausted
⑤ imitate　⑥ inconvenient　⑦ unfold　⑧ summit
⑨ dense　⑩ texture

The author wrote about an **imaginary** world where there is no war.	その作家は，戦争のない想像上の世界について書いた。
These kiwis are not **ripe** enough to eat yet.	これらのキウイは，食べるにはまだ十分に**熟れて**いない。

- -

(6) We will (　　　　) you when your visa is ready to be picked up.

(7) I'm too (　　　　) to cook tonight. Shall we order some takeout?

(8) Slowly the details of the crime began to (　　　　).

(9) She showed (　　　　) talent as a painter from a very young age.

(10) We require your (　　　　) on each of these insurance documents.

正解

(1) ⑨ (→0974)　(2) ⑩ (→0947)　(3) ⑤ (→0917)　(4) ⑧ (→0937)　(5) ⑥ (→0994)
(6) ③ (→0908)　(7) ④ (→0966)　(8) ⑦ (→0926)　(9) ① (→0984)　(10) ② (→0953)

To complete each item, choose the best word or phrase from among the four choices.

(1) The child put on his grandfather's glasses and tried to look at a picture book. He soon discovered that it was impossible to see clearly, for the glasses made his vision (　　).

1 blurry　　**2** weary　　**3** vacant　　**4** finite

(2) *A:* Congratulations on winning the city English speech contest, Yuri. How do you feel?

B: I'm so happy, Ms. Meadows. It will be a memory that I'll (　　) for the rest of my life.

1 uphold　　**2** suppress　　**3** endorse　　**4** cherish

(3) *A:* How do you like your new job as a car salesperson, Darren? Does it pay well?

B: Not bad, but it varies month to month. I get a (　　) for every automobile I sell.

1 commission　　　　**2** handout
3 venue　　　　　　　**4** compound

正解 *(1)* **1** (→**0983**) *(2)* **4** (→**0720**) *(3)* **1** (→**0638**)

訳

(1) その子供は祖父の眼鏡をかけて絵本を見ようとした。眼鏡のせいで視界がぼやけてしまうため，はっきりと見ることができないと彼はすぐに気づいた。

(2) A：市の英語弁論大会の優勝おめでとう，ユリ。どんな気分かな。
　　B：とてもうれしいです，メドウズ先生。生涯大切にする思い出になるでしょう。

(3) A：車の販売員の新しい仕事はどう，ダレン？　給料はいいの？
　　B：悪くはないけど月によって変わる。販売した車ごとに歩合がもらえるんだ。

単語編

力を伸ばす単語 **600**

動詞	

1001 ⚠発音
disguise
[dɪsgáɪz]

を変装させる〈as ~のように〉
名 変装, 隠ぺい

1002
curb
[kəːrb]

を抑制する, を制御する [≒ restrain, control, contain]
名 抑制, 制御

1003
restrain
[rɪstréɪn]

を制止する, を抑制する [≒ control, curb, check]
restraint 名　restrained 形

1004
stumble
[stʌ́mbl]

つまずく〈on, over ~に〉 [≒ trip], よろめきながら歩く [≒ stagger]

1005
diminish
[dɪmínɪʃ]

減少する, を減じる [≒ decrease, reduce, lessen, dwindle] (⇔ increase)
語源 di (~から) + min (より少ない) + ish (動詞語尾)

1006 ⚠アクセント
rotate
[róʊteɪt]

回転する, 循環する, を回転させる
rotation 名

1007 ⚠アクセント
compress
[kəmprés]

を要約する〈into ~に〉, を短縮する [≒ abridge, shorten, summarize], を圧縮して詰め込む
compression 名 圧縮, 要約

1008
decode
[dìːkóʊd]

(暗号・符号) を解読する [≒ decipher, decrypt] (⇔ encode)

1009 ⚠アクセント
offset
[ɔ̀(ː)fsét]

を相殺する, を埋め合わせる [≒ compensate for]
名 [ɔ́(ː)fsèt] 相殺するもの, 埋め合わせ

The spy **disguised** himself **as** an elderly man.	そのスパイは初老の男性に変装した。
The government ministers discussed ways to **curb** inflation.	政府の閣僚はインフレを抑制する方法について話し合った。
The teachers **restrained** the two students fighting in the hall.	先生たちは，廊下で喧嘩をする2人の生徒を制止した。
I **stumbled over** a stone on the path.	私は小道の石につまずいた。
His political power has begun to **diminish** lately.	最近，彼の政治力が衰え始めた。
All eight planets in our solar system **rotate** around the sun.	太陽系の8つの惑星は全て太陽の周りを回っている。
The professor **compressed** all of his research data **into** one short report.	教授は全ての研究データを1つの短い報告書にまとめた。
During the war, the women's job was to **decode** enemy messages.	戦時中，その女性たちの仕事は敵のメッセージを解読することだった。
Gasoline prices have been raised in order to **offset** the higher cost of oil.	上昇する原油価格を相殺するために，ガソリン価格が引き上げられた。

1010		
bid [bɪd]	入札する〈for 〜に〉
	图 つけ値, 入札, 努力, 試み
	bidder 图 入札者

1011		
burst [bəːrst]	破裂する, 爆発する [≒ explode, blow up]
	图 破裂, 爆発

1012		
overtake [òʊvərtéɪk]	を追い越す [≒ pass], に追いつく [≒ catch up with], を上回る [≒ surpass]

1013		
retain [rɪtéɪn]	を保持する [≒ keep, hold, maintain, preserve]
	retention 图

1014		
litter [lítər]	(場所)を散らかす〈with 〜で〉[≒ clutter up]
	图 ごみ, 紙くず

1015		
prohibit [proʊhíbət]	を禁止する [≒ forbid, ban]
	prohibition 图　prohibitive 形

1016		
discipline [dísəplɪn]	を罰する〈for 〜のことで〉[≒ punish], を訓練する [≒ train]
	图 規律, 訓練　disciplinary 形

1017		
yield [jiːld]	を産出する [≒ produce], (権利など)を譲る〈to 〜に〉, 屈する [≒ surrender, submit]
	图 産出(物), 生産(高)

1018		
sweep [swiːp]	(ある地域)に広がる, (床・部屋など)を掃く [≒ brush]
	图 掃くこと　sweeping 形

1019		⚠アクセント
dictate [díkteɪt]	を命令する [≒ command], を決定づける [≒ determine], を書き取らせる
	dictation 图 口述　dictator 图 独裁者

The city's major contractors all bid for the contract.	市の主な請負業者が全社その契約に入札した。
The water balloon suddenly burst as the children were tossing it back and forth.	水風船は，子供たちが投げ合っていると，突然割れた。
I waited for a chance to overtake the car in front of me.	私は前の車を追い越す機会を待った。
This swimsuit retains its shape even after several washes.	この水着は数回洗った後ですらその形を保持する。
After the party, the room was littered with paper cups.	パーティーの後，部屋は紙コップで散らかっていた。
Smoking is prohibited everywhere on the university campus.	喫煙は大学のキャンパスの全ての場所で禁じられている。
He has been disciplined three times for arriving late at work.	彼はこれまで職場への遅刻で3回懲戒を受けた。
These plum trees yielded a lot of fruit last year.	これらのプラムの木は昨年，たくさんの実をつけた。
These days, a wave of pessimism seems to be sweeping the country.	最近，悲観主義の波が国中に広がっているようだ。
You are in no position to dictate how I live my life.	あなたは私にどう生きるべきかを指図する立場にはない。

burstは過去形も過去分詞もburstなんだ。

1020		
inject	を注射 [注入] する〈into ～に〉
[ɪndʒékt]	injection 图
	語源 in(中に) + ject(投げる)

1021	⚠発音	
urge	に熱心に勧める〈to *do* ～することを〉
[əːrdʒ]	[≒ encourage]〈⇔ discourage〉
	图 衝動, 駆り立てる力　urgent 形 急を要する

1022		
mimic	をまねる [≒ imitate, mock]
[mímɪk]	图 模倣がうまい人 形 模倣の
	mimicry 图

1023	⚠発音	
roam	歩き回る, 放浪する [≒ wander, stroll, ramble]
[roʊm]	

1024		
assess	を査定する, を評価する [≒ evaluate, estimate, appraise]
[əsés]	assessment 图

1025	⚠発音	
boast	自慢する〈about, of ～を〉 [≒ brag]
[boʊst]	图 自慢(の種)
	boastful 形

1026		
drag	を引きずる [≒ pull, haul, tug]
[dræg]	图 障害物, 退屈なもの [人]

1027		
repay	を返済する [≒ refund, reimburse, pay back]
[rɪpéɪ]	repayment 图 返済, (通例 ～s) 返済金

1028		
overthrow	(政府・体制など)を打倒する [≒ subvert, topple, overturn, bring down]
[òʊvərθróʊ]	

1029	⚠アクセント	
fulfill	(約束・任務など)を果たす [≒ achieve, accomplish], (条件・要求など)を満たす [≒ satisfy, meet]
[fʊlfíl]	fulfillment 图

The doctor taught the medical students how to <u>inject</u> the vaccine **into** the patient's arm muscle.	医師は医学生たちに，ワクチンを患者の腕の筋肉に<u>注射する</u>方法を教えた。
I <u>urged</u> Tom **to reconsider** his decision to quit his job.	私はトムに仕事を辞めるという彼の決断**を再考するように**<u>熱心に促した</u>。
He made the students laugh by <u>mimicking</u> the teacher's voice.	彼はその教師の声を<u>まねる</u>ことで生徒たちを笑わせた。
The goats were allowed to <u>roam</u> freely on the mountainside.	ヤギは山腹を自由に<u>歩き回る</u>ことができた。
It will take time to <u>assess</u> the amount of damage caused by the typhoon.	その台風の被害総額を<u>算定する</u>のには時間がかかるだろう。
He <u>boasted</u> **about** his luxury holiday house and speedboat.	彼は豪華な休暇用の別荘とスピードボート**を**<u>自慢した</u>。
I <u>dragged</u> a spare mattress into the guest room.	私は予備のマットレス<u>を引きずって</u>客間に入れた。
He found it difficult to <u>repay</u> the loan on time.	彼は期日どおりにローン<u>を返済する</u>のは難しいことに気がついた。
The government was <u>overthrown</u> in a military coup.	軍のクーデターにより，政府は<u>転覆した</u>。
He has yet to <u>fulfill</u> his promise to buy me a ring.	彼はまだ私に指輪を買ってくれるという約束を<u>果たして</u>いない。

1030	
doom [du:m]	(通例受身形で)**運命づけられている**〈to *do* ~する ように〉[≒ destine] 图 (不幸な)運命,破滅　doomed 形 絶望的な
1031　⚠発音	
affiliate [əfílièɪt]	**を提携させる**〈with, to ~と〉,**を合併する** [≒ associate, ally] 图 [əfílɪət] 支部,会員　affiliation 图 提携,合併
1032　⚠発音	
assault [əsɔ́(:)lt]	**を攻撃する**[≒ attack, assail],**を非難する** 图 猛攻撃,非難

名詞

1033	
testimony [téstəmòuni]	証言,証拠 [≒ evidence, testament] testimonial 图 (人物・能力などの)証明書 testify 動 証言する
1034　⚠アクセント	
errand [érənd]	(人の)使い,用足し
1035	
friction [fríkʃən]	不和〈between 2者間の〉[≒ discord, disagreement, conflict],摩擦
1036	
coalition [kòuəlíʃən]	連立,合同 [≒ alliance, association, union]
1037　⚠アクセント	
influx [ínflʌks]	(人・物の)殺到,(水・空気の)流入
1038	
curse [kəːrs]	呪い,呪文,ののしり言葉 動 を呪う,をののしる

Most people agree that this project was <u>doomed</u> **to fail** from the start.	このプロジェクトは最初から**失敗する**運命だったとほとんどの人が同意している。
The dental hospital is <u>affiliated</u> **with** UCLA.	その歯科医院はカリフォルニア大学ロサンゼルス校と提携している。
Several tourists have been <u>assaulted</u> in this area recently.	この地域では最近，数人の旅行者が襲われている。
The witness's <u>testimony</u> helped to convict the man.	証人の証言は，その男を有罪にするのに役立った。
My mother asked me to run a couple of <u>errands</u> for her.	母は私に，2，3件お使いに行ってくれないかと頼んだ。
There was always a lot of <u>friction</u> **between** the two board members.	その2人の役員の間には常に多くのあつれきがあった。
The two parties that got the most votes in the election formed a <u>coalition</u> government.	選挙で最も多くの票を得た2つの政党が連立内閣をつくった。
After the country opened its borders, they received a large <u>influx</u> of tourists.	その国は国境を開放した後，押し寄せる大量の観光客を受け入れた。
The princess collapsed after a witch put a <u>curse</u> on her.	魔女が呪いをかけると，プリンセスは倒れた。

---

assault rifle は日本語で「アサルトライフル」と呼ばれるけど，実際の発音に注意。

1039	
app [æp]	アプリ ★ application の略
1040	
visibility [vìzəbíləṭi]	視界, 視野 [≒ view], 目に見えること (⇔ invisibility) visible 形 見える. 明白な
1041	
fabric [fæbrɪk]	布, 織物 [≒ cloth, textile], (通例 the ~)構造, 組織
1042	
collision [kəlíʒən]	衝突〈with ~との. between ~の間の〉[≒ crash], 対立 [≒ conflict] collide 動
1043	
dioxide [daɪɑ́(:)ksàɪd]	二酸化物 ▶ carbon dioxide 二酸化炭素
1044 ⚠アクセント	
orbit [ɔ́:rbət]	軌道 動 の周りを(軌道を描いて)回る orbital 形
1045	
trial [tráɪəl]	裁判, 試験, 試み [≒ attempt] 形 試しの. 試験的な
1046	
literacy [líṭərəsi]	(特定分野の)知識, 技能, 読み書きの能力 (⇔ illiteracy) literate 形
1047 ⚠発音	
scheme [ski:m]	計画〈to do ~する〉[≒ plan, project], 陰謀 [≒ plot, conspiracy] 動 (を)企む
1048	
completion [kəmplí:ʃən]	完了, 完成 [≒ accomplishment] complete 形 動　completely 副

I downloaded several photo editing **apps** onto my phone.	私は写真編集アプリをいくつか携帯電話にダウンロードした。
It was a very foggy day, and **visibility** on the road was bad.	とても霧の深い日だったので，道路の視界は悪かった。
The firefighter's uniforms were made out of a special fireproof **fabric**.	消防士の制服は特殊な不燃性の布で作られていた。
There was a **collision** **between** a truck and a minibus on the highway.	その幹線道路でトラックと小型バスの衝突があった。
Carbon **dioxide** is produced when animals breathe out.	動物が息を吐き出すときに二酸化炭素が作られる。
It takes the earth 365 days to complete one **orbit** around the sun.	地球が太陽の周りの軌道1周を完了するのに365日かかる。
His **trial** is due to start at the end of next week.	彼の裁判は来週末に始まることになっている。
These days, it is important that children be taught media **literacy**.	最近では，子供たちがメディアリテラシーを教わることが重要だ。
We are planning a new **scheme** **to help** the victims of crimes.	我々は犯罪被害者を支援するための新しい計画を立てている。
We went out to a restaurant to celebrate the **completion** of the project.	私たちはプロジェクトの完了を祝うためにレストランへ出かけた。

invisibility cloak は「（魔法で）透明になるマント」のことだよ。

1049 △ 発音・アクセント **expertise** [èkspə(ː)rtíːz]	専門的知識 [技術, 意見]〈in ～についての〉 expert 名 熟練者
1050 **diploma** [dɪplóʊmə]	卒業 [修了] 証書, (学位・資格の) 証明書
1051 △ 発音 **livelihood** [láɪvlihùd]	(通例単数形で) 生計, 生活手段 [≒ living]
1052 △ 発音・アクセント **motive** [móʊṭɪv]	動機〈for ～の〉, 誘因 [≒ incentive] motivate 動 motivation 名 動機づけ
1053 **recession** [rɪséʃən]	(一時的な) 景気後退, 不況 [≒ depression] recede 動 後退する recess 名 休憩(時間), 休会
1054 **surrounding** [səráʊndɪŋ]	(～s) 周囲の状況, 環境 [≒ environment] 形 周囲の surround 動 を取り囲む
1055 **fortune** [fɔ́ːrtʃən]	財産 [≒ wealth], 幸運 [≒ luck] (⇔ misfortune), 運命 [≒ fate, destiny] fortunate 形 幸運な fortunately 副 幸運にも
1056 **token** [tóʊkən]	(気持ちなどの) しるし [≒ sign], 記念品 [≒ memento] 形 証拠 [しるし] としての, 形だけの
1057 **trace** [treɪs]	跡, 形跡 [≒ sign, mark] 動 を追跡する, をさかのぼって調べる
1058 **venture** [véntʃər]	冒険的事業, ベンチャー事業 [≒ enterprise] 動 (venture to *do* で) 思い切って～する

People with <u>expertise</u> **in** graphic design are invited to apply for this job.	グラフィックデザインの**専門知**識のある方々は，この仕事にぜひ応募してください。
He hung his high school <u>diploma</u> on the wall.	彼は高校の<u>卒業証書</u>を壁に掛けた。
Farming is the main source of <u>livelihood</u> for people in that country.	農業は，その国の人々にとって<u>生計</u>の一番の源となっている。
There seems to be no clear <u>motive</u> **for** this crime.	この犯罪にはっきりとした**動機**はないようだ。
It is likely that the <u>recession</u> will continue for a long time.	<u>景気後退</u>は長期間続きそうだ。
They checked their <u>surroundings</u> with a flashlight.	彼らは懐中電灯で周囲の状況を確認した。
The company made a small <u>fortune</u> by producing car parts.	その会社は，自動車の部品を作ってちょっとした<u>財産</u>を築いた。
Please accept this gift as a <u>token</u> of my gratitude.	私の感謝のしるしとしてこの贈り物を受け取ってください。
There was no <u>trace</u> of a scar after the doctor took off the bandages.	医師が包帯を取った後，傷跡は全くなかった。
This project is a joint <u>venture</u> between two large banks.	このプロジェクトは，2つの大手銀行による合弁事業だ。

1059		
physician [fɪzíʃən]	内科医，医師 [≒ doctor] *cf.* surgeon 图 外科医

1060		
perspective [pərspéktɪv]	観点〈on ～についての〉[≒ viewpoint, standpoint, outlook]，見通し，遠近画法

1061	⚠発音
physics [fízɪks]	物理学 physicist 图 物理学者 physical 形 身体の，物質的な，物理学の

1062		
legislation [lèdʒɪsléɪʃən]	(集合的に)**法律**〈on ～についての〉[≒ law]，立法 [≒ lawmaking] legislative 形　legislature 图 立法府，議会

1063		
barn [bɑːrn]	家畜小屋，(農家の)納屋

形容詞

1064	⚠発音
daring [déərɪŋ]	大胆な，勇敢な [≒ bold, fearless, courageous, brave] 图 勇気，大胆さ　dare 動 思い切って～する

1065	⚠アクセント
transparent [trænspǽrənt]	透明な [≒ clear]（⇔ opaque），見えすいた [≒ obvious] transparency 图

1066		
tragic [trǽdʒɪk]	悲惨な，悲劇的な [≒ disastrous]（⇔ comic） tragedy 图（⇔ comedy）

1067		
sinister [sínɪstər]	邪悪な [≒ evil, wicked, wrongful]，不吉な [≒ ominous]

Dr. Brown is a very good physician and is loved by all his patients.	ブラウン医師はとても優秀な内科医で，全ての患者に愛されている。
Maybe we should try looking at this problem from a different perspective.	私たちはこの問題を違う観点から見てみるべきなのかもしれない。
He is the most famous figure in the field of physics.	彼は物理学の分野で最も有名な人物だ。
New legislation on the sale of tobacco was introduced last fall.	昨秋，タバコ販売に関する新しい法律が施行された。
The farmer kept the animals in the barn during the winter.	その農場経営者は冬の間，動物たちを小屋に入れていた。
The captured soldiers made a daring escape from the prison camp.	捕虜となった兵士たちは，捕虜収容所から大胆な脱走を果たした。
Her jacket was made of a fine, almost transparent silk.	彼女のジャケットは，繊細な，ほとんど透明な絹でできていた。
The actress was killed in a tragic skiing accident yesterday.	その女優は昨日，悲惨なスキー事故で亡くなった。
There was something cold and sinister about the way she spoke to me.	彼女の私に対する話し方はどこか冷たく，悪意を感じるものだった。

1068	
striking [stráɪkɪŋ]	著しい，目立つ [≒ noticeable, conspicuous, outstanding] strikingly 副

1069	
plural [plúərəl]	複数の，2つ[2人]以上の，複数形の (⇔singular) 名 複数 (形)

1070 ⚠発音	
vital [váɪṭəl]	必要不可欠な〈to, for ～にとって〉[≒ essential] vitality 名 活力　vitalize 動 に生命を与える 語源 vit (生命) + al (形容詞語尾)

1071	
sensitive [sénsəṭɪv]	敏感な，傷つきやすい (⇔insensitive) sense 名 感覚　sensitivity 名 敏感さ，感受性 *cf.* sensible 形 分別のある

1072	
remarkable [rɪmá:rkəbl]	注目に値する，著しい [≒ extraordinary, notable, outstanding] remarkably 副　remark 動 を述べる

1073	
minimal [mínɪməl]	最小 (限度) の (⇔maximal) minimum 名　minimally 副　minimize 動

1074	
bankrupt [bǽŋkrʌpt]	(法律上) 破産宣告を受けた [≒ insolvent] 名 破産者　bankruptcy 名 ▶ go bankrupt 破産 [倒産] する

1075	
authentic [ɔ:θénṭɪk]	本物の，真正の [≒ genuine, real] (⇔fake) authenticity 名

1076 ⚠発音・アクセント	
moderate [má(:)dərət]	中くらいの，適度な [≒ average, modest] (⇔excessive)，穏健派の (⇔extreme) 動 [má(:)dərèɪt] を和らげる　moderately 副

1077 ⚠発音	
alien [éɪliən]	異質の〈to ～にとって〉，外国の [≒ foreign] alienate 動 を遠ざける　alienation 名 疎外

The crime bore a <u>striking</u> resemblance to several others.	その犯罪は，ほかのいくつかの事件と<u>著しい</u>類似点があった。
At the present time, Japan doesn't allow <u>plural</u> citizenship.	現在のところ，日本では<u>複数の</u>国籍は認められていない。
There are several vitamins that are <u>vital</u> for health.	健康に<u>必要不可欠な</u>ビタミンがいくつかある。
She is a very <u>sensitive</u> and gentle child who loves animals.	彼女は，動物を愛する，とても<u>繊細</u>で優しい子だ。
She was a <u>remarkable</u> woman who did a lot to help the poor.	彼女は，貧しい人々を助けるために多くのことをした，<u>注目に値する</u>女性だった。
In this book, you will learn how to master English with <u>minimal</u> effort.	この本であなたは，<u>最小限の</u>努力で英語を身につける方法が分かるだろう。
The company I work for is about to go <u>bankrupt</u>.	私が勤める会社は<u>倒産</u>しそうだ。
The art expert said that the painting was definitely <u>authentic</u>.	その美術品の専門家は，その絵画は間違いなく<u>本物</u>だと言った。
Simmer over <u>moderate</u> heat until the vegetables are tender.	野菜が柔らかくなるまで<u>中火</u>で煮てください。
The idea of eating insects was completely <u>alien</u> to him.	虫を食するという考えは，彼にとって完全に<u>異質な</u>ものだった。

vital signs は脈，呼吸，体温といった生命の兆候のことをいうよ。

1078	
prompt [prɑ(:)mpt]	迅速な [≒ quick, rapid, swift]（⇔ slow） 動 を促す，を駆り立てる promptly 副

1079	
random [rǽndəm]	無作為の，任意の [≒ arbitrary] randomly 副

1080	
decisive [dɪsáɪsɪv]	決定的な [≒ conclusive]，断固たる [≒ resolute] （⇔ indecisive） decision 名　decide 動

1081	⚠発音・アクセント
inevitable [ɪnévəṭəbl]	避けられない，必然的な（⇔ avoidable） inevitably 副

1082	
acid [ǽsɪd]	酸っぱい [≒ sour]，酸性の，皮肉な [≒ sarcastic] 名 酸，酸っぱいもの

1083	⚠発音
climatic [klaɪmǽṭɪk]	気候（上）の，風土の climate 名

1084	
incredible [ɪnkrédəbl]	信じられない [≒ unbelievable]，驚くほどの [≒ wonderful, marvelous] ． incredibly 副

1085	⚠アクセント
precise [prɪsáɪs]	正確な [≒ exact, accurate, correct]，厳格な [≒ strict, severe, rigid, rigorous] precisely 副　precision 名

1086	
invaluable [ɪnvǽljuəbl]	極めて貴重 [高価] な [≒ precious, priceless] ★ valuable（高価な）の強意語

1087	⚠発音
stern [stə:rn]	（顔つきなどが）いかめしい [≒ serious]，厳格な [≒ strict, severe, rigid, rigorous] sternly 副

Prompt action must be taken in order to avoid casualties.	死傷者を出さないために，迅速な行動を取らなければならない。
Random water samples were collected and taken back to the laboratory.	無作為に採取した水のサンプルが集められ，研究室に持ち帰られた。
After a difficult season, the team won a **decisive** victory in the championship match.	困難なシーズンを経て，チームは大会決勝戦で決定的な勝利を収めた。
I guess it was **inevitable** that they would get divorced one day.	私は，彼らがいつか離婚するのは避けられなかったのだろうと思う。
I woke up this morning with a bit of an **acid** taste in my mouth.	今朝起きると，口の中に少し酸っぱい味がした。
Climatic conditions in this area are very severe.	この地域の気候条件はとても厳しい。
It is **incredible** that they both won gold medals in the same Olympics.	同じオリンピック大会で彼らが2人そろって金メダルを獲得したのは信じられないことだ。
Can you give me a **precise** estimate of the cost?	コストの正確な見積もりをもらえますか。
She gave me a lot of **invaluable** advice about studying abroad.	彼女は留学について，極めて貴重な助言をたくさんくれた。
The professor gave her a **stern** look when she interrupted his lecture.	彼女が講義の邪魔をしたとき，教授は険しい顔つきで彼女を見た。

1088	
indifferent [ɪndífərənt]	無関心な〈to ~に〉[≒ unconcerned] indifference 图

1089	
charitable [tʃǽrətəbl]	慈善の [≒ philanthropic]，慈悲深い [≒ merciful] charity 图 慈善

1090	
massive [mǽsɪv]	大量の，大規模な，巨大な mass 图　massively 副

1091　　　▲発音・アクセント	
comparable [ká(:)mpərəbl]	匹敵する〈to, with ~に〉[≒ equal]，同様の [≒ similar] compare 動　comparison 图　comparative 形

1092	
irrational [ɪrǽʃənəl]	不合理な [≒ unreasonable, absurd]（⇔ rational） irrationality 图

1093	
cynical [sínɪkəl]	懐疑的な [≒ skeptical]，皮肉な cynic 图 皮肉屋　cynicism 图 冷笑的な態度

副 詞

1094	
overly [óʊvərli]	あまりに，過度に [≒ too, excessively]

1095	
literally [lítərəli]	文字どおり，まさしく literal 形

1096　　　▲アクセント	
voluntarily [và(:)ləntérəli]	自発的に [≒ spontaneously]（⇔ involuntarily い やいやながら） voluntary 形　volunteer 图 動

The government seems to be <u>indifferent</u> <u>to</u> the suffering of the people.	政府は国民の苦しみ**には無関心**のようだ。
This <u>charitable</u> organization helps homeless families find a place to live.	この**慈善**組織は，住む家のない家族が住む場所を見つける手助けをしている。
There has been a <u>massive</u> increase in credit card debt recently.	最近はクレジットカードによる借金が**とてつもなく**増えている。
This champagne is <u>comparable</u> <u>to</u> other more expensive vintages.	このシャンパンはほかのもっと高価なビンテージもののシャンパン**に匹敵する**。
She has an <u>irrational</u> fear of spiders dating from her childhood.	彼女は子供のころからクモに対して**不合理**な恐れを抱いている。
He is very <u>cynical</u> and distrustful of what others tell him.	彼はとても**懐疑的**で，他人が彼に言うことを信じない。
He said I was being <u>overly</u> optimistic about my chances of success.	彼は，自分が成功する可能性について私が**あまりに**楽観的だと言った。
There were <u>literally</u> thousands of fans waiting at the airport to greet the singer.	その歌手を出迎えようと空港で待ち構えているファンが**文字どおり**数千人いた。
The suspect gave himself up to the police <u>voluntarily</u>.	容疑者は**自発的**に警察に出頭した。

1097		
technically [téknɪkəli]	厳密に (言えば), 専門 [技術] 的に technical 形 technique 名

1098 ⚠発音	
wholly [hóʊli]	完全に, 全く [≒ entirely, completely, absolutely] (⇔ partly) whole 形

1099	
approximately [əprá(:)ksɪmətli]	おおよそ, ほぼ [≒ roughly, about, around] approximate 形

1100 ⚠発音	
uniquely [juníːkli]	比類なく, 独特に [≒ distinctively] unique 形

⏱ 1分間 mini test ·····································

(1) (   ) conditions in this area are very severe.

(2) She was a (   ) woman who did a lot to help the poor.

(3) It is likely that the (   ) will continue for a long time.

(4) The firefighter's uniforms were made out of a special fireproof
(   ).

(5) He is very (   ) and distrustful of what others tell him.

😊 ここから選んでね。 ··

① remarkable ② daring ③ recession ④ diminish
⑤ cynical ⑥ dictate ⑦ repay ⑧ testimony
⑨ climatic ⑩ fabric

It is still **technically** possible for the Japan team to win the World Cup.	日本がワールドカップで優勝することは厳密にはまだ可能だ。
I'm not **wholly** convinced that this is a good business plan.	私は，これがよい事業計画であると完全に確信しているわけではない。
The plane is scheduled to arrive at **approximately** 9:15 p.m. tonight.	その飛行機は，今晩の午後9時15分前後に到着する予定になっている。
Her own experiences make her **uniquely** qualified to teach problem students.	彼女自身の経験のおかげで，彼女は問題のある生徒を教える比類なき資質を持っている。

◆◆

(6) The captured soldiers made a (　　　　) escape from the prison camp.

(7) His political power has begun to (　　　　) lately.

(8) The witness's (　　　　) helped to convict the man.

(9) He found it difficult to (　　　　) the loan on time.

(10) You are in no position to (　　　　) how I live my life.

正解

(1) ⑨ (→**1083**)　(2) ① (→**1072**)　(3) ③ (→**1053**)　(4) ⑩ (→**1041**)　(5) ⑤ (→**1093**)
(6) ② (→**1064**)　(7) ④ (→**1005**)　(8) ⑧ (→**1033**)　(9) ⑦ (→**1027**)　(10) ⑥ (→**1019**)

aboutの代わりにapproximatelyを使うと上級者っぽく聞こえるよ！

動詞

1101 ⚠発音 **bewilder** [bɪwíldər]	(通例受身形で)**当惑する** [≒ baffle, puzzle, perplex, confuse] bewilderment 图
1102 **clutch** [klʌtʃ]	**をぐっとつかむ** [≒ hold, clasp, grasp, grip, seize] 图 クラッチペダル, ぐっとつかむこと
1103 ⚠アクセント **discard** [dɪskɑ́:rd]	**を捨てる** [≒ throw away, dispose of], **を放棄する** [≒ give up, abandon] 語源 dis(除去) + card(トランプ札)
1104 **enlist** [ɪnlíst]	**入隊する**〈in, into, for ～に〉[≒ enroll], **参加する** [≒ participate], **(支持・協力)を得る**
1105 **heed** [hi:d]	**(助言・警告など)に注意する** [≒ pay attention to] 图 注意, 用心
1106 **liberate** [líbərèɪt]	**を解放する**〈from ～から〉[≒ release, free, discharge] liberation 图 liberty 图 自由
1107 **overlap** [òʊvərlǽp]	**(時間などが)一部かち合う**〈with ～と〉, **部分的に重複 [共通] する**
1108 **reconstruct** [rì:kənstrʌ́kt]	**を再建する** [≒ rebuild], **を改変する** [≒ reform, revise] reconstruction 图
1109 **shriek** [ʃri:k]	**悲鳴を上げる, 甲高い声 [音] を出す** [≒ scream, screech] 图 悲鳴, 金切り声

I was bewildered by his sudden change in personality.	彼の人格が突然変わったことに私は当惑した。
The child clutched his mother's hand tightly.	その子供は母親の手をしっかり握った。
He discarded all his old clothing.	彼は古い服を全部捨てた。
I have decided to enlist in the navy.	私は海軍に入隊する決心をした。
The villagers heeded the warning to stay inside during the storm.	村人たちは嵐の間は屋内にいるようにという警告に耳を傾けた。
The soldiers liberated the town from the enemy forces.	兵士たちは敵軍からその町を解放した。
The times of the two meetings overlapped by 20 minutes.	2つの会議の時間が20分重なった。
There are plans to reconstruct the ancient temple that once stood here.	かつてここに建っていた古代寺院を再建する計画がある。
The audience shrieked in fright during the scary movie.	観客はその恐ろしい映画の上映中に，怖くて悲鳴を上げた。

1110	
sprain [spreɪn]	(足首・手首など)をくじく，を捻挫する [≒ twist, wrench] 图 捻挫

1111 ▲発音・アクセント	
resent [rɪzént]	に憤慨する [≒ be angry at] resentment 图　resentful 形 語源 re (返す) + sent (感じる)

1112	
thrive [θraɪv]	成功する，繁栄する [≒ flourish, prosper]

1113	
embrace [ɪmbréɪs]	を抱擁する [≒ hug]，を(喜んで)受け入れる [≒ accept] (⇔ reject) 語源 em (の中に) + brace (腕)

1114 ▲アクセント	
excel [ɪksél]	優れている〈in, at ~で〉，に勝る [≒ exceed, surpass] excellence 图　excellent 形

1115	
enroll [ɪnróʊl]	入学[入会，入隊]する〈at, in, on, for ~に〉 [≒ enlist]，登録する [≒ register] enrollment 图

1116	
retrieve [rɪtríːv]	を取り戻す，を回復する [≒ recover, regain, get back] retrieval 图 取り戻すこと，検索

1117	
degrade [dɪgréɪd]	の面目を失わせる，の質[価値]を低下させる degradation 图 左遷　degrading 形 侮辱する 語源 de (下げる) + grade (地位)

1118 ▲アクセント	
reconcile [rékənsàɪl]	を一致[調和]させる〈with ~と〉 [≒ harmonize]，を和解させる reconciliation 图

1119	
contaminate [kəntæmɪnèɪt]	を汚染させる [≒ pollute, taint]，を汚す，を堕落させる contamination 图 汚染　contaminant 图 汚染物質

She fell and **sprained** her wrist in gym class yesterday.	彼女は昨日，体育の授業で転倒し，手首をくじいた。
She **resented** her parents for treating her like a child.	彼女は自分を子供のように扱う両親に憤慨した。
The computer software company is **thriving** in a very competitive market.	そのコンピューターソフトウエア会社は，とても競争の激しい市場の中で成功している。
He **embraced** his wife one last time before he left for the airport.	彼は空港へと向かう前に，最後にもう一度だけ妻を抱きしめた。
He is very strong and **excels at** sports.	彼はとても強くて，スポーツに秀でている。
Forty percent fewer students **enrolled** this year, compared to last year.	今年は昨年と比べて，40パーセント少ない学生が入学手続きをした。
The police were unable to **retrieve** all the stolen jewelry.	警察は盗まれた全ての宝石を取り戻すことはできなかった。
I think this advertisement **degrades** women.	この広告は女性をおとしめるものだと思う。
It was not easy for her to **reconcile** her career **with** her family life.	彼女にとって仕事を家庭生活と調和させることは容易ではなかった。
The drinking water was found to be **contaminated**.	飲料水は汚染されていることが分かった。

Golden Retriever は狩猟で撃たれた獲物を retrieve（取ってくる）犬なんだ。

1120	
disrupt	を混乱させる，を中断させる [≒ interrupt, disturb]
[dɪsrʌ́pt]	disruption 名　disruptive 形

1121	
divert	(注意など)をそらす〈from ～から，to ～へ〉 [≒ distract, deflect]，を迂回させる [≒ detour]
[dəvə́:rt]	diversion 名

1122	
grumble	不平を述べる〈about ～について〉[≒ complain]
[grʌ́mbl]	名 不平，不満

1123	
provoke	を怒らせる [≒ annoy]，を引き起こす [≒ cause, arouse]
[prəvóuk]	provocation 名　provocative 形

1124　　　⚠発音	
outweigh	より価値がある，より重い
[àutwéi]	*cf.* outnumber 動 より数で勝る

1125	
crave	(を)切望する [≒ long [yearn, pine] for, desire]
[kreɪv]	craving 名

1126　　　⚠アクセント	
sustain	を持続させる[≒ maintain]，を支える[≒ support]
[səstéin]	sustainable 形 持続可能な

1127	
disclose	を明らかにする，を暴露する [≒ reveal, expose, unearth]（⇔ conceal）
[dɪsklóuz]	disclosure 名

1128	
tempt	を誘惑する，を引きつける [≒ attract, allure, entice]
[tempt]	temptation 名

1129　　　⚠発音	
resign	辞職する〈from ～を〉，辞任する [≒ quit, leave, step down]
[rɪzáin]	resignation 名 辞職，辞任，あきらめ

Train services were **disrupted** this morning due to a power failure.	停電のために，今朝は列車の運行が**混乱した**。
The politician tried to **divert** people's attention away **from** his scandal.	その政治家は自分のスキャンダル**から**国民の関心を**そらそう**とした。
The hospital staff are always **grumbling about** their long work hours.	その病院の職員は長時間労働に**ついて**いつも**不平を言っている**。
He tried to **provoke** me, but I just ignored him.	彼は私を**怒らせ**ようとしたが，私はただ彼を無視した。
The advantages of taking the new job far **outweigh** the disadvantages.	その新しい仕事に就く利点の方が不都合な点をはるかに**上回っている**。
His life was very boring and he **craved** excitement.	彼の生活はとても退屈で，彼はわくわくするようなことを**切望した**。
It was difficult to **sustain** the students' interest until the end of the lecture.	講義の最後まで学生たちの興味**を持続させる**のは難しかった。
Three people were reported missing, but their names were not **disclosed**.	3人が行方不明であると報告されたが，その名前は**明らかにさ**れなかった。
He tried to **tempt** me with some chocolate, but I stuck to my diet.	彼はチョコレートを使って私を**誘惑し**ようとしたが，私はダイエットを貫いた。
I have decided to **resign from** my job.	私は仕事**を辞める**ことに決めた。

1130 **dismiss** [dɪsmís]	を解雇する〈for ～で〉[≒ discharge, fire]，（意見など）を退ける [≒ reject, turn down] dismissal 名
1131 ⚠️アクセント **surpass** [sərpǽs]	（範囲・限度など）を超える，に勝る [≒ exceed, excel]
1132 ⚠️発音 **bounce** [baʊns]	跳ね返る [≒ rebound, spring back]，弾む [≒ bound, spring] 名 跳ね返り，弾み，活力

名詞

1133 ⚠️発音 **bureau** [bjʊ́ərou]	（官庁の）局 [≒ department]，事務所 [局] bureaucracy 名 官僚政治　bureaucratic 形 官僚政治 [主義] の
1134 **dependency** [dɪpéndənsi]	依存〈on ～への〉，従属 [≒ reliance] dependent 形 頼っている　depend 動 当てにする dependable 形 頼りになる
1135 **discomfort** [dɪskʌ́mfərt]	不快 [≒ displeasure]，不便 [≒ inconvenience] (⇔ comfort) 動 を不快 [不安] にする
1136 **drawback** [drɔ́ːbæ̀k]	欠点〈to, of ～の〉，不利な点 [≒ disadvantage] (⇔ advantage, benefit, upside)
1137 **feast** [fiːst]	祝宴 [≒ banquet]，ごちそう，楽しませてくれるもの [≒ treat] 動 大いに飲み食いする，にごちそうを出す
1138 **hydrogen** [háɪdrədʒən]	水素 *cf.* oxygen 名 酸素 語源 hydro (水) + gen (生み出すもの)

The security guard was **dismissed for** sleeping on the job.	仕事中の居眠り**を理由に**その警備員は解雇された。
She **surpassed** her own best 100-meter time in the Olympic final.	彼女はオリンピックの決勝で自身の100メートルのベスト記録を上回った。
The ball **bounced** off the post into the goal.	ボールはポストに跳ね返ってゴールに入った。
He works as an agent for the Federal **Bureau** of Investigation.	彼は連邦捜査局（FBI）のエージェントとして働いている。
I'm very concerned about his **dependency on** alcohol.	私は彼のアルコール**への依存**をとても心配している。
The patient felt some **discomfort** during his dental treatment.	患者は歯の治療中，多少の不快さを感じた。
We discussed both the benefits and the **drawbacks of** the plan.	私たちはその計画の利点についても欠点についても議論した。
Over two hundred guests were invited to the wedding **feast**.	結婚披露宴には200人を超える客が招待されていた。
Hydrogen is a gas that has no taste, color or odor.	水素は味も色もにおいもない気体だ。

1139	
modernization [mà(:)dərnəzéɪʃən]	近代化, 現代化, 最新式化
	modernize 動　modernity 名 近代性, 現代性

1140	⚠アクセント
objective [əbdʒéktɪv]	目的, 目標 [≒ aim, goal, target]
	形 客観的な
	objectively 副　objection 名 反対

1141	⚠発音
poll [poul]	世論調査, 投票(数), (the ~s) 投票所
	動 (の票数)を得る, に世論調査を行う

1142	⚠発音
ration [rǽʃən]	(食料・物資などの)割当(量) [≒ allowance, allocation, quota]
	動 を割当制限する

1143	⚠アクセント
revenue [révənjùː]	(~s) (国・自治体の) 歳入, 収益 [≒ profit], (定期)収入 [≒ income] (⇔ expenditure 支出(額))

1144	
scholarship [skɑ́(:)lərʃìp]	奨学金 [≒ grant], 学識 [≒ knowledge]
	scholar 名 学者　scholarly 形 学者らしい, 博学な

1145	
upbringing [ʌ́pbrìŋɪŋ]	(通例単数形で) (子供の) 養育, しつけ
	cf. bring up ~ (子供)を育てる

1146	⚠発音
compliment [kɑ́(:)mpləmənt]	賛辞 [≒ praise, tribute] (⇔ criticism)
	complimentary 形 無料の, 賞賛する
	cf. complement 名 補完物　動 を補完する

1147	⚠アクセント
excerpt [éksəːrpt]	抜粋〈from ~からの〉, 引用 [≒ extract, citation, quotation]
	動 [eksə́ːrpt] を引用 [抜粋] する

1148	⚠発音
faith [feɪθ]	信仰(心) 〈in ~への〉, 信用 [≒ belief, trust]
	faithful 形

They are working on a plan for the <u>modernization</u> of the railway system.	彼らは鉄道網の<u>近代化</u>計画に取り組んでいる。
The main <u>objective</u> of this meeting is to decide next year's budget.	この会合の主な<u>目的</u>は，来年の予算を決定することだ。
A recent government <u>poll</u> has shown that most people don't want higher taxes.	最近の政府の<u>調査</u>によると，大半の国民が増税を望んでいないことが分かった。
She gave her <u>ration</u> of bread to the hungry child.	彼女は，おなかをすかせた子供に自分の<u>割当分</u>のパンをあげた。
The report said that last year there was a decrease in tax <u>revenues</u>.	その報告書によると，去年は税<u>収</u>が減った。
He studied hard and won a <u>scholarship</u> to a very good school.	彼は一生懸命に勉強し，とても優秀な学校の<u>奨学金</u>を得た。
The children had a very secure and stable <u>upbringing</u>.	その子供たちは，とても安全で安定した<u>養育</u>を受けた。
I received a lot of nice <u>compliments</u> about my new coat.	私は自分の新しいコートについてたくさんのうれしい<u>お褒めの言葉</u>をもらった。
I watched an <u>excerpt</u> **from** the Premier's speech on the evening news.	私は夜のニュースで首相の演説<u>からの抜粋</u>を見た。
<u>Faith</u> is the most important thing in his life.	彼の人生では<u>信仰</u>こそが最も重要なものだ。

1149	
segment [ségmənt]	部分, 区分 [≒ section, part, portion] segmental 形　segmentation 名 分割

1150	
downturn [dáʊntə̀ːrn]	(景気などの) 下降 (状態) [≒ downswing, decline] (⇔ upturn)

1151	
temper [témpər]	(一時的な) 機嫌, 怒り [≒ anger], (通例単数形で) (特に怒りっぽい) 気質 動 を和らげる　temperate 形 穏やかな

1152	⚠ アクセント
fragment [frǽgmənt]	破片, かけら [≒ piece, bit] 動 [frægmént] をばらばらにする fragmentary 形

1153	
intersection [ìntərsékʃən]	(道路の) 交差点 [≒ junction, crossing, crossroads]

1154	⚠ アクセント
anarchy [ǽnərki]	無秩序, 無政府状態 anarchic 形

1155	
breakup [bréɪkʌ̀p]	(人間関係の) 解消, 別れ [≒ separation, split] *cf.* break up 〜 (関係・状況など) を解消する

1156	⚠ 発音・アクセント
privilege [prívəlɪdʒ]	特権 [≒ advantage, entitlement] 動 に特権を与える privileged 形

1157	
exemption [ɪgzémpʃən]	(義務・責任などの) 免除 〈from 〜の〉 [≒ immunity] exempt 動 形

1158	⚠ 発音
monarch [mɑ́(ː)nərk]	君主 [≒ sovereign, ruler] monarchy 名 君主制 語源 mon(o) (唯一の) + arch (首長)

She fed the child a segment of orange.	彼女は子供にオレンジを1切れ食べさせた。
We are very worried about the recent downturn in sales.	私たちは最近の売り上げの落ち込みをとても心配している。
He is usually really nice, but watch out for his bad temper.	彼は普段はとてもいい人だが，機嫌が悪いときは要注意だ。
She cut her finger on a small fragment of glass.	彼女はガラスの小さな破片で指を切った。
The hotel is located at the intersection of Main Street and Front Street.	そのホテルは，メイン通りとフロント通りの交差点にある。
The election results were so unpopular that they led to anarchy in the capital.	選挙結果は人々の不評を買い，首都に無秩序を引き起こした。
The famous couple's breakup was announced by their manager.	有名人カップルの破局が，彼らのマネージャーによって発表された。
Access to healthcare should be a right, not a privilege.	保健医療の利用は特権ではなく，権利であるべきだ。
Only non-residents will be given an exemption from this tax.	非居住者だけがこの税の免除を受ける。
Few monarchs still actively rule their countries nowadays.	今日においてなお国を積極的に統治している君主はほとんどいない。

1159 ⚠発音	話，物語 [≒ story]
narrative [nǽrətɪv]	narrate 動　narration 名 語り，ナレーション

1160	漠然とした感じ〈that … …という〉，感覚
sensation [senséɪʃən]	[≒ feeling, sense]，大騒ぎ [≒ stir] sensational 形 衝撃的な

1161	見習い（工）[≒ trainee]，初心者 [≒ beginner]
apprentice [əpréntɪs]	動 を見習いに出す

1162 ⚠発音	(しばしば ~s) 雑用，家事，いやな仕事 [≒ task,
chore [tʃɔːr]	duty, errand]

1163	脱水（症状）
dehydration [dìːhaɪdréɪʃən]	dehydrate 動

形容詞

1164	疑わしい [≒ doubtful, suspicious, dubious]
questionable [kwéstʃənəbl]	(⇔ unquestionable) question 名 質問　動 に質問する，を疑う

1165	時代 [流行] 遅れの，旧式 [≒ old-fashioned,
outdated [àʊtdéɪtɪd]	out-of-date, obsolete] (⇔ up-to-date)

1166 ⚠アクセント	来るべき [≒ upcoming]
forthcoming [fɔ̀ːrθkʌ́mɪŋ]	

1167 ⚠発音	総計の，全体の [≒ total, overall]
gross [groʊs]	▶ gross domestic product 国内総生産（略 GDP）

I listened while he read his exciting **narrative** about surviving in the jungle.	彼がジャングルで生き延びる面白い話を読む間, 私は耳を傾けていた。
I have the **sensation that** everything is about to go very wrong.	私は, 全てがとても間違った方向に進みそうな気がしている。
The carpenter showed his new **apprentice** how to hold a hammer.	その大工は新人の見習い工にハンマーの持ち方を教えた。
I have to finish my **chores** before I can go out and play.	私は雑用を片づけないと外へ遊びに行けない。
She suffered from severe **dehydration** after getting lost in the desert.	彼女は砂漠で迷った後, ひどい脱水症状に苦しんだ。
The findings in this report on global warming are highly **questionable**.	地球温暖化に関するこの報告書の結論は非常に疑わしい。
Most of the machinery in this factory is very old and **outdated**.	この工場にある機械類のほとんどは, とても古くて時代遅れだ。
I'm really looking forward to the **forthcoming** event.	私は来るべきイベントを本当に楽しみにしている。
His **gross** earnings last year were well over 2 million dollars.	昨年の彼の総収入は, 200万ドルを優に超えた。

hydro-「水」(**1138**) をヒントに dehydration を覚えよう。

1168	
overdue [òuvərdjúː]	支払期限を過ぎた，（予定の日時より）遅れた

1169	
contemporary [kəntémpərèri]	現代の，現代的な [≒ modern, current]，同時代の 語源 con (と一緒) + tempor (時間) + ary (形容詞語尾)

1170	
drastic [drǽstɪk]	思い切った，徹底的な [≒ extreme, radical, thorough] drastically 副

1171	
conditional [kəndíʃənəl]	(conditional on ～で) ～しだいの，条件付きの (⇔ unconditional) condition 名

1172	
subjective [səbdʒéktɪv]	主観的な [≒ personal] (⇔ objective) subject 名 話題，学科，主題，主語，被験者

1173	⚠発音
exotic [ɪgzá(ː)tɪk]	異国風 [情緒] の，風変わりな，外来の [≒ foreign]

1174	
intensive [ɪnténsɪv]	集中的な，徹底的な [≒ thorough, concentrated] ▶ intensive care unit 集中治療室 (略 ICU)

1175	⚠アクセント
obscure [əbskjúər]	不明瞭な [≒ vague, ambiguous]，世に知られていない [≒ unknown] (⇔ famous) obscurity 名

1176	⚠発音
tedious [tíːdiəs]	退屈な [≒ boring, dull, monotonous] (⇔ exciting) tedium 名

1177	
exclusive [ɪksklúːsɪv]	高級な，排他的な (⇔ inclusive) exclude 動　exclusion 名　exclusively 副

The letter said that my gas bill was two weeks overdue.	手紙によると，ガス料金の支払期限が2週間過ぎていた。
He wrote a book about life in contemporary Japan.	彼は現代日本の生活に関する本を書いた。
The government needs to take drastic action if they are to solve the problem.	政府はその問題を解決しようと思っているなら，思い切った措置を取る必要がある。
This pay raise is conditional on workers agreeing to work on Saturdays.	この昇給は，従業員が土曜出勤に合意することを条件とする。
Whether you feel you are rich or not is highly subjective.	自分を金持ちだと思うかどうかは，非常に主観的なことだ。
She was amazed to see all the exotic plants and flowers in the jungle.	彼女はジャングルで見たあらゆる異国風の植物や花に驚嘆した。
Many experts say that intensive reading helps improve reading ability.	多くの専門家が，集中的な読書[精読]は読解力の向上に役に立つと言っている。
I find her ideas somewhat obscure and difficult to understand.	彼女の考えはどこか不明瞭で，理解するのが困難だと私は思っている。
I found the bus journey very long and tedious.	そのバス旅行はとても長くて退屈だと思った。
They are very rich and live in an exclusive part of the city.	彼らは非常に金持ちで，市の高級な地区に住んでいる。

1178 ⚠発音・アクセント **decent** [díːsənt]	きちんとした [≒ proper, suitable]，上品な， 一応満足のいく [≒ satisfactory, reasonable] decency 图 礼儀正しさ，品位
1179 **considerate** [kənsídərət]	思いやりのある [≒ thoughtful] (⇔inconsiderate) consideration 图 考慮，検討，思いやり
1180 **durable** [djúərəbl]	長持ちする，丈夫な [≒ long-lasting] durability 图
1181 **perpetual** [pərpétʃuəl]	絶え間ない，永遠の [≒ permanent, everlasting] (⇔temporary) perpetuity 图　perpetuate 動
1182 **proficient** [prəfíʃənt]	堪能な〈at, in ～に〉，熟達した [≒ expert, skilled, skillful] proficiency 图
1183 ⚠発音 **acoustic** [əkúːstɪk]	音響(学)の，聴覚の acoustics 图 音響学
1184 **biographical** [bàɪəgrǽfɪkəl]	伝記の biography 图　biographer 图 伝記作家 語源 bio (人生) + graphy (記録)
1185 **botanical** [bətǽnɪkəl]	植物の，植物学(上)の botany 图　botanist 图 植物学者
1186 **brutal** [brúːtəl]	残酷な，無情な [≒ cruel, pitiless, ruthless] brutality 图
1187 **commendable** [kəméndəbl]	賞賛されるべき，立派な [≒ admirable, praiseworthy, laudable] commend 動

All he needs is a place to live and a **decent** job.	彼に必要なのは住む場所ときちんとした仕事だけだ。
It was very **considerate** of you to send me a birthday card.	私に誕生日カードを送ってくれるなんて、あなたはとても思いやりがある方です。
This tent is made from a very strong, **durable** material.	このテントはとても強くて耐久性のある素材でできている。
The shopkeepers in this part of town live in **perpetual** fear of being robbed.	市内のこの辺りの店主たちは、強盗に遭うことへの絶え間ない恐怖の中で生活している。
She is **proficient** in at least six languages.	彼女は少なくとも6カ国語に堪能である。
Various kinds of recording equipment are used to produce interesting **acoustic** effects.	面白い音響効果を生み出すためにさまざまな種類の録音用機材が使われる。
This **biographical** film tells the story of the actor's early life.	この伝記物の映画は、その俳優の若かりしころの生活を物語っている。
We spent three hours strolling around the **botanical** gardens.	私たちは3時間かけてその植物園をぶらぶらと見て回った。
Everyone was shocked by the **brutal** killing.	誰もがその残酷な殺害に衝撃を受けた。
The young soldier showed **commendable** bravery on the battlefield.	その若い兵士は戦場で賞賛されるべき勇敢さを発揮した。

acoustic guitar は「アコースティックギター」だけど、発音に気をつけて！

1188	
desperate [déspərət]	絶望的な [≒ hopeless], 強く望んで〈for ~を〉 [≒ eager], 必死の [≒ frantic] desperately 副 despair 名

1189	
extravagant [ɪkstrǽvəɡənt]	浪費する [≒ wasteful, prodigal], (要求などが)過 度な [≒ excessive] extravagance 名

1190	
filthy [fílθi]	汚い, 不潔な [≒ dirty, foul]

1191	
serene [sərí:n]	穏やかな, 平静な [≒ calm, tranquil, peaceful] serenity 名

1192	
valid [vǽlɪd]	法的に有効な [≒ effective], 理にかなった [≒ reasonable] (⇔ invalid) validity 名

1193	
inherent [ɪnhíərənt]	固有の, 生来の [≒ intrinsic, innate] inherence 名 inherently 副

副詞	
1194 ⚠発音 **merely** [míərli]	単なる, ただの, 単に [≒ only, just] mere 形
1195 ⚠アクセント **somehow** [sámhàʊ]	何とかして, とにかく [≒ by any means]
1196 ⚠アクセント **subsequently** [sábsɪkwəntli]	その後, 続いて〈to ~に〉(⇔ previously) subsequent 形

The people in the war zone are becoming more and more <u>desperate</u>.	交戦地域の人々は，ますます<u>絶望的</u>になっている。
She is very <u>extravagant</u> and uses her credit card far too often.	彼女はとても<u>金遣いが荒く</u>，クレジットカードを頻繁に利用し過ぎている。
The children were <u>filthy</u> after playing in the mud.	その子供たちは泥んこ遊びをして<u>汚れて</u>いた。
We looked out over the <u>serene</u> waters of the Adriatic Sea.	私たちはアドリア海の<u>穏やかな</u>海原を見渡した。
This train pass is <u>valid</u> for six months from the date of purchase.	この定期券は，購入日から6カ月間<u>有効</u>だ。
The engine problems were caused by an <u>inherent</u> weakness in the design of the car.	その自動車の設計にある<u>固有の</u>欠陥が，エンジントラブルの原因となった。
The artist said that creating art was not <u>merely</u> his job, but his whole life.	その芸術家は，芸術を生み出すことは<u>単なる</u>仕事ではなく，彼の人生の全てであると言った。
After working all night, I <u>somehow</u> managed to finish the report in time.	私は徹夜をして<u>何とか</u>レポートを締め切り前に書き終えることができた。
There was an inquiry after the fire, and <u>subsequently</u> new safety regulations were drawn up.	その火事の後で調査が行われ，<u>その後</u>，新たな安全規制が設けられた。

1197 **deliberately** [dɪlíbərətli]	故意に [≒ intentionally, on purpose] (⇔ by mistake), 慎重に [≒ carefully] deliberate 形 意図的な, 慎重な　動 を熟慮する
1198 **gently** [dʒéntli]	優しく, 静かに gentle 形

前置詞	
1199 ⚠発音 **via** [váɪə]	~の手段によって [≒ by means of], ~経由で [≒ by way of]
1200 **alongside** [əlɔ́ːŋsàɪd]	~と一緒に, ~と並んで 副 並んで, そばに

⏱ 1分間 mini test

(1) She was amazed to see all the (　　　　) plants and flowers in the jungle.

(2) He (　　　　) his wife one last time before he left for the airport.

(3) Access to healthcare should be a right, not a (　　　　).

(4) This train pass is (　　　　) for six months from the date of purchase.

😊 ここから選んでね。

① liberated　　② valid　　③ embraced　　④ discomfort
⑤ proficient　　⑥ dehydration　　⑦ exotic　　⑧ privilege

The police think that the warehouse fire was started **deliberately**.	警察は，その倉庫の火事は故意に引き起こされた（＝放火）と考えている。
The woman **gently** picked up the injured dog and placed him on the car seat.	その女性はけがをした犬を優しく抱き上げ，車のシートに置いた。
I usually communicate with my overseas clients **via** email.	私は通常，海外の顧客とはEメールで連絡を取る。
The charity worked **alongside** the local people to improve conditions in the village school.	その慈善団体は，村の学校の状況を改善すべく，地元の人たちと一緒に活動した。

* * *

(5) The patient felt some (　　　　) during his dental treatment.

(6) She suffered from severe (　　　　) after getting lost in the desert.

(7) She is (　　　　) in at least six languages.

(8) The soldiers (　　　　) the town from the enemy forces.

正解

(1) ⑦(→1173)　(2) ③(→1113)　(3) ⑧(→1156)　(4) ②(→1192)　(5) ④(→1135)
(6) ⑥(→1163)　(7) ⑤(→1182)　(8) ①(→1106)

via は [víːə] と読まれることも多いよ。

動詞

1201 ⚠アクセント	
portray [pɔːrtréɪ]	(絵・写真などで)を描写する〈as ~として〉 [≒ depict, describe, represent] portrayal 图 描写　portrait 图 肖像(画)

1202	
dispatch [dɪspǽtʃ]	を急送[急派]する〈to ~に〉[≒ send (off), rush] 图 急派, (急送の)公文書, (新聞などの)至急報

1203 ⚠発音	
quote [kwout]	(quote O as saying ~ で)~と述べたと伝える, を引用する[≒ cite] 图 引用文, 見積もり　quotation 图 引用, 引用文

1204	
amend [əménd]	を改正する, を修正する[≒ revise, modify, alter] amendment 图

1205	
betray [bɪtréɪ]	を裏切る betrayal 图　betrayer 图 裏切り者

1206	
wither [wíðər]	(植物などが)しおれる (⇔ flourish (動植物などが)勢いよく育つ)

1207 ⚠アクセント	
omit [oumít]	を省略する〈from ~から〉[≒ leave out, exclude] omission 图

1208	
fabricate [fǽbrɪkèɪt]	をでっち上げる[≒ invent, fake, make [cook] up], を組み立てる fabrication 图

1209	
violate [váɪəlèɪt]	(法律・協定・約束など)を破る[≒ breach, infringe, break] (⇔ obey) violation 图

In this biography, the ex-President is <u>portrayed</u> **as** a very weak man.	この伝記では元大統領はとても弱い男**として**<u>描か</u>れている。
The police department <u>dispatched</u> a patrol car **to** the scene of the accident.	警察署は，事故現場にパトロールカー<u>を急送した</u>。
The newspaper <u>quoted</u> the police officer **as saying** the investigation was now over.	新聞は，その警察官が捜査はもう終了した**と述べた**<u>と伝えた</u>。
The people of the country voted on whether to <u>amend</u> the constitution.	その国の国民は，憲法を<u>改正す</u>るかどうかについて投票した。
He is my best friend. He would never <u>betray</u> me.	彼は私の親友だ。彼は決して私<u>を裏切ら</u>ないだろう。
My plants all <u>withered</u> while I was away on vacation.	休暇で出かけている間に私の植物は全て<u>しおれた</u>。
We decided to <u>omit</u> this section **from** the final report.	私たちは最終報告書**から**この章<u>を省く</u>ことに決めた。
His story about being a secret agent was completely <u>fabricated</u>.	秘密諜報員であるという彼の話は，完全な<u>でっち上げ</u>だった。
Rebels once again <u>violated</u> the terms of the cease-fire agreement.	反乱軍がまた停戦合意の協約を<u>破った</u>。

大文字のAmendmentはアメリカ憲法の修正条項のことを指すよ。

1210 **allege** [əlédʒ]	(allege that ... で)(証拠なしに)…と主張する [≒ claim] allegation 图 allegedly 副 伝えられるところによると
1211 ⚠️アクセント **integrate** [íntəgrèit]	を統合 [統一] する〈into 〜に〉[≒ unify, unite, combine](⇔ separate) integrated 形 integration 图
1212 ⚠️発音 **underestimate** [ʌndəréstimèit]	を過小評価する [≒ underrate, undervalue] (⇔ overestimate) 图 [ʌndəréstimət] 過小評価. 軽視
1213 ⚠️アクセント **escort** [iskɔ́ːrt]	を護衛 [護送] する〈to 〜へ〉[≒ guard], に付き 添う [≒ accompany] 图 [éskɔːrt] 護衛(者). 付添人
1214 **facilitate** [fəsílətèit]	を促進する, を容易にする [≒ ease] facilitation 图 容易にすること, 助長 facilitator 图(グループの)まとめ役
1215 ⚠️発音 **initiate** [iníʃièit]	を新たに始める [≒ begin, start, launch, commence] initiation 图 initiative 图 主導権
1216 ⚠️アクセント **convey** [kənvéi]	を伝える〈to 〜に〉[≒ communicate, transmit, pass on], を運ぶ [≒ carry, transport] conveyance 图
1217 **populate** [pá(:)pjulèit]	に住みつく [≒ inhabit] population 图 populous 形
1218 ⚠️発音・アクセント **reinforce** [rìːinfɔ́ːrs]	を補強する, を強化する [≒ strengthen, fortify] reinforcement 图
1219 **attain** [ətéin]	を獲得する, を達成する [≒ achieve, accomplish] attainment 图 語源 at(一方へ) + tain(達する)

The prosecution **alleged that** he had robbed three banks.	検察は彼が3つの銀行に強盗に入った**と主張した**。
These two schools will be **integrated into** a single institution next year.	これらの2つの学校は来年, 1校に**統合**される。
You shouldn't **underestimate** his sales ability.	彼の営業能力**を過小評価すべき**ではない。
The police **escorted** the witness **to** a safe location.	警察は安全な場所**まで**目撃者**を護衛した**。
The changes in the tax law should **facilitate** economic growth.	税法の改正は, 経済成長**を促進する**はずだ。
The school has recently **initiated** a new program for musically gifted students.	その学校は最近, 音楽の才能に恵まれた生徒たちのための新しいプログラム**を始めた**。
Please **convey** my condolences **to** your father.	あなたのお父さま**に**追悼の意**をお伝え**ください。
Singapore is **populated** by Malays, Indians and Chinese.	シンガポールにはマレー系, インド系, 中華系の人々が**住んで**いる。
The school buildings have all been **reinforced** to withstand earthquakes.	校舎は全て耐震のために補強された。
Most of our students **attained** high grades in their English tests last year.	我々の生徒のほとんどは昨年, 英語のテストでよい成績**を獲得した**。

1220 ☐☐☐ **cheat** [tʃíːt]	(試験で)カンニングをする，をだます [≒ deceive, trick, take in] 图 詐欺師，カンニング
1221 ☐☐☐ **deceive** [dɪsíːv]	をだます [≒ cheat, trick, take in] deception 图　deceptive 形
1222 ☐☐☐ **frustrate** [frʌ́streɪt]	に不満を抱かせる [≒ annoy, irritate]，を挫折させる frustrating 形　frustration 图
1223 ☐☐☐ **subsidize** [sʌ́bsɪdàɪz]	に補助金 [助成金] を支給する subsidy 图
1224 ☐☐☐ ⚠発音・アクセント **alternate** [ɔ́ːltərnèɪt]	(2つの状態の間を)行き来する〈with ～と，between ～の間で〉，交互に起こる alternately 副
1225 ☐☐☐ ⚠アクセント **dedicate** [dédɪkèɪt]	を捧げる〈to ～に〉[≒ devote, commit] dedicated 形 献身的な　dedication 图 献身
1226 ☐☐☐ ⚠発音・アクセント **endeavor** [ɪndévər]	(endeavor to do で)～しようと(懸命に)努力する，を(真剣に)試みる [≒ try] 图 (真剣な)努力，試み
1227 ☐☐☐ ⚠発音・アクセント **intrigue** [ɪntríːg]	の興味をそそる [≒ interest] 图 陰謀 intriguing 形
1228 ☐☐☐ ⚠発音 **soar** [sɔːr]	(物価・価値・数値などが)急上昇する [≒ increase, rise, escalate]，空高く飛ぶ
1229 ☐☐☐ ⚠発音 **tease** [tíːz]	をからかう〈about ～のことで〉，をいじめる [≒ make fun of, ridicule]

The boy apologized for <u>cheating</u> on his final math test.	その少年は数学の期末試験で<u>カンニングをした</u>ことを謝罪した。
I can't believe the salesperson was able to <u>deceive</u> so many people.	その営業マンがそんなに多くの人々を<u>だます</u>ことができたことが信じられない。
What <u>frustrates</u> me most is the fact that my boss won't listen to my opinions.	私が最も<u>不満に思っているの</u>は，上司が私の意見を聞こうとしないことだ。
In many countries, school meals are <u>subsidized</u> by the government.	多くの国では，学校給食は政府の<u>補助金を受けている</u>。
I <u>alternate</u> **between** feeling excited and scared about studying abroad.	私は留学に関して，興奮と恐怖の感情**の間を**<u>行ったり来たりしている</u>。
This charity is <u>dedicated</u> **to** helping young people overcome mental health issues.	この慈善事業は，若者がメンタルヘルスの問題を克服するのを助けること**に**<u>捧げられている</u>。
She is <u>endeavoring</u> **to become** the youngest person to sail around the world alone.	彼女は最年少で単独世界一周航海をする人物**になろうと**<u>懸命に努力している</u>。
The students were <u>intrigued</u> to hear that their teacher used to play in a rock band.	生徒たちは，先生がかつてロックバンドで演奏していたと聞いて<u>興味をそそられ</u>た。
Sales of the shoes <u>soared</u> after the star player was photographed wearing them.	スター選手が履いているのを写真に撮られると，その靴の売り上げは<u>急上昇し</u>た。
When the artist was a boy, he often used to get <u>teased</u> **about** his clothes.	その芸術家は少年時代，しばしば服**のことで**<u>からかわれた</u>ものだった。

1230 ⚠️アクセント **confer** [kənfə́:*r*]	(賞・学位・栄誉・権利など)を授与する〈on ~に〉, 相談する〈with ~と〉 conference 图 会議
1231 **forbid** [fərbíd]	を禁じる [≒ prohibit, ban] (⇔ permit)
1232 **nod** [nɑ(:)d]	(頭)を軽く下げる,うなずく〈to, at ~に〉 图 うなずき,会釈
1233 ⚠️発音 **oblige** [əbláidʒ]	(be obliged to *do* で)~せざるを得ない,やむを 得ず~する obligation 图　obligatory 形

名詞

1234 ⚠️アクセント **discontent** [dìskəntént]	不満〈at, with ~に対する〉 [≒ dissatisfaction] (⇔ content) discontented 形
1235 **disposal** [dispóuzəl]	処分,売却 dispose 動 (人)を~する気にさせる.(dispose of ~ で) ~を処分する　disposable 形 使い捨ての
1236 ⚠️アクセント **exile** [éksail]	(国外)追放 [≒ banishment, deportation], (国 外)追放者,亡命者 [≒ refugee] 動 (通例受身形で) 国外追放になる
1237 **foe** [fou]	敵 [≒ enemy, opponent, adversary] (⇔ friend 味 方)
1238 ⚠️発音・アクセント **itinerary** [aitínərèri]	旅行の日程,旅行計画 形 旅行 [旅程] の

The university decided to <u>confer</u> an honorary degree **on** the famous writer.	大学はその著名な作家に名誉学位を授けることを決定した。
Eating and drinking are strictly <u>forbidden</u> in the university library.	大学図書館では飲食が厳しく禁じられている。
When I asked the child if she was lost, she <u>nodded</u> her head.	私がその子供に迷子なのかと尋ねると，彼女は首を縦に振った。
I'**m** <u>obliged</u> **to buy** everyone a Christmas present, even though I have no money.	お金は持っていないが，私は全員にクリスマスプレゼントを買わざるを得ない。
They expressed their <u>discontent</u> **at** the new working conditions.	彼らは新しい労働条件に不満を表した。
Our company specializes in the <u>disposal</u> of toxic waste.	当社は有毒廃棄物の処理を専門としている。
She has been in <u>exile</u> for the last ten years.	彼女はこの10年間，国外追放の身である。
The soldiers faced their <u>foes</u> on the battlefield.	兵士たちは戦場で敵と対峙した。
We studied our <u>itinerary</u> carefully before our trip to Spain.	私たちはスペイン旅行の前に日程表を詳細に検討した。

forbid は過去形 forbade，過去分詞 forbidden だよ。

1239		
persecution [pə̀ːrsɪkjúːʃən]	迫害 [≒ oppression] persecute 動　persecutor 名 迫害者

1240		
publication [pʌ̀blɪkéɪʃən]	出版 (物)，発行 [≒ issue, release] publish 動　publisher 名 出版社

1241		
riddle [rídl]	なぞなぞ [≒ puzzle]，不可解な人 [もの，事実] [≒ mystery] 動 のなぞなぞを解く

1242		
sanitation [sæ̀nɪtéɪʃən]	公衆衛生 (学)，下水設備 sanitary 形　sanitize 動

1243		
component [kəmpóʊnənt]	構成部品 [部分，要素] [≒ part, element, ingredient]

1244	⚠ 発音
quota [kwóʊṭə]	割当量 [数] [≒ share, allowance, allocation, ration]，ノルマ

1245		
cuisine [kwɪzíːn]	(国・地方の特徴を出した) 料理，料理法 [≒ cooking, food]

1246	⚠ 発音・アクセント
detour [díːtʊ̀ər]	迂回 (路)，回り道 [≒ diversion] 動 迂回する．を迂回させる

1247	⚠ アクセント
inmate [ínmèɪt]	(刑務所などの) 収容者 [≒ prisoner, convict]， 入院患者 [≒ inpatient]

1248	⚠ 発音・アクセント
fatigue [fətíːg]	(相当の) 疲労 [≒ tiredness, weariness, exhaustion] 動 をとても疲れさせる　fatigued 形

They left the country to escape religious <u>persecution</u>.	彼らは宗教<u>弾圧</u>から逃れるために国を離れた。
This <u>publication</u> is available in all leading bookshops.	この<u>出版物</u>は，全ての主要な書店で手に入れることができる。
Try as I might, I couldn't solve the <u>riddle</u>.	どんなにがんばっても，その<u>なぞなぞ</u>は解けなかった。
There is a lot of disease in this area due to poor <u>sanitation</u>.	劣悪な<u>公衆衛生</u>が原因で，この地域では病気が多い。
They manufacture various <u>components</u> for different cars in this factory.	この工場ではさまざまな自動車のさまざまな<u>部品</u>を製造している。
The government set a strict <u>quota</u> on imports of manufactured goods.	政府は製造品の輸入に厳格な<u>割当量</u>を定めた。
This restaurant serves authentic Italian <u>cuisine</u>.	このレストランは本格的なイタリア<u>料理</u>を出している。
Due to road construction, we had to make a <u>detour</u> on the way home.	道路工事のため，私たちは家に帰る途中で<u>迂回</u>しなければならなかった。
The <u>inmates</u> of the prison spend several hours working outdoors every day.	その刑務所の<u>収容者たち</u>は，屋外作業に毎日数時間を費やす。
The doctor said she is suffering from mental and physical <u>fatigue</u>.	医師は，彼女は心身の<u>疲労</u>に苦しんでいると言った。

1249 ▲アクセント **uproar** [áprɔːr]	大騒ぎ，騒動 [≒ turmoil, confusion, chaos]
1250 ▲アクセント **coincidence** [kouínsidəns]	偶然の一致〈with 〜との〉[≒ accident] coincide 動 同時に起こる　coincidental 形
1251 **correspondence** [kɔ(:)rəspá(:)ndəns]	通信 [≒ communication]，一致 [≒ agreement] correspond 動 一致する，文通する correspondent 名 (新聞・テレビなどの) 通信員
1252 **ballot** [bǽlət]	投票 [≒ vote, poll]，🏴󠁧󠁢󠁥󠁮󠁧󠁿 投票用紙，(the 〜)投票総数 動 投票する，に投票を求める
1253 ▲アクセント **competence** [ká(:)mpətəns]	能力，適格 [≒ ability, capability] (⇔ incompetence) competent 形
1254 ▲アクセント **enterprise** [éntərpràɪz]	事業 [≒ venture]，企業 [≒ business, company, firm, corporation] enterprising 形 進取の気性のある
1255 **hazard** [hǽzərd]	危険 (なもの) [≒ danger, risk, peril] hazardous 形
1256 **explosion** [ɪksplóuʒən]	爆発 [≒ eruption, detonation]，急激な増加 [≒ upsurge] explode 動　explosive 形
1257 **famine** [fǽmɪn]	飢饉 [≒ hunger, starvation]
1258 **acceptance** [əkséptəns]	受諾〈of 〜の〉[≒ consent, agreement]，受け取り [≒ receipt, reception] accept 動　acceptable 形 受け入れられる

The court was in an **uproar** when the judge read out the guilty verdict.	裁判官が有罪の判決文を読み上げたとき，裁判所は大騒ぎだった。
It was quite a **coincidence** that we booked a room at the same hotel.	私たちが同じホテルで部屋を予約したことは，全くの偶然の一致だった。
The newspaper reporter was found guilty of reading the star's private **correspondence**.	スターの個人的な通信を読んだとして，新聞記者は有罪になった。
I placed my **ballot** paper in the box.	私は投票用紙を箱に入れた。
After a string of mistakes, the doctor's **competence** was called into question.	一連のミスの後，その医師の能力が疑問視された。
The designer's latest business is a joint **enterprise** between two fashion labels.	そのデザイナーの最近の仕事は，2つのファッションレーベルの合弁事業だ。
Scientists warned that the high levels of toxins in the lake were a health **hazard**.	科学者たちは，湖の中の高濃度の毒素が健康にとって危険であると警告した。
The small **explosion** led to the fire that destroyed the whole building.	その小さな爆発が，ビル全体を破壊する火事の引き金になった。
Aid workers are warning of a potential **famine** in the area.	救援隊の人々は，その地域の飢饉の可能性について警告している。
He was overjoyed at her **acceptance** of his marriage proposal.	彼は彼女が結婚のプロポーズを受け入れてくれたことに大喜びした。

生物学研究から生じる危険性（ウイルスなど）を biohazard というよ。

1259	
leftover [léftòuvər]	(通例 ~s)(特に食事の)残りもの [≒ remains] 形 残り(もの)の, 食べ残しの

1260	
apprehension [æprɪhénʃən]	不安, 懸念 [≒ anxiety, concern, worry, fear] apprehensive 形 *cf.* apprehend 動 を逮捕する

1261　　 ⚠発音	
wreck [rek]	残骸 [≒ wreckage, debris], 難破(船) [≒ shipwreck] 動 を破壊する, を難破させる, を台無しにする

1262	
landmark [lǽndmà:rk]	歴史的建造物, 目印 [≒ guide, marker], 画期的 な出来事 [≒ milestone]

1263	
dweller [dwélər]	居住者 [≒ inhabitant, resident] dwell 動　dwelling 名 住居

1264　　 ⚠アクセント	
geometry [dʒiá(:)mətri]	幾何学 geometric(al) 形

1265	
standby [stǽndbài]	(いざというとき)頼りになるもの[人], 交替 要員 [≒ replacement, substitute] *cf.* stand by 待機する〈for ~に備えて〉

1266	
diversity [dəvə́:rsəti]	多様性 [≒ variety] (⇔ uniformity 画一性) diverse 形

1267	
accuracy [ǽkjərəsi]	正確さ, 的確さ [≒ precision, exactness] (⇔ inaccuracy) accurate 形　accurately 副

1268	
tap [tæp]	🇬🇧 (水道などの)蛇口 [≒🇺🇸 faucet] ▶ tap water 水道水

Let's have the **leftovers** for breakfast tomorrow.	残りものは明日の朝食に食べましょう。
He felt **apprehension** at the thought of having to look for a new job.	新しい仕事を探さなくてはならないという考えに彼は**不安**を感じた。
Divers searched the **wreck** of the ship for treasure.	ダイバーたちは宝物を求めて船の残骸を探索した。
This is one of the most famous **landmarks** in the Japanese capital.	これは日本の首都で最も有名な歴史的建造物の1つだ。
The people in these wall paintings were probably cave **dwellers**.	これらの壁画に描かれている人々はおそらく，洞窟に住んでいた人々だろう。
All students in this school must study advanced **geometry**.	この学校では全生徒が上級幾何学を学ばなければならない。
This electric power generator can be used as a **standby** in emergencies.	この発電機は非常時に頼りになるものとして利用できる。
The new school librarian noticed there was a lack of **diversity** in children's literature.	新しい学校司書は，児童文学における多様性の欠如に気づいた。
Some people are questioning the **accuracy** of the witness's statement.	その証人の陳述の正確さに疑いを持つ人もいる。
I filled my bottle with water from the **tap**.	私は水筒を水道の水で満たした。

tapは「(を)軽くたたく」の意味も覚えておきたい。

1269 ☐☐☐ **brick** [brɪk]	れんが 動 (壁など) をれんがで造る
1270 ☐☐☐ **bay** [beɪ]	入江, 湾 [≒ gulf, cove]

形容詞

1271 ☐☐☐ ⚠発音 **lenient** [líːniənt]	寛大な [≒ tolerant] (⇔ severe) leniency 名
1272 ☐☐☐ ⚠アクセント **stubborn** [stʌ́bərn]	頑固な [≒ obstinate] stubbornly 副
1273 ☐☐☐ **clumsy** [klʌ́mzi]	不器用な [≒ awkward, inept] (⇔ clever)
1274 ☐☐☐ **perilous** [pérələs]	とても危険な [≒ dangerous, risky, hazardous] peril 名
1275 ☐☐☐ **adverse** [ædvə́ːrs]	不利な [≒ unfavorable, disadvantageous] (⇔ beneficial), 反対の [≒ contrary] adversity 名 逆境　adversely 副
1276 ☐☐☐ **persistent** [pərsístənt]	執拗な, 固執する [≒ tenacious, insistent], 持続 する [≒ constant, continuous] persistence 名　persist 動
1277 ☐☐☐ ⚠アクセント **outrageous** [aʊtréɪdʒəs]	法外な [≒ unreasonable], 途方もない, けしか らぬ (⇔ acceptable) outrage 名 (不正・侮辱に対する) 激怒

In the UK, there are many historic buildings made of **brick**.	イギリスには**れんが**造りの歴史的建造物が多く存在する。
The couple moved into a large apartment overlooking the **bay**.	そのカップルは**入江**を見渡す大きなアパートに入居した。
Relatives of the victims felt the killer's sentence was too **lenient**.	被害者の親族は，殺人犯に下された判決は**寛大**過ぎると感じた。
He is so **stubborn** that he will continue arguing until everyone gives in.	彼はとても**頑固**なので，みんなが降参するまで議論を続けるだろう。
She is very **clumsy** and is always knocking things over.	彼女はとても**不器用**で，いつもものをひっくり返している。
The young journalist found herself in a **perilous** situation.	その若いジャーナリストは，自分が**とても危険な**状況にいることに気がついた。
The boat race was canceled due to **adverse** weather conditions.	悪天候のため，ボートレースは中止になった。
I was followed around the store by a very **persistent** salesperson.	私はとても**しつこい**販売員に店中をついて回られた。
The prices this lawyer charges are **outrageous**.	この弁護士が請求する料金は**法外**だ。

1278 □□□	懐疑的な〈of, about ～に〉[≒ doubtful, dubious, suspicious]
skeptical [sképtɪkəl]	skeptic 名 懐疑的な人，懐疑論者

1279 □□□ ⚠発音	合法的な [≒ lawful, legal]，もっともな [≒ valid, reasonable]（⇔ illegitimate）
legitimate [lɪdʒítəmət]	legitimacy 名

1280 □□□	不正な，（道徳的に）堕落した [≒ immoral, depraved]
corrupt [kərʌ́pt]	動 を（賄賂で）買収する，を堕落させる　corruption 名

1281 □□□ ⚠アクセント	実験の，実験 [試験] 的な
experimental [ɪkspèrɪméntəl]	experiment 名 動

1282 □□□	不適切な [≒ inappropriate, unsuitable]，無作法な [≒ indecent, rude]（⇔ proper）
improper [ɪmprɑ́(:)pər]	

1283 □□□	自然発生的な，自発的な [≒ voluntary]
spontaneous [spɑ(:)ntéɪniəs]	spontaneity 名　spontaneously 副

1284 □□□	無条件の，絶対的な [≒ unlimited, absolute]（⇔ conditional）
unconditional [ʌ̀nkəndíʃənəl]	

1285 □□□	偽造の，偽の [≒ false, fake, sham]（⇔ genuine）
counterfeit [káuntərfit]	動 を偽造する 名 偽物

1286 □□□	めまいがする〈with ～で〉，くらくらする
dizzy [dízi]	動 にめまいを起こさせる

1287 □□□	持続できる，維持できる
sustainable [səstéɪnəbl]	sustain 動　sustainability 名

Many people are very **skeptical about** the possibility of peace in the region.	多くの人々が，その地域の和平の可能性**に関して**とても懐疑的だ。
I'm not sure if their business activities are completely **legitimate**.	私には，彼らの事業活動が完全に合法的であるかどうか分からない。
The **corrupt** officials were arrested for accepting bribes.	収賄の罪で汚職役人たちが逮捕された。
This treatment is still **experimental** and we cannot be sure that it is safe.	この治療法は今も実験段階にあり，安全だということは確信が持てない。
The investigation showed that the restaurant had prepared the food in an **improper** way.	そのレストランが不適切な方法で食べ物を調理していたことが，調査で分かった。
We made a **spontaneous** decision to buy a car on the spot.	私たちは車を買おうとその場で自然に決めた。
They are demanding the **unconditional** surrender of the army.	彼らは軍隊の無条件降伏を要求している。
It is a crime to knowingly sell **counterfeit** goods.	故意に偽造品を売るのは犯罪だ。
I felt really **dizzy** after riding on the roller coaster.	私はジェットコースターに乗ってひどくめまいがした。
The present rate of economic growth is simply not **sustainable**.	現在の経済成長率は全く持続可能ではない。

unconditional loveってすてきだよね！ 303

1288 ⚠️アクセント **democratic** [dèməkrǽtɪk]	民主主義の，民主的な democracy 图 民主主義　democrat 图 民主主義者
1289 **conservative** [kənsə́:rvətɪv]	保守的な (⇔ progressive, radical) 图 保守的な人 conserve 動 を保護する
1290 ⚠️発音 **fundamental** [fʌ̀ndəméntəl]	基本的な [≒ basic, primary]，必須の [≒ vital, essential] 图 (通例 ~s) 基本，原則
1291 **ambitious** [æmbíʃəs]	(計画などが) 野心的な [≒ bold]，(人が) 大志を抱いた [≒ aspiring, enthusiastic] ambition 图
1292 ⚠️アクセント **concrete** [kɑ(:)nkrí:t]	具体的な (⇔ abstract)，明確な (⇔ vague)，コンクリート製の 图 [kɑ́(:)nkrì:t] コンクリート
1293 **cruel** [krú:əl]	残酷な [≒ brutal, pitiless, ruthless] cruelty 图
1294 **inferior** [ɪnfíəriər]	劣悪な，劣った〈to ~より〉(⇔ superior) 图 (地位などが) 下の者，後輩 inferiority 图
1295 **ample** [ǽmpl]	十分な [≒ enough, sufficient, adequate]，豊富な [≒ plentiful, abundant]，広大な amplify 動 を増幅する，を拡大する
1296 **inaccurate** [ɪnǽkjərət]	不正確な，誤りのある [≒ imprecise, erroneous] (⇔ accurate) inaccuracy 图 (⇔ accuracy)
1297 ⚠️発音 **inadequate** [ɪnǽdɪkwət]	不十分な〈for, to ~に〉，不適当な [≒ insufficient, incomplete] (⇔ adequate)

In this country, we have a **democratic** government elected by the people.	この国には，人民によって選出された民主政府がある。
Many of the professors in this university are rather **conservative** in their thinking.	この大学の教授の多くはかなり保守的な意見を持っている。
Freedom of speech is one of the **fundamental** human rights.	言論の自由は基本的人権の1つである。
The new mayor announced some very **ambitious** plans to redevelop the city.	新市長は，市の再開発に向けた野心的な計画を発表した。
Can you provide me with **concrete** evidence to prove your theory is true?	あなたの理論が真実であることを証明する具体的な証拠を示してもらえますか。
The leader of the country is known to be a **cruel** tyrant.	その国の指導者は残酷な暴君として知られている。
The company saved money by using **inferior** building materials.	その会社は粗悪な建築材料を使うことでお金を節約した。
If we leave at 8 a.m., we will have **ample** time to get to the airport.	午前8時に出発すれば，空港に到着するのに十分な時間がある。
The sales figures written in the report are **inaccurate**.	その報告書に書かれた売上高は不正確である。
The amount of food we have to feed the refugees is **inadequate**.	難民に食べさせるために私たちが持っている食糧の量は不十分だ。

amplifier「アンプ」は音を増幅する装置だね。

1298 ⚠発音 **inappropriate** [ìnəpróupriət]	ふさわしくない〈for, to ~に〉, 不適当な [≒unsuitable] (⇔appropriate)
1299 ⚠発音 **uncertain** [ʌnsə́ːrtən]	はっきり分からない, (人が)確信がない [≒unsure, doubtful] (⇔certain) uncertainty 图
1300 ⚠発音 **vague** [veɪɡ]	あいまいな, 不明確な [≒imprecise, ambiguous] (⇔clear)

⏱ 1分間 mini test

(1) Relatives of the victims felt the killer's sentence was too (   ).

(2) This restaurant serves authentic Italian (   ).

(3) In many countries, school meals are (   ) by the government.

(4) My plants all (   ) while I was away on vacation.

(5) The leader of the country is known to be a (   ) tyrant.

😊 ここから選んでね。

① geometry ② withered ③ cruel ④ populated
⑤ subsidized ⑥ famine ⑦ lenient ⑧ cuisine
⑨ corrupt ⑩ disposal

He wore jeans, which were **inappropriate for** the formal meeting.	彼はジーンズを履いていたが、それはその正式な会議には<u>ふさわしくなかった</u>。
I'm **uncertain** as to when the meeting will end.	その会議がいつ終わるのかは私には<u>よく分からない</u>。
His instructions were very **vague** and I was not sure what to do.	彼の指示はとても<u>あいまいで</u>、私は何をすべきなのかよく分からなかった。

● ●

(6) Our company specializes in the (　　　　) of toxic waste.

(7) Singapore is (　　　　) by Malays, Indians and Chinese.

(8) The (　　　　) officials were arrested for accepting bribes.

(9) Aid workers are warning of a potential (　　　　) in the area.

(10) All students in this school must study advanced (　　　　).

正解

(1) ⑦(→**1271**)　**(2)** ⑧(→**1245**)　**(3)** ⑤(→**1223**)　**(4)** ②(→**1206**)　**(5)** ③(→**1293**)
(6) ⑩(→**1235**)　**(7)** ④(→**1217**)　**(8)** ⑨(→**1280**)　**(9)** ⑥(→**1257**)　**(10)** ①(→**1264**)

動詞

1301

retreat
[rɪtríːt]

引っ込む〈to, into ～へ〉, 退く [≒withdraw]
图 後退

1302

revolt
[rɪvóʊlt]

暴動 [反乱] を起こす〈against ～に対して〉
[≒rebel], をむかむかさせる [≒disgust]
图 反乱, 暴動

1303

deflect
[dɪflékt]

(人の注意・非難など)をそらす〈from ～から〉
[≒divert, distract], の方向を変えさせる
deflection 图 (光線の) 屈折

1304

demote
[dìːmóʊt]

を降格する [≒downgrade, relegate] (⇔promote)
demotion 图

1305

despise
[dɪspáɪz]

を軽蔑する〈for ～のことで〉[≒look down on],
をひどく嫌う [≒hate]

1306

grasp
[græsp]

を理解する [≒understand, comprehend], をし
っかりと握る [≒hold, seize, grip, clasp, clutch]
图 しっかり握ること, 理解 (力)

1307

summon
[sámən]

を呼び出す, を召喚する, (議会など)を召集する
[≒call, convene]
語源 sum (ひそかに) + mon (警告する)

1308

expel
[ɪkspél]

を追放する〈from ～から〉[≒kick out]
expulsion 图
語源 ex (外へ) + pel (追い出す)

1309

redeem
[rɪdíːm]

(失敗・欠点など)を補う, を埋め合わせる
redemption 图 救済, 履行, 補償
語源 re (再び) + deem (買う)

My father always retreats to his study when he wants to be alone.	私の父は1人になりたくなるといつも自分の書斎に引っ込む。
Many people revolted in the capital because of poor living conditions.	生活環境が劣悪だったので，首都では多くの人が暴動を起こした。
He blamed me in an attempt to deflect criticism away from himself.	彼は自分から非難をそらそうとして私のせいにした。
She was demoted because she was late for work so often.	彼女は仕事に頻繁に遅刻したため，降格された。
She despised them for saying such unkind things to their classmate.	クラスメートにそのような思いやりのないことを言うので，彼女は彼らのことを軽蔑した。
It took us a while to grasp how serious the situation was.	私たちが状況の深刻さを理解するのにしばらくかかった。
The queen summoned the palace guards.	女王は宮殿の護衛を呼び出した。
The boy was expelled from his school for bad behavior.	少年は不品行のため，学校を退学させられた。
After he had kept everyone waiting, he attempted to redeem the situation by buying everyone drinks.	みんなを待たせ続けた後，彼はみんなに飲み物を買うことで状況を挽回しようと試みた。

1310　□□□ **comprise** [kəmpráɪz]	で構成される [≒ consist of]，を含む [≒ include, contain]，を構成する [≒ make up, constitute]
1311　□□□　⚠発音 **prevail** [prɪvéɪl]	流布している，打ち勝つ [≒ win, triumph] prevalence 图 普及　prevalent 形 普及している prevailing 形 支配的な
1312　□□□ **eject** [ɪdʒékt]	を取り出す [≒ take out]（⇔ insert），を追い出す [≒ expel, remove, evict] ejection 图 噴出
1313　□□□ **falsify** [fɔ́:lsɪfàɪ]	を偽造する [≒ forge, fake, counterfeit] false 形　falsification 图
1314　□□□ **obstruct** [əbstrʌ́kt]	をふさぐ [≒ block]，を妨害する [≒ impede, hinder, hamper, prevent] obstruction 图　obstructive 形
1315　□□□ **depict** [dɪpíkt]	を描く，を描写する [≒ portray, describe, represent] depiction 图
1316　□□□ **tremble** [trémbl]	震える〈at, with, from 〜で〉 [≒ shake, shudder] 图（通例単数形で）揺れ，震動，震え
1317　□□□　⚠アクセント **confess** [kənfés]	白状 [自白] する〈to 〜を〉，を白状する [≒ own up, admit] confession 图
1318　□□□ **stare** [steər]	じっと見つめる〈at, into 〜を〉 [≒ gaze, look]
1319　□□□　⚠発音 **ache** [eɪk]	痛む，うずく [≒ hurt] 图 痛み，うずき

The museum's collection **comprises** over 4,000 paintings and sculptures.	その美術館のコレクションは4,000点を超える絵画と彫刻で構成されている。
Some unusual funeral customs still **prevail** in this part of the world.	世界のこの地域では，珍しい葬儀の習慣が今なお広く行われている。
Please **eject** the CD from the player before turning it off.	電源を切る前に，CDをプレーヤーから取り出してください。
She **falsified** some important documents in order to get a bank loan.	銀行から融資を受けるために，彼女は一部の重要書類を偽造した。
An overturned truck on Route 66 is **obstructing** traffic.	66号線の横転したトラックが交通の妨げになっている。
Pictures and photos **depicting** heroes will be on display in this gallery next month.	このギャラリーでは来月，英雄を描いた絵と写真を展示する予定である。
The boy's legs **trembled with** fear as he stood on the high diving board.	高い飛び込み台に立ったとき，その少年の脚は恐怖で震えた。
The man **confessed to** breaking into the house and stealing several items.	男はその家に押し入り，数点の物を盗んだことを白状した。
The small boy **stared at** the toys in the window of the shop.	その小さな少年は店のウインドーにあるおもちゃをじっと見つめた。
My legs began to **ache** as I climbed up the mountain.	山を登っていると，私の脚が痛み始めた。

1320 □□□ **reflect** [rɪflékt]	を反映する, を反射する, 熟考する reflection 图 reflective 形 語源 re (後ろへ) + flect (曲げる)
1321 □□□ **assert** [əsə́:rt]	(assert that ... で) …と主張する, を断言する [≒ declare, affirm] assertion 图 assertive 形
1322 □□□ **impose** [ɪmpóuz]	(規則・税・罰金など)を課 [科] す〈on ~に〉, を押しつける imposition 图 課すこと, 押しつけ, 負担, 重荷
1323 □□□ ⚠アクセント **interpret** [ɪntə́:rprət]	を解釈する, を通訳する [≒ translate] interpretation 图 interpreter 图 通訳
1324 □□□ **devote** [dɪvóut]	(努力・時間など)を捧げる〈to ~に〉 [≒ dedicate], (devote *oneself* to で)に専念する devotion 图 devoted 形 献身的な
1325 □□□ **deteriorate** [dɪtíəriərèɪt]	(状況・質などが)悪化する [≒ worsen] (⇔ improve) deterioration 图
1326 □□□ ⚠アクセント **contemplate** [ká(:)ntəmplèɪt]	(contemplate *doing* で)~しようと考える [≒ plan], を熟考する [≒ consider] contemplation 图
1327 □□□ **delegate** [délɪgèɪt]	(権限・責任など)を委譲 [委任] する〈to ~に〉, (人)を代表として派遣する 图 [délɪgət] 代表 delegation 图 (集合的に) 代表団
1328 □□□ ⚠アクセント **propel** [prəpél]	を進ませる, (人)を駆り立てる 語源 pro (前へ) + pel (駆り立てる)
1329 □□□ **recede** [rɪsí:d]	後退する, 退く [≒ retreat, withdraw] recession 图 (一時的な) 景気後退

In some cases, test scores do not <u>reflect</u> the student's performance.	テストの点数が生徒の成績<u>を反映し</u>ないケースもある。
The young woman <u>asserted</u> **that** she was innocent of the crime.	その若い女性は，その犯罪に関して無実である<u>と主張した</u>。
The government is planning to <u>impose</u> a new tax **on** all alcoholic beverages.	政府は全てのアルコール飲料<u>に</u>新しい税<u>を課す</u>予定だ。
The survey data can be <u>interpreted</u> in a number of different ways.	その調査データはいくつかの異なる形で<u>解釈する</u>ことができる。
The scientist <u>devoted</u> several years of his life **to** the research project.	その科学者は人生の数年間をその研究プロジェクト<u>に捧げた</u>。
Security in the area is <u>deteriorating</u> fast and there are shootings every day.	その地域の治安は急激に<u>悪化し</u>ており，毎日発砲事件が起きている。
I have been <u>contemplating</u> **moving** abroad for a while.	私はしばらく海外へ<u>移住しようと考えて</u>いる。
I was very busy, so I <u>delegated</u> several tasks **to** my assistant.	私はとても忙しかったので，いくつかの仕事<u>を</u>アシスタントに<u>委ねた</u>。
The company spokesperson explained the new car is <u>propelled</u> by solar energy.	その企業の広報担当者は，新型車は太陽エネルギーで<u>進む</u>と説明した。
The floods <u>receded</u> after a few days and the local people were able to return to their houses.	大水は数日で<u>引き</u>，地元の人々は自宅へ戻ることができた。

propeller「プロペラ」は「進ませるもの」ということだね。

1330	
scrape [skreɪp]	(泥・ペンキ・さびなど)を**こすり取る**〈from, off 〜から〉，の表面をこする

1331	
smash [smæʃ]	(粉々に)**壊れる**，**を粉々に打ち壊す** [≒ crash, break to pieces]
	图 粉々に壊れること．(テニスなどの)スマッシュ

1332	
scold [skoʊld]	(特に子供)を**しかる**〈for 〜のことで〉[≒ tell off] (⇔ praise)

1333	
amuse [əmjúːz]	を**楽しませる**〈with 〜で，by *doing* 〜をして〉 [≒ entertain] (⇔ bore)
	amusement 图 amusing 形

1334	
overhaul [òʊvərhɔ́ːl]	(システムなど)を**総点検する** [≒ inspect, examine, reconsider]，を**分解修理する**
	图 [óʊvərhɔ̀ːl] 総点検．分解修理

名詞

1335	⚠ 発音
herd [həːrd]	(牛・羊などの)**群れ** [≒ flock, pack]
	herder 图 牧畜業者

1336	
bait [beɪt]	**誘惑物** [≒ enticement, lure]，(釣り針・わなに つける)**餌**
	動 に餌をつける．をおびき寄せる

1337	
petition [pətíʃən]	**請願(書)，嘆願(書)** [≒ request, appeal, plea]
	動 を(正式に)請願[嘆願]する

1338	
ransom [rǽnsəm]	**身代金，(身代金などによる)解放** [≒ release]

It took me a long time to <u>scrape</u> the mud **off** my boots.	私の長靴**から**泥**を**こすり落とすのに長時間かかった。
The woman dropped the mirror and it <u>smashed</u> into pieces on the floor.	その女性が鏡を落とすと，それは床で粉々に<u>割れた</u>。
The mother <u>scolded</u> her teenage son **for** coming home late.	母親は夜遅く帰宅した**ことで**ティーンエイジャーの息子**を**しかった。
The boy likes to <u>amuse</u> his classmates **by telling** funny jokes.	その少年は面白い冗談**を言って**クラスメートを楽しませるのが好きだ。
The government plans to <u>overhaul</u> the public healthcare system next year.	政府は来年，公的保健医療制度を<u>徹底的に見直す</u>予定だ。
A <u>herd</u> of sheep crossed the road in front of us.	私たちの目の前で羊の<u>群れ</u>が道を横切った。
He used the diamond ring as <u>bait</u> to get her to marry him.	彼は，彼女が彼と結婚する気になるように，ダイヤモンドの指輪を<u>餌</u>に使った。
About 2,000 people have already signed the <u>petition</u>.	約2,000の人々が，すでに<u>請願書</u>に署名した。
The kidnappers demanded a <u>ransom</u> of 2 million dollars for the return of the child.	誘拐犯は子供を返す見返りとして200万ドルの<u>身代金</u>を要求した。

skyscraper「超高層ビル」はskyをscrapeするものだね。 😊

1339 ▲発音	
fragrance [fréɪɡrəns]	芳香 [≒ scent, perfume, aroma] fragrant 形

1340 ▲アクセント	
insight [ínsàɪt]	見識〈into ～への〉, 洞察力 [≒ intuition, discernment] insightful 形

1341 ▲発音・アクセント	
conquest [ká(:)nkwèst]	征服 (⇔ surrender), (欠点・課題などの)克服 conquer 動

1342	
sincerity [sɪnsérəṭi]	誠実 [≒ honesty] sincere 形　sincerely 副

1343	
tariff [tǽrɪf]	関税〈on ～にかかる〉[≒ tax, duty] 動 に関税をかける

1344	
sanction [sǽŋkʃən]	(通例 ～s)制裁(措置) [≒ penalty, punishment], 認可 [≒ approval, permission] 動 を認可する. に対し制裁措置を取る

1345 ▲発音	
sphere [sfíər]	範囲 [≒ area, field, range, scope], 球 [≒ globe, ball] spherical 形 球形の cf. hemisphere 名 (地球などの)半球

1346 ▲アクセント	
outcast [áʊtkæ̀st]	見捨てられた人, 浮浪者 形 見捨てられた

1347	
affair [əféər]	(～s)事情, 事柄, 問題 [≒ matter, problem, concern]

1348	
scandal [skǽndəl]	スキャンダル, 不正行為 scandalous 形 恥ずべき. 不名誉な

This fabric conditioner comes in several different **fragrances**.	この柔軟剤には，数種類の異なる香りがある。
I would appreciate your **insight into** this problem.	この問題に対するあなたの見識を伺えれば幸いです。
This book dates from the time of the Norman **Conquest**.	この本は，ノルマン征服の時代にさかのぼる。
He assured me he was telling the truth, but I was unsure of his **sincerity**.	彼は真実を述べていると断言したが，私は彼の誠実さを確信できなかった。
The customs officer said I had to pay a **tariff on** the goods.	税関の職員は，私はその持込物の関税を払う必要があると言った。
Economic **sanctions** were imposed on the country when the government refused to condemn terrorism.	テロを断固として非難することを政府が拒否し，その国に対して経済制裁が課せられた。
His work as a volunteer overseas covers many **spheres** of activity.	彼の海外でのボランティア活動は，多くの活動範囲を含んでいる。
He often felt like an **outcast** as he was growing up.	彼は成長の過程で，のけ者のように感じることがよくあった。
One of my university professors is an expert on international **affairs**.	私が師事する大学教授の1人は国際情勢の専門家だ。
Politicians from several different parties were involved in the political **scandal**.	いくつかの異なる政党の政治家がその政治スキャンダルに関与していた。

the Northern [Southern] hemisphere は「北 [南] 半球」だよ。

1349 ⚠発音・アクセント	アレルギー〈to ～に対する〉
allergy [ǽlərdʒi]	allergic 形

1350	破壊，破滅（⇔ construction）
destruction [dɪstrʌ́kʃən]	destroy 動　destructive 形

1351 ⚠発音	（発展途上国などの）小作人，貧農
peasant [pézənt]	

1352	負担〈on ～への〉，重荷 [≒ duty, strain, trouble]，
burden [bə́ːrdən]	荷物 [≒ load] 動 に負担をかける，を困らせる

1353	（単数形で集合的に）（大学・学部の）教授陣，学部，
faculty [fǽkəlti]	才能，能力 [≒ ability]

1354	戦術，戦法 [≒ strategy, scheme]
tactics [tǽktɪks]	

1355	（乗り物の）運賃，料金 [≒ charge, fee]
fare [feər]	

1356	（単数形で）方法 [≒ way, method]，（～s）風習
manner [mǽnər]	[≒ customs, habits]，行儀，作法

1357	相互 [相関] 関係〈between ～の間の, with ～との〉
correlation [kɔ̀(:)rəléɪʃən]	correlate 動　correlative 形

1358	雑草，草
weed [wiːd]	動 草取りをする．（畑・庭など）の雑草を取り除く

The girl told the waiter that she had an **allergy** to peanuts.	その少女はウエーターに，ピーナッツに対してアレルギーがあることを伝えた。
The **destruction** of the rain forests will eventually reshape the environment all over the world.	熱帯雨林の破壊は最終的に世界中の環境を作り変えてしまうだろう。
Most of the **peasants** were very poor and had little to eat during the winter months.	小作人のほとんどはとても貧しく，冬場にはほとんど食料がなかった。
The man's elderly parents worried that they were a **burden** on him.	その男性の年老いた両親は自分たちが息子への負担になっていることを気にしていた。
Many students and several **faculty** members attended the party last night.	多くの学生と数名の教授が昨夜のパーティーに出席した。
The coach discussed **tactics** with the players before the game.	コーチは試合前に選手たちと戦術について話し合った。
There are plans to increase rail **fares** by 10 percent next year.	来年，鉄道運賃を10パーセント値上げする計画がある。
My new secretary organized the files in a very efficient **manner**.	私の新しい秘書がとても効率的な方法でファイルを整理してくれた。
Doctors found there is a strong **correlation** between diet and heart disease.	医師たちは，食生活と心臓病に強い相関関係があることに気づいた。
There were a lot of tall **weeds** growing in her garden.	彼女の庭には多くの背の高い雑草が育っていた。

「アレルギー」はドイツ語。「エネルギー」も同様で，英語では energy [énərdʒi]。

1359 ☐☐☐ **command** [kəmǽnd]	命令, 指図 [≒ order, direction], (外国語など を) 自由に使える能力 [≒ mastery] 動 を命令する. (軍隊など) を指揮する
1360 ☐☐☐ ⚠発音 **quarter** [kwɔ́ːrṭər]	4分の1, (都市の特定の) 地区 [≒ district, area, region], 四半期
1361 ☐☐☐ **availability** [əvèɪləbíləṭi]	(入手の) 可能性, 有用 [有効] 性 available 形
1362 ☐☐☐ ⚠発音 **caution** [kɔ́ːʃən]	用心, 注意 [≒ carefulness, attention], 警戒, 警 告 [≒ warning] 動 に警告する　cautious 形
1363 ☐☐☐ **prevention** [prɪvénʃən]	予防, 防止, 妨害 prevent 動　preventive 形
1364 ☐☐☐ **reptile** [réptaɪl]	爬虫類 (動物) 形 爬虫類の cf. mammal 名 哺乳類　amphibian 名 両生類
1365 ☐☐☐ **fate** [feɪt]	運命, (最終的な) 結末 [≒ destiny]
1366 ☐☐☐ **inclination** [ɪnklɪnéɪʃən]	意向 〈to do ~したいという〉, 願望 [≒ tendency, desire], 好み 〈to, toward, for ~への〉 incline 動
1367 ☐☐☐ **scorn** [skɔːrn]	軽蔑 〈for ~に対する〉, 侮蔑 [≒ contempt] (⇔ respect) 動 を軽蔑する
1368 ☐☐☐ **contempt** [kəntémpt]	軽蔑 〈for ~に対する〉, 侮蔑 [≒ scorn] (⇔ respect) contemptuous 形

The puppy soon learned to follow the dog trainer's <u>commands</u>.	その子犬はすぐに犬の調教師の<u>命令</u>に従うことを学んだ。
Over three <u>quarters</u> of the students said they were satisfied with their courses.	<u>4分の3</u>を超える学生が自分のコースに満足だと言った。
An increase in the <u>availability</u> of handguns led to more crime.	拳銃が<u>入手し</u>やすくなった結果，犯罪は増加した。
These chemicals are extremely dangerous and should be handled with <u>caution</u>.	これらの化学薬品は極めて危険なので，<u>用心</u>して取り扱うべきだ。
For good health and disease <u>prevention</u>, it is best to avoid processed foods.	良好な健康状態と病気の<u>予防</u>のためには，加工食品を避けるのが一番だ。
There are many <u>reptiles</u>, including snakes, living in the grass around here.	この辺りの草むらには，へびを含む多くの<u>爬虫類</u>が生息している。
The <u>fate</u> of the three hikers lost in the snowstorm is still unknown.	吹雪で行方不明になった3人のハイカーの<u>運命</u>はいまだに分かっていない。
Even though it was late, the party guests didn't show the slightest <u>inclination</u> **to leave**.	もう夜遅かったが，パーティーの招待客は**帰る**<u>そぶり</u>を少しも見せなかった。
The reporter was unable to hide the <u>scorn</u> in his voice as he interviewed the politician.	記者はその政治家にインタビューする際，<u>軽蔑</u>の気持ちが声に出るのを隠さなかった。
I have nothing but <u>contempt</u> **for** people who are cruel to animals.	私は動物に対して冷酷な人に<u>軽蔑</u>以外の何も感じない。

1369		
domain [douméin]	範囲, 分野 [≒ field, area], 領土 [≒ land, territory]

1370		
pillar [pílər]	柱, 支柱 [≒ pole, column]

形容詞

1371		
tender [téndər]	柔らかい [≒ soft] (⇔ tough), 優しい [≒ kind] (⇔ harsh) tenderly 副　tenderness 名

1372	⚠発音
awkward [ɔ́:kwərd]	ばつの悪い, 気まずい [≒ uncomfortable], ぎこちない [≒ clumsy] awkwardly 副

1373		
fierce [fiərs]	どう猛な [≒ ferocious] (⇔ gentle), 激しい [≒ intense] fiercely 副

1374	⚠アクセント
peculiar [pɪkjú:ljər]	変な [≒ strange, odd] (⇔ ordinary), 特有の 〈to 〜に〉 [≒ distinctive] (⇔ common)

1375	⚠発音
genuine [dʒénjuɪn]	本物の [≒ authentic, real] (⇔ fake) genuinely 副

1376		
vigorous [vígərəs]	(運動などが)激しい, (行為・手段などが)精 力的な, (人が)活力のある vigorously 副　vigor 名

1377		
gloomy [glú:mi]	薄暗い [≒ dim, dark], 陰気な (⇔ cheerful) gloom 名

This kind of alternative treatment falls outside the **domain** of Western medicine.	このような代替療法は西洋医学の**範囲**には入らない。
Three large **pillars** support the roof of the church.	3本の大きな**柱**がその教会の屋根を支えている。
She boiled the beans until they were soft and **tender**.	彼女はふんわりと**柔らかく**なるまで豆を煮た。
He is a good singer, but he feels **awkward** whenever he performs in front of strangers.	彼はいい歌手だが，知らない人の前で歌うといつも**落ち着かない**。
They came across a pack of **fierce** dogs in the forest.	彼らは森で**どう猛な**犬の集団に出くわした。
She wore a really **peculiar** hat to the wedding.	彼女は結婚式に本当に**変な**帽子をかぶって行った。
The picture he bought for 10 dollars turned out to be a **genuine** Picasso.	彼が10ドルで買ったその絵は，**本物の**ピカソの絵であることが判明した。
I try to get some kind of **vigorous** exercise every day.	私は毎日，何らかの**激しい**運動をするよう努めている。
It looks like it's going to be a really wet, **gloomy** day.	今日は本当に雨降りの**薄暗い**日になりそうだ。

domainには「obunsha.co.jp」のような「ドメイン」の意味もあるよ。

1378	▲アクセント	中世の *cf.* the Middle Ages 中世
medieval [mìːdiíːvəl]		

1379	▲発音	微妙な, かすかな [≒ faint, delicate] (⇔ obvious) subtly 副　subtlety 名 希薄
subtle [sʌ́tl]		

1380	▲発音	厳格な [≒ strict, rigorous], 曲がらない [≒ firm, hard] (⇔ flexible) rigidity 名
rigid [rídʒɪd]		

1381		粗い [≒ rough, harsh] (⇔ delicate), 粗野な [≒ rude, impolite] (⇔ sophisticated)
coarse [kɔːrs]		

1382		謙虚な [≒ modest] (⇔ arrogant, proud), 地位 [身分] などが低い [≒ lowly, inferior]
humble [hʌ́mbl]		

1383		たるんだ [≒ loose] (⇔ tight), (商売などが) 不活発な [≒ inactive, sluggish] (⇔ busy)
slack [slæk]		

1384		取るに足りない [≒ trifling] (⇔ important) trivia 名
trivial [tríviəl]		

1385		相互の [≒ reciprocal] mutually 副
mutual [mjúːtʃuəl]		

1386		不要な, 余分な [≒ extra, unnecessary], (表現など が) 冗長な (⇔ concise) redundancy 名
redundant [rɪdʌ́ndənt]		

1387		早過ぎる [≒ untimely], (判断などが) 早まった [≒ hasty, rash]
premature [prìːmətjúər]		

This painting is a fine example of **medieval** art.	この絵画は中世美術の素晴らしい例だ。
I attempted to imitate the subtle differences of color in my teacher's painting.	私は先生の絵の微妙な色の違いをまねようと試みた。
The system in the school was very inflexible and rigid.	その学校のシステムは非常に柔軟性に乏しい，厳格なものだった。
His jacket was made of some kind of thick, coarse material.	彼のジャケットは何か厚くてきめの粗い生地でできていた。
Even though he was rich and successful, he remained a humble and modest man.	金持ちで成功しているにもかかわらず，彼は謙虚で控えめな人間のままだった。
Let the rope go slack when the horse is feeding.	馬がえさを食べているときはロープをたるませてください。
This may seem like a trivial problem, but it may become a big problem.	これは取るに足りない問題のように思えるかもしれないが，大問題に発展する可能性がある。
Their marriage came to an end by mutual agreement.	彼らの結婚生活は相互の合意によって終結した。
Most of the equipment in this old factory is now redundant.	この古い工場の設備のほとんどが，今では不要になっている。
We were shocked by her premature death at the age of 30.	私たちは30歳という彼女の早過ぎる死にショックを受けた。

1388 □□□	注意深い〈to ~に〉[≒ alert, watchful]
attentive	(⇔ inattentive)
[əténtɪv]	attention 图

1389 □□□ ⚠ アクセント	不可欠な〈to ~にとって〉, 必要な [≒ essential]
integral	integrate 動 を(全体に)まとめる, を統合する
[íntɪɡrəl]	

1390 □□□ ⚠ アクセント	忘れられない, 記憶すべき [≒ unforgettable]
memorable	memory 图 memorize 動 memorial 图記念
[mémərəbl]	(物) 形 記念の

1391 □□□	説得力のある [≒ convincing]
persuasive	persuade 動 persuasion 图
[pərswéɪsɪv]	

1392 □□□ ⚠ アクセント	蔓延している〈in, among ~に〉, 広く行き渡っ
prevalent	ている [≒ widespread]
[prévələnt]	prevail 動 prevalence 图 普及

1393 □□□	気づかないで〈of ~に, that ... …ということに〉,
unaware	知らないで [≒ ignorant, unconscious] (⇔ aware)
[ʌ̀nəwéər]	

1394 □□□	(時間・労力・金をかける)価値のある
worthwhile	[≒ valuable] (⇔ worthless)
[wə̀:rθhwáɪl]	

1395 □□□	驚くべき [≒ astonishing, stunning]
amazing	amaze 動 amazingly 副
[əméɪzɪŋ]	

1396 □□□ ⚠ アクセント	資格のある〈for ~に, to *do* ~する〉[≒ entitled,
eligible	qualified]
[élɪdʒəbl]	eligibility 图 適格, 適任

1397 □□□ ⚠ 発音	悪意 [敵意] のある [≒ malicious], 乱暴な
vicious	[≒ brutal, violent]
[víʃəs]	vice 图 悪, 悪習 (⇔ virtue)

The salesperson was kind and **attentive to** the customer's needs.	その営業員は親切で，顧客のニーズに注意を払っていた。
In many countries, widespread testing is an **integral** part of the plan to beat the virus.	多くの国では幅広い検査がウイルスに勝つための計画に不可欠な部分である。
My first parachute jump was a truly **memorable** experience.	初めてのパラシュートでのジャンプは本当に忘れられない経験だった。
The defense lawyer made several **persuasive** arguments as to why the client was innocent.	被告側弁護士は，依頼人が無罪である理由に関していくつか説得力のある主張をした。
Smartphone addiction is **prevalent among** young people.	スマホ依存症は若者の間で蔓延している。
Many people were **unaware that** swimming in the river was not allowed.	多くの人々はその川は遊泳禁止であることに気づかなかった。
I don't think it's **worthwhile** buying a train pass as we're leaving tomorrow.	我々は明日出発するのだから，電車のパスを買う価値はないと思う。
The actor lives in an **amazing** house with a giant swimming pool.	その俳優は巨大なプールのあるびっくりするほどの豪邸に住んでいる。
At what age are you **eligible to vote** in your country?	あなたの国では，何歳から投票する資格がありますか。
He was sentenced to life in prison for the **vicious** attack on the elderly woman.	彼は高齢女性に対する凶悪な襲撃の罪で終身刑の判決を受けた。

1398 invisible [ɪnvízəbl]	見えない〈to ～に〉(⇔ visible) invisibility 图
1399 ⚠アクセント invalid [ɪnvǽlɪd]	(法的に)無効な [≒ void] (⇔ valid)
1400 rotten [rá(:)tən]	(食べ物などが)腐った (⇔ fresh), (道徳的に)腐敗した [≒ corrupt] rot 動

🕐 1分間 mini test

(1) Many people were (　　　　) that swimming in the river was not allowed.

(2) It took us a while to (　　　　) how serious the situation was.

(3) Let the rope go (　　　　) when the horse is feeding.

(4) The government is planning to (　　　　) a new tax on all alcoholic beverages.

(5) They came across a pack of (　　　　) dogs in the forest.

😊 ここから選んでね。

① reptiles	② grasp	③ ache	④ unaware
⑤ slack	⑥ impose	⑦ tactics	⑧ overhaul
⑨ affairs	⑩ fierce		

This spider is so small that it is almost **invisible to** the naked eye.	このクモはとても小さいので肉眼ではほとんど見えない。
I'm sorry, but your driver's license is **invalid** in this country.	申し訳ありませんが，あなたの運転免許証はこの国では無効です。
I found some **rotten** mushrooms at the back of the fridge.	私は冷蔵庫の奥に腐ったマッシュルームを見つけた。

◆◆

(6) My legs began to (　　　　) as I climbed up the mountain.

(7) There are many (　　　　), including snakes, living in the grass around here.

(8) The coach discussed (　　　　) with the players before the game.

(9) The government plans to (　　　　) the public healthcare system next year.

(10) One of my university professors is an expert on international (　　　　).

正解

(1) ④ (→1393)　**(2)** ② (→1306)　**(3)** ⑤ (→1383)　**(4)** ⑥ (→1322)　**(5)** ⑩ (→1373)

(6) ③ (→1319)　**(7)** ① (→1364)　**(8)** ⑦ (→1354)　**(9)** ⑧ (→1334)　**(10)** ⑨ (→1347)

動 詞

1401 ⚠発音	
plague [pleɪg]	(人)を絶えず悩ます〈with ~で〉[≒ bother]、(病気・災難などが)を苦しめる 图 疫病、(害虫・犯罪などの)異常発生

1402	
sponsor [spá(:)nsər]	に資金を提供する、を後援する[≒ finance, fund, subsidize, promote] 图 スポンサー、広告主

1403 ⚠発音	
honor [á(:)nər]	を賞賛する、に与える〈with 賞などを〉、を尊敬する 图 名誉、敬意 honorable 形

1404	
remark [rɪmáːrk]	(remark that ... で) …と述べる〈to ~に〉[≒ say, mention] 图 意見 remarkable 形 注目に値する

1405	
incorporate [ɪnkɔ́ːrpərèɪt]	を取り[組み]入れる〈in, into ~に〉[≒ build in, include]（⇔ separate) 語源 in (中に) + corpor (一体) + ate (動詞語尾)

1406 ⚠発音	
resolve [rɪzá(:)lv]	(問題など)を解決する[≒ solve, settle, sort out, work out]、を決意する resolution 图

1407	
sway [sweɪ]	(ゆっくりと)揺れる[≒ swing, shake]、動揺する[≒ waver] 图 揺れ、影響力

1408	
inherit [ɪnhérət]	(遺伝で)を受け継ぐ〈from ~から〉、を相続する[≒ succeed to] inheritance 图

1409	
pile [paɪl]	を大量に積む〈on, onto ~の上に〉[≒ load]、を積み重ねる[≒ heap, stack]、積み重なる 图 積み重ねた山

This construction project has been **plagued** **with** problems since the beginning.	この建設プロジェクトは当初より問題に悩まされてきた。
This wildlife protection project was **sponsored** by an outdoor goods brand.	この野生生物保護プロジェクトは，アウトドア商品のブランドに資金提供を受けた。
A special dinner was held to **honor** the Nobel Prize winners.	ノーベル賞受賞者をたたえるために特別な晩さん会が催された。
He **remarked** **to** his wife **that** the dog looked unwell and that they should take him to the vet.	彼は妻に，飼い犬の具合が悪そうなので獣医に連れて行くべきだと言った。
Several new safety features have been **incorporated** **into** the new car design.	新型車のデザインにはいくつかの新しい安全機能が取り入れられている。
The two ministers tried their best to **resolve** the trade issues between the two countries.	2人の大臣は2国間の貿易問題を解決するために最善を尽くした。
The suspension bridge over the river **swayed** dangerously as the group crossed it.	その川にかかった吊り橋は，団体が渡ると危険なほどに揺れた。
He **inherited** his bright red hair and calm personality **from** his mother.	彼は母親から明るい赤毛と穏やかな性格を受け継いだ。
The men **piled** a number of old desks **onto** the truck.	男性たちはいくつかの古い机をトラックに積んだ。

1410 □□□ **renovate** [rénəvèɪt]	を改修 [改築] する [≒ remodel, do up] renovation 名
1411 □□□ **maximize** [mǽksɪmàɪz]	を最大限にする (⇔ minimize) maximum 名 形
1412 □□□ **uncover** [ʌnkʌ́vər]	(遺跡など) を発掘する, の覆いを取る, を明るみ に出す [≒ expose, reveal] (⇔ conceal)
1413 □□□ **mislead** [mìslíːd]	に誤った考えを持たせる, を欺く [≒ deceive, fool] misleading 形
1414 □□□ **opt** [ɑ(:)pt]	選ぶ〈for 〜の方を, against 〜しない方を, to do 〜する方を〉[≒ choose, select] option 名　optional 形
1415 □□□ **outnumber** [àʊtnʌ́mbər]	より数で勝る ★ 受動態では劣っている方が主語になる
1416 □□□　⚠発音・アクセント **presume** [prɪzjúːm]	(presume O (to be) で) を〜であると推定する, と推定する presumption 名　presumably 副 おそらく
1417 □□□ **refine** [rɪfáɪn]	に磨きをかける, を洗練する [≒ improve, polish], を精製する [≒ purify] refined 形　refinement 名
1418 □□□ **stir** [stəːr]	(騒ぎなど) を引き起こす [≒ cause, trigger], (液体 など) をかき回す [≒ mix] 名 かき回すこと, 混乱
1419 □□□ **strive** [straɪv]	懸命に努力する〈for 〜を得ようと, to do 〜しよう と〉[≒ endeavor, try hard, make an effort]

The owners plan to **renovate** all the apartments in this building.	この建物の所有者がアパート全戸を**改修する**計画を立てている。
The factory managers looked at ways to **maximize** production.	工場長たちは生産量を**最大限にする**方法を検討した。
A team of French scientists **uncovered** the remains of an ancient palace.	フランスの科学者のチームが、古代の宮殿跡を**発掘した**。
The brand was accused of **misleading** consumers with false advertising.	そのブランドは虚偽の広告によって消費者を**誤解させた**ことで非難された。
After considering several possibilities, the student **opted to study** abroad.	いくつかの可能性を検討したのち、その学生は海外で**学ぶことを選んだ**。
The people fought bravely, but they were **outnumbered** by the enemy.	その人々は勇敢に戦ったが、敵軍に**数で劣っていた**。
Under the law, suspected criminals are **presumed** innocent until proven guilty.	法の下では、犯罪容疑者は有罪であると証明されるまでは無罪**と推定される**。
He is a good translator, but he needs to **refine** his technique.	彼はよい翻訳者だが、技術**を磨く**必要がある。
You shouldn't listen to him. He's always trying to **stir** up trouble.	あなたは彼の言うことを聞くべきでない。彼はいつもトラブルを**引き起こそ**うとしているから。
The coach encouraged the young gymnast to **strive for** perfection.	そのコーチは、完璧を**目指して**懸命に**努力する**よう若い体操選手を励ました。

outnumber は受身形になると意味が紛らわしいので注意しよう。

1420	
thrill [θrɪl]	をわくわく[ぞくぞく]させる [≒ excite, delight] 名 スリル，戦慄

1421	
tighten [táɪtən]	を固く締める [≒ fasten, secure]，を強化する [≒ strengthen]（⇔ loosen） tight 形　tightly 副

1422　⚠発音	
arouse [əráʊz]	(感情・行為など)を刺激する，を引き起こす [≒ cause, induce, trigger, stir up]

1423	
buzz [bʌz]	(場所が)ざわつく〈with ～で〉，どよめく 名 どよめき，興奮，ぶーんという音 *cf.* buzzword 名 専門用語，流行語

1424	
converge [kənvə́:rdʒ]	集まる〈on 一点に〉，集中する（⇔ diverge） convergence 名　convergent 形

1425	
deduct [dɪdʌ́kt]	を控除する〈from ～から〉，を減じる [≒ subtract, remove, take away] deduction 名 控除，差し引き，推論

1426	
disconnect [dìskənékt]	(人)のインターネットへの接続を切る，の接続を断つ〈from ～から〉 disconnection 名 分離，切断

1427	
gossip [gá(:)səp]	うわさ話をする〈about ～について〉 名 うわさ話，ゴシップ

1428　⚠発音	
wander [wá(:)ndər]	(当てもなく)歩き回る，ぶらつく [≒ roam, stroll] wanderer 名 歩き回る人

1429	
suck [sʌk]	(指・あめなど)をなめる，(液体など)を吸う [≒ sip]

I was **thrilled** to hear my best friend was getting married.	私は親友が結婚すると聞いて**わくわくした**。
My seat belt was a bit loose, so I **tightened** it before we landed.	私のシートベルトは少しゆるかったので，着陸前に**しっかりと締めた**。
The security guard's suspicion was **aroused** when the man refused to open his bag.	警備員は，その男がバッグを開けるのを拒否したとき，疑念を**抱いた**。
The college gym **buzzed with** excitement before the big basketball game.	大事なバスケットボールの試合前，その大学の体育館は興奮で**ざわついた**。
Thousands of protestors **converged on** the area around the government buildings to protest the new law.	何千人もの抗議活動をする人が新しい法律に抗議するために庁舎周辺地域**に集まった**。
How much tax will be **deducted from** my pay every month?	私の毎月の給与**から**税金はいくら**差し引かれ**ますか？
My Wi-Fi reception was poor, and I got **disconnected** from the Internet.	Wi-Fiの受信状況が悪くてインターネットが**切れて**しまった。
My next-door neighbor loves **gossiping about** others in our neighborhood.	私の隣人は近所の人**について**う**わさ話をする**のが大好きだ。
We spent the whole day **wandering** around the old Spanish town.	我々はその古いスペインの町を**歩き回って**丸1日を過ごした。
My throat was a little sore, so I tried **sucking** a piece of candy.	私はのどが少し痛かったので，試しにあめを1つ**なめて**みた。

1430	
dye [daɪ]	(dye O C で)を～色に染める，を染める [≒ color]，染まる 名 染料
1431	
trespass [tréspəs]	(不法)侵入する〈on ～に〉[≒ intrude]，侵害する [≒ encroach] 語源 ラテン語 trans（横切って）+ passus（通る）
1432	
graze [greɪz]	(家畜などが)牧草を食べる [≒ feed]
1433 ⚠アクセント	
entrust [ɪntrʌ́st]	(entrust A with B または entrust B to A で)A に B を任せる

名詞

1434 ⚠発音	
peer [pɪər]	(通例 ～s)同僚，仲間 [≒ colleague, coworker, associate]，同等 [対等] の者 [≒ equal] cf. peer 動 目をこらす，凝視する〈at, into ～を〉
1435 ⚠発音・アクセント	
molecule [má(:)lɪkjùːl]	分子，微粒子 [≒ particle, particulate] molecular 形 cf. atom 名 原子
1436 ⚠アクセント	
meantime [míːntàɪm]	(the ～)その間 ▶ in the meantime その間に
1437	
merit [mérət]	価値 [≒ value]，優秀さ [≒ excellence]，長所 [≒ advantage, upside]
1438 ⚠アクセント	
prospect [prá(:)spekt]	(単数形で)見込み，見通し，期待 prospective 形 見込みある，有望な 語源 pro（前を）+ spect（見る）

I'm thinking of **dyeing** these light brown shoes black.	私はこの薄茶色の靴を黒に染めようと考えている。
The farmer caught the boys **trespassing on** his land.	その農夫は少年たちが敷地に侵入してきたところを捕まえた。
In the distance, I could see a flock of sheep **grazing** on the hillside.	遠くに羊の群れが丘の斜面で牧草を食べているのが見えた。
My neighbor **entrusted** me **with** caring for her cat while she was in the hospital.	隣人は入院中，私に彼女の猫の世話を任せた。
The surgeon was greatly admired and respected by her **peers**.	その外科医は同僚に大いに賞賛，尊敬されていた。
Molecules are too small to be seen with the naked eye.	分子はとても小さいので肉眼では見えない。
I'm just going to go out to buy some drinks. In the **meantime**, can you prepare the party snacks?	私はちょっと飲み物を買ってきます。その間にパーティー用の軽食の用意をしてくれますか？
I can see no **merit** in getting angry with the children in this case.	この場合，その子供たちに腹を立てることに価値はないと思う。
The girl was excited by the **prospect** of going to university abroad.	その少女は海外の大学に行く見込みに興奮した。

merit から派生して meritocracy は「実力主義」のことだよ。

1439		
chatter [tʃǽtər]	くだらないおしゃべり 動 (ぺちゃくちゃくだらない) おしゃべりをする

1440		
funeral [fjúːnərəl]	葬式 形 葬式の

1441		
methodology [mèθədá(ː)lədʒi]	方法論, 研究方法

1442		
bundle [bʌ́ndl]	束, 包み [≒ bunch, batch] 動 を束ねる, を包む

1443		
burglar [bɔ́ːrglər]	強盗, 泥棒 [≒ thief, robber] burglary 图 強盗 (行為)

1444		
canyon [kǽnjən]	峡谷 [≒ gorge, ravine]

1445		
duration [djuəréɪʃən]	持続 [継続] 期間, (時間の) 継続 [≒ period, term] 語源 dur (続く) + ation (名詞語尾)

1446	⚠発音	
fountain [fáʊntən]	噴水, 源泉, 湧き水 ▶ fountain of information 知識の泉

1447	⚠発音	
genius [dʒíːniəs]	天賦の才 [≒ talent, ability], 天才 (的な人)

1448		
grassland [grǽslæ̀nd]	牧草地, 草原

After a while, he began to find his roommate's constant **chatter** annoying.	しばらくして，彼はルームメイトの絶え間ないおしゃべりにいら立ち始めた。
Hundreds of people attended the **funeral**, which was held in a large church.	何百人もの人がその葬儀に参列したが，それは大きな教会で行われた。
In this course, you will learn about recent **methodologies** for language learning.	このコースでは，言語習得の最近の方法論について学びます。
The man was carrying a large **bundle** of newspapers.	その男性は新聞の大きな束を運んでいた。
A **burglar** broke into the house in the middle of the night.	真夜中に強盗がその家に押し入った。
The guide showed the tourists the best place to take pictures of the **canyon**.	ガイドは旅行者にその峡谷の写真を撮るのに最高の場所を教えた。
I slept for the entire **duration** of my flight to Hong Kong.	私は香港までのフライトの時間ずっと寝ていた。
There was a beautiful **fountain** in the middle of the town square.	町の広場の中心には美しい噴水があった。
Everyone agreed that the painting was a work of pure **genius**.	その絵画が真の天才の作品であることには全ての人が同意した。
Only a small percentage of the world's **grassland** is protected.	世界の牧草地のほんのわずかしか保護されていない。

1449 ⚠アクセント **interval** [íntərvəl]	(時間の)間隔，合間 ▶ at intervals ときどき
1450 **longevity** [lɑ(:)ndʒévəti]	長寿
1451 **mode** [moʊd]	方法，様式 [≒ way, manner, means, fashion]
1452 **needle** [níːdl]	針，縫い針，編み針
1453 **organizer** [ɔ́ːrgənàizər]	主催者，まとめ役，幹事 organize 動 を組織する，を計画する organization 名 組織
1454 **rehearsal** [rɪhɚ́ːrsəl]	(劇・音楽などの)リハーサル，下げいこ rehearse 動
1455 **servant** [sɚ́ːrvənt]	(特に住み込みの)使用人，召使 [≒ attendant] (⇔ master) ▶ civil servant 公務員
1456 **sociology** [sòʊsiá(:)lədʒi]	社会学 sociological 形　sociologist 名 社会学者
1457 ⚠アクセント **spectacle** [spéktəkl]	(印象的な)光景，壮観，見もの spectacular 形 壮観な，素晴らしい
1458 **norm** [nɔːrm]	(the ～)標準 [≒ standard, average]，(しばしば ～s)規範，典型 normal 形　normally 副

The athletes were tested for drugs at regular <u>intervals</u>.	スポーツ選手は一定の間隔で薬物検査を受けさせられた。
Studies suggest that both genes and diet play a role in <u>longevity</u>.	研究によると，遺伝子と食習慣の両方が長寿において役割を果たしている。
Buses are the most popular <u>mode</u> of transport in many countries.	バスは多くの国で最も一般的な交通手段である。
A button has come off my shirt. Can you lend me a <u>needle</u> and thread?	シャツのボタンが取れてしまった。針と糸を貸してくれる？
The <u>organizers</u> of the local festival are all volunteers.	その地域の祭りの主催者は皆ボランティアだ。
The actor was in the habit of showing up late for <u>rehearsals</u>.	その俳優は決まってリハーサルに遅れて現れた。
The king was known for his bad temper and all his <u>servants</u> were scared of him.	その王は短気なことで知られ，使用人は皆，彼を恐れていた。
Her parents wanted her to study law, but she decided to do a degree in <u>sociology</u>.	彼女の両親は彼女に法律を学んでほしかったが，彼女は社会学で学位を取ることに決めた。
The Halloween parade was an amazing <u>spectacle</u> with over 2,000 participants.	ハロウィーンのパレードは，2,000人以上が参加した素晴らしい光景だった。
Working from home has become the <u>norm</u> in some companies.	企業によっては在宅勤務が標準となった。

spectacles には「 眼鏡」の意味もあるよ。

1459 ⚠発音 **certificate** [sərtífɪkət]	証明書, 保証書 [≒ guarantee, proof] certify 動 certified 形
1460 **vice** [vaɪs]	悪習, 悪 vicious 形 乱暴な, 悪意のある
1461 ⚠発音 **knot** [nɑ(:)t]	結び目, 結び方 動 を結ぶ, (に)結び目を作る knotty 形 結び目のある, (問題・解決などの)難しい
1462 **rubber** [rʌ́bər]	ゴム, ゴム製品
1463 ⚠アクセント **asteroid** [ǽstərɔ̀ɪd]	小惑星
1464 ⚠アクセント **syndrome** [síndroʊm]	症候群, シンドローム
1465 **detention** [dɪténʃən]	拘置, 留置 [≒ custody, confinement] detain 動 を引き留める
1466 **distress** [dɪstrés]	苦悩, 苦痛 [≒ suffering, torment, anguish, agony] (⇔ comfort) 動 を悩ます, を苦しめる
1467 **ignition** [ɪgníʃən]	(エンジンの)点火装置, 点火 ignite 動
1468 ⚠アクセント **esteem** [ɪstíːm]	尊敬, 尊重 [≒ respect, admiration, reverence] 動 を尊重[尊敬]する

Please keep your insurance **certificate** in a safe place.	保険証書は安全な場所に保管してください。
The famous actor had a number of **vices**, including drinking and gambling.	その有名な俳優には，飲酒とギャンブルを含めいくつかの悪癖があった。
The sailor showed me how to tie several different **knots** in the rope.	その船乗りは，いくつかの異なるロープの結び目の作り方を私に教えてくれた。
There are a number of **rubber** plantations in Southeast Asia.	東南アジアにはいくつかのゴム園が存在する。
A small **asteroid** was observed passing close to the earth last week.	先週，小さな小惑星が地球のそばを通過するのが観測された。
People with this **syndrome** usually have very dry skin and itchy eyes.	この症候群を抱える人々には，たいていひどい乾燥肌と目のかゆみがある。
The prisoner was kept in **detention** for 21 days.	その囚人は21日間拘置されていた。
The loss of his home caused the man great **distress**.	家を失ったことは男性にとってひどい苦悩をもたらした。
He put his key in the **ignition**, but the engine didn't start.	彼は点火装置にカギを入れたが，エンジンはかからなかった。
The scientist is held in high **esteem** by all of her colleagues.	その科学者は全ての同僚からとても尊敬されている。

vice-president「副大統領」などの接頭辞 vice-「副〜」もあわせて覚えよう。

1469		
hospitality	親切なもてなし，歓待 [≒ friendliness]
[hà(:)spətǽləţɪ]	hospitable 形

1470		
legacy	遺産 [≒ inheritance, heritage]
[légəsi]	▶ negative legacy 負の遺産

形容詞

1471		
sane	(考え方などが)健全な，分別のある[≒ sensible,
[seɪn]	reasonable]，正気の (⇔ insane)
	sanity 名

1472		
doubtful	(物・事が)疑わしい，(人が)疑わしく思う
[dáʊtfəl]	〈about, of ~について〉[≒ dubious]
	doubt 名 動 doubtfully 副

1473	⚠ 発音	
favorable	好意的な，好ましい (⇔ unfavorable)
[féɪvərəbl]	favor 名 favorably 副

1474		
generous	気前のよい (⇔ stingy)，寛大な [≒ tolerant]
[dʒénərəs]	

1475		
hollow	空洞の，中が空っぽの [≒ empty, void] (⇔ solid)
[há(:)loʊ]	名 くぼみ，空洞 動 をくり抜く

1476	⚠ アクセント	
internal	内部の，内側の [≒ inner] (⇔ external)，国内の
[ɪntə́:rnəl]	[≒ domestic] (⇔ foreign)
	名 (~s) 内臓

1477		
interpersonal	人間 [対人] 関係の
[ìntərpə́:rsənəl]	

Thank you so much for your kind <u>hospitality</u> during our stay.	滞在中のあなたの優しくて<u>親切</u>な<u>もてなし</u>をとてもありがたく思っています。
The professor left a <u>legacy</u> of academic excellence in his department.	その教授は学科に優れた学問的<u>遺産</u>を残してくれた。
The Foreign Minister said it is important to find a <u>sane</u> solution to the political situation.	外務大臣は，この政局の<u>理にかなった</u>解決法を見つけることが重要だと述べた。
It is <u>doubtful</u> that our company will make a profit this year.	わが社が今年利益を上げるかは<u>疑わしい</u>。
Most people seem to have a <u>favorable</u> image of this product.	ほとんどの人がこの製品に<u>好意的な</u>イメージを持っているようだ。
It was very <u>generous</u> of you to pay for everyone's lunch.	全員のランチをおごってくれるなんて，あなたはとても<u>気前がよかった</u>。
The spy hid a message in the <u>hollow</u> trunk of a tree.	そのスパイは木の幹の<u>空洞</u>にメッセージを隠した。
He suffered damage to his <u>internal</u> organs when he fell from the window.	彼は窓から落ちたとき，<u>内臓</u>に損傷を負った。
The internship helped the young woman improve her <u>interpersonal</u> skills.	インターンシップは，その若い女性が<u>対人</u>スキルを高めるのに役立った。

1478			
staple [stéɪpl]	主要な，重要な [≒ main, primary, leading] 名 (ある地域・国などの)主要産物

1479			
tolerant [tá(:)lərənt]	寛容な〈of, to ～に対して〉，包容力のある (⇔ intolerant) tolerate 動　tolerance 名

1480		**⚠発音**
folk [foʊk]	民間(起源)の，民衆の 名 (複数扱い)(一般の)人々

1481			
furious [fjʊ́əriəs]	激怒した [≒ very angry, enraged, infuriated] fury 名 激怒，猛威　furiously 副

1482			
ironic [aɪərá(:)nɪk]	皮肉な，反語的な [≒ sarcastic, paradoxical] irony 名　ironically 副

1483			
pale [peɪl]	(人・顔色などが)青白い，血の気を失った，(色が)淡い，薄い 動 青ざめる，を淡くする

1484			
pregnant [prégnənt]	妊娠した pregnancy 名

1485			
rewarding [rɪwɔ́:rdɪŋ]	満足が得られる，報われる [≒ satisfying, fulfilling, worthwhile] reward 名 報酬　動 に報酬を与える

1486		**⚠発音**
sacred [séɪkrɪd]	神聖な，聖なる [≒ holy, blessed]，宗教的な [≒ religious, spiritual] (⇔ secular)

1487			
terrific [tərífɪk]	素晴らしい，すてきな [≒ excellent, splendid, marvelous] (⇔ awful, horrible)

Rice is the **staple** crop in many countries, including Cambodia.	米はカンボジアを含む多くの国で**主要**作物である。
I think it's important to be **tolerant** of different points of view.	私は、異なる見解に対して**寛容**であることは重要だと思う。
The teacher told the children a number of interesting **folk** stories.	先生は子供たちに、いくつかの興味深い**民話**を教えた。
My brother got really **furious** when I told him I had lost his watch.	兄は、私が彼の時計を失くしたことを伝えると非常に**激怒した**。
It is **ironic** that she became a writer. When she was little, she always hated books and reading.	彼女が作家になったのは**皮肉な**ことだ。彼女は幼少時ずっと本と読書が嫌いだった。
Are you feeling OK? You look very **pale** all of a sudden.	大丈夫ですか？ 急に**顔色が**とても**悪く**なったようですが。
He was overjoyed when he found out his wife was **pregnant**.	彼は妻が**妊娠**していることを知り大喜びした。
She found working with the elderly in a care home to be very **rewarding**.	彼女は介護施設でお年寄りの世話をするのはとても**やりがいがある**と気づいた。
In ancient times, people believed this mountain to be a **sacred** place.	古代において、人々はこの山を**神聖な**場所だと信じていた。
I had a really **terrific** holiday in Japan last year.	私は昨年日本で本当に**素晴らしい**休暇を過ごした。

be expecting (a baby) で pregnant と同じ意味だよ。

1488 □□	簡約[短縮]された[≒ shortened, concise, condensed]
abridged	abridge 動
[əbrídʒd]	
1489 □□	退屈な[≒ boring, tedious]（⇔ interesting）, 頭が鈍い[≒ stupid]（⇔ clever）
dull	動 を鈍くする
[dʌl]	
1490 □□	（光・音・においなどが）かすかな[≒ slight, minimal]
faint	動 気を失う
[feɪnt]	
1491 □□	無責任な（⇔ responsible）
irresponsible	
[ìrɪspá(:)nsəbl]	
1492 □□ ⚠アクセント	悪名高い, 有名な〈for 悪いことで〉[≒ infamous]
notorious	notoriety 名
[noʊtɔ́:riəs]	
1493 □□ ⚠アクセント	（周期的に）繰り返される,（病気などが）再発する[≒ repeated, repetitive, periodic]
recurrent	recur 動　recurrence 名
[rɪkə́:rənt]	
1494 □□ ⚠アクセント	抵抗できない[≒ uncontrollable], 非常に魅力的な[≒ attractive]（⇔ resistible）
irresistible	resist 動 に抵抗する
[ìrɪzístəbl]	
1495 □□	拘束力のある, 義務を負わせる[≒ compulsory]（⇔ nonbinding）
binding	名 （本の）表紙　bind 動 を縛る
[báɪndɪŋ]	
1496 □□	落胆した, 元気のない[≒ disappointed, discouraged, depressed]（⇔ cheerful）
dejected	dejection 名
[dɪdʒéktɪd]	
1497 □□	架空の[≒ fictional, imaginary], 偽りの[≒ false, fake]（⇔ genuine）
fictitious	fiction 名
[fɪktíʃəs]	

This is a new **abridged** version of the famous novel.	これはその有名な小説の新しい縮約版だ。
This is such a **dull** place to live. Nothing interesting ever happens here.	ここは住むにはとても退屈な場所だ。ここでは面白いことは何も起こらない。
The miners saw a **faint** light at the end of the tunnel.	坑夫たちはトンネルの終わりにかすかな光を見た。
The accident was caused by the man's **irresponsible** behavior.	その事故は男性の無責任な振る舞いによって引き起こされた。
The police captured the **notorious** gang leader last night.	警察は昨夜，悪名高いギャングのリーダーを捕らえた。
The man suffered from **recurrent** dreams in which he was falling.	その男性は，自分が落ちていくという繰り返し見る夢に悩まされた。
The students couldn't control the **irresistible** urge to laugh.	学生たちは抵抗し難い笑いの衝動を抑えることができなかった。
This is a **binding** contract and it will be difficult to break it.	これは拘束力のある契約であり，それに違反することは困難だろう。
He felt **dejected** after he failed to get the starring role in the movie.	彼はその映画の主役の座をつかむことができず，落胆した気分になった。
The village described in this book is **fictitious**.	この本で描かれている村は架空のものだ。

1498		
gracious [gréɪʃəs]	親切な，丁寧な [≒ courteous, polite, kind] grace 图 優美　graciously 圖 *cf.* graceful 厖 優雅な，上品な

1499		
upcoming [ápkÀmɪŋ]	やがて起ころう [現れよう] としている，来るべき [≒ forthcoming]

1500		
abundant [əbándənt]	豊富な〈in ～の〉[≒ plentiful, bountiful, ample] (⇔ scarce) abundance 图　abound 働

⏱ 1分間 mini test ••••••••••••••••••••••••••••••••

(1) There are a number of (　　　　) plantations in Southeast Asia.

(2) It was very (　　　　) of you to pay for everyone's lunch.

(3) I can see no (　　　　) in getting angry with the children in this case.

(4) The men (　　　　) a number of old desks onto the truck.

(5) A (　　　　) broke into the house in the middle of the night.

😊 ここから選んでね。••••••••••••••••••••••••••••

① rubber　　② piled　　③ pale　　④ outnumbered
⑤ irresistible　⑥ deducted　⑦ burglar　⑧ generous
⑨ norm　　⑩ merit

She is a very **gracious** and elegant lady.	彼女はとても親切で上品な女性だ。
Are you planning to vote in the **upcoming** election?	今度の選挙では投票に行くつもりですか。
We are lucky enough to have an **abundant** supply of fresh food on this island.	この島で新鮮な食べ物を豊富に手に入れることができて，私たちは幸運だ。

• •

(6) The students couldn't control the (　　　　) urge to laugh.

(7) The people fought bravely, but they were (　　　　) by the enemy.

(8) Working from home has become the (　　　　) in some companies.

(9) How much tax will be (　　　　) from my pay every month?

(10) Are you feeling OK? You look very (　　　　) all of a sudden.

正解

(1) ① (→**1462**)　**(2)** ⑧ (→**1474**)　**(3)** ⑩ (→**1437**)　**(4)** ② (→**1409**)　**(5)** ⑦ (→**1443**)
(6) ⑤ (→**1494**)　**(7)** ④ (→**1415**)　**(8)** ⑨ (→**1458**)　**(9)** ⑥ (→**1425**)　**(10)** ③ (→**1483**)

動詞

1501		
grind [graɪnd]	を粉にひく [≒ mill]，を研ぐ [≒ sharpen] 图 骨の折れる単調な仕事 [作業]	

1502	⚠発音・アクセント	
archive [á:rkàɪv]	(文書など)を保管する [≒ store, catalogue] 图 (しばしば 〜s) 公文書，記録 [公文書] 保管所	

1503		
devise [dɪváɪz]	を考案する [≒ conceive, contrive, invent] device 图 装置，工夫	

1504		
precede [prɪsí:d]	に先行する (⇔ follow) precedent 图 前例　precedence 图 先立つこと 語源 pre (〜より前に) + cede (行く)	

1505		
horrify [hɔ́(:)rɪfàɪ]	を怖がらせる [≒ frighten, scare, terrify]，に衝撃を与える [≒ shock] horror 图　horrible 形	

1506		
lodge [lɑ(:)dʒ]	(苦情・抗議など)を申し出る [≒ submit]，を預ける [≒ deposit]，を泊める [≒ board] 图 山荘，(行楽地の) ホテル	

1507	⚠発音	
mediate [mí:dièɪt]	調停する 〈between 〜の間を〉，仲裁する [≒ arbitrate, intervene, conciliate] mediation 图	

1508		
mingle [míŋgl]	付き合う 〈with 〜と〉，仲間に入る [≒ socialize]， 混ざる [≒ mix]	

1509		
perspire [pərspáɪər]	汗をかく [≒ sweat] perspiration 图 語源 per (を通して) + spire (呼吸する)	

In that factory, they use special machines to **grind** the corn.	その工場では，トウモロコシを粉にひくのに特別な機械を使用している。
The government **archived** most of the documents relating to the incident.	政府は，その事件に関連する書類の大部分を保管した。
The committee **devised** a new scheme to increase profits.	委員会は利益拡大のための新しい計画を考案した。
The police escort **preceded** the President's car for safety reasons.	安全上の理由で，警察の護衛が大統領の車の前を進んだ。
We were all **horrified** to hear of the terrible crime.	私たちは皆，その恐ろしい犯罪の話を聞いて怖くなった。
I would like to **lodge** a complaint about one of your staff.	あなた方の職員の1人について，苦情を訴えたい。
The divorce lawyer did her best to **mediate between** the couple.	その離婚専門の弁護士は，その夫婦の調停をするのに最善を尽くした。
Students are free to **mingle** at the party.	学生たちはパーティーで自由に（ほかの人と）交流することができる。
The room was very hot and he started to **perspire**.	その部屋はとても暑かったので，彼は汗をかき始めた。

「天才とは1%のinspirationと99%のperspirationだ」（エジソン）。

1510 **concede** [kənsíːd]	(concede that ... で)(しぶしぶ)…と認める [≒ admit, acknowledge, accept] (⇔ deny) concession 图 譲歩
1511 **hinder** [híndər]	を妨げる，を邪魔する [≒ hamper, prevent, impede, obstruct] (⇔ help) hindrance 图
1512 **waver** [wéɪvər]	(心が) 揺れ動く，迷う [≒ sway, hesitate, vacillate] 图 迷い，動揺
1513 **formulate** [fɔ́ːrmjəlèɪt]	(計画など) を (注意深く) まとめる [≒ draw up, devise]，を明確に述べる [≒ articulate] formulation 图 策定　formula 图 公式，解決策
1514 **exhale** [ekshéɪl]	(息・煙・言葉など) を吐き出す [≒ breathe out] (⇔ inhale)
1515 **rebound** [rɪbáund]	(ボールなどが) 跳ね返る 〈from, off ～から〉 [≒ bounce, spring back] 图 [ríːbàund] 跳ね返り，(感情などの) 反動
1516 **gratify** [grǽṭɪfàɪ]	を喜ばせる，を満足させる [≒ please, delight, satisfy] (⇔ frustrate) gratification 图
1517 **pledge** [pledʒ]	を誓う，を誓約する [≒ promise, swear, vow] 图 誓約，担保，(愛情などの) しるし
1518 ⚠発音 **fasten** [fǽsən]	をしっかり留める，を固定する [≒ tighten] fastener 图 [fǽsənər] 留め具 ★ 日本語の「ファスナー」は，zipper, zip
1519 **relay** [rìːléɪ]	を伝達する 〈to ～へ〉，を取り次ぐ [≒ transfer, pass on]，を中継で送る [≒ broadcast] 图 [ríːleɪ] リレー競技

I had to **concede** **that** he was right in the end.	私は彼が結局は正しいことを認めなければならなかった。
The rescue of the injured mountain climbers was **hindered** by bad weather.	けがをしている登山者たちの救助は悪天候に阻まれた。
The mountaineer's determination to reach the summit never **wavered**.	登頂するというその登山家の決意は決して揺らがなかった。
We need to **formulate** a new plan of action.	我々は，新しい行動計画をまとめなければならない。
She slowly **exhaled** the cigarette smoke from her lungs.	彼女はゆっくりと肺からタバコの煙を吐き出した。
The player caught the ball after it **rebounded** **off** the side wall.	その選手は，側壁から跳ね返ったボールをキャッチした。
It **gratified** her to see her guests enjoying her cooking so much.	招待客が彼女の料理を大いに楽しんでいるのを見て，彼女は喜んだ。
The organization **pledged** 10 million dollars to help the city's street children.	その組織は市のストリートチルドレンを助けるために1,000万ドルの支出を約束した。
The flight attendant asked the passengers to **fasten** their seat belts.	客室乗務員は乗客にシートベルトを締めるよう求めた。
I asked my husband's secretary to **relay** a message **to** him.	私は夫の秘書に彼にメッセージを伝えるように頼んだ。

1520	
align [əláɪn]	を一直線に並べる [≒ line up, straighten (up), put in order] alignment 图

1521	
ascend [əsénd]	(を)登る，上がる [≒ climb, rise]（⇔ descend） 語源 a（～へ）+ scend（登る）

1522	
gaze [geɪz]	じっと見る〈at ～を〉[≒ look, stare] 图 凝視，注視

1523	
adore [ədɔ́ːr]	が大好きである [≒ love]（⇔ hate），を敬愛する [≒ admire, revere] adorable 形　adoration 图

1524	
chill [tʃɪl]	(食べ物・飲み物など)を冷やす，冷える [≒ cool (down)]（⇔ warm） 图 冷たさ，寒気

1525	⚠発音
curve [kə:rv]	カーブする，曲がる [≒ wind, meander] 图 曲線，カーブ

1526	
deflate [dìːfléɪt]	(タイヤ・風船などが)しぼむ，をしぼませる （⇔ inflate） deflation 图（⇔ inflation）

1527	
detach [dɪtǽtʃ]	を分離する〈from ～から〉，を取り外す [≒ separate, remove]（⇔ attach）

1528	
enclose [ɪnklóʊz]	を取り囲む [≒ surround]，(封筒などに)を同封 する [≒ include] enclosure 图

1529	
fetch [fetʃ]	を(行って)持ってくる，を連れてくる [≒ go and get]

The teachers **aligned** the desks in the classroom in two rows.	先生たちは教室の机を横2列に<u>並べた</u>。
The party guests **ascended** the stairs to the ballroom.	パーティーの招待客は階段を<u>上って</u>舞踏場へ行った。
He **gazed** up **at** the stars in the clear night sky.	彼は澄んだ夜空の星を<u>見上げた</u>。
She said she **adored** the restaurant and would like to go there again.	彼女は，そのレストランが<u>気に入った</u>のでまた行きたいと言った。
I put the wine in the fridge to **chill** before the party.	私はパーティーの前にワインを冷蔵庫に入れて<u>冷やした</u>。
The path **curves** to the right as you near the top of the mountain.	山頂に近づくにつれて，小道が右へ<u>カーブしている</u>。
I noticed that one of my bicycle tires had **deflated** overnight.	私は自転車の片方のタイヤの空気が夜のうちに<u>抜けていた</u>のに気づいた。
Please **detach** the discount coupon **from** the leaflet and hand it to the cashier.	割引クーポンをチラシ<u>から切り離し</u>，レジ係にお渡しください。
The palace and its gardens were **enclosed** by a high wall.	王宮とその庭園は高い壁で<u>囲まれ</u>ていた。
My grandfather asked me to **fetch** his newspaper from the kitchen table.	祖父は台所のテーブルから新聞を<u>持ってくる</u>ように私に頼んだ。

deflation「デフレ（ーション）」，inflation「インフレ（ーション）」の意味も覚えておこう。

1530 ⚠発音・アクセント	を宣言する [≒ declare, announce]
proclaim [prəkléɪm]	proclamation 名 語源 pro（〜の前で）+ claim（大きな声で言う）

1531	(関係・友情など)を築く，を結ぶ [≒ build up,
forge [fɔːrdʒ]	establish]，(文書・貨幣など)を偽造する [≒ fake, falsify, counterfeit]

名詞

1532 ⚠アクセント	(火山・怒り・笑いなどの)爆発 [≒ eruption, explosion, outbreak]
outburst [áʊtbəːrst]	

1533	局面 [≒ aspect]，寸法 [≒ size, measurement]，
dimension [dəménʃən]	(〜s)規模 [≒ scale]，次元 dimensional 形

1534 ⚠発音	大群〈of 昆虫などの〉
swarm [swɔːrm]	動 群れをなして動く [飛ぶ]

1535	続編〈to 〜の〉[≒ follow-up]，結果 [≒ result, consequence]
sequel [síːkwəl]	cf. sequence 名 連続

1536	人工遺物 [≒ relic]，工芸品
artifact [áːrtɪfækt]	

1537	慈悲 [≒ charity, leniency, clemency] (⇔ cruelty 残酷さ)
mercy [máːrsi]	merciful 形　mercifully 副

1538	後継者〈to 〜の〉[≒ replacement]
successor [səksésər]	(⇔ predecessor)，相続人 [≒ heir] succession 名 連続，継承，相続　successive 形

The leader of the terrorist group <u>proclaimed</u> war against his enemies.	そのテロ集団のリーダーは，敵に対して<u>宣戦布告した</u>。
The two men <u>forged</u> a close relationship during their time in the Marines.	その2人の男性は海兵隊員だったとき，親しい<u>関係を築いた</u>。
I was shocked by her sudden <u>outburst</u> of anger.	彼女の怒りが突然<u>爆発したこと</u>に私はショックを受けた。
Both companies feel that the merger will add new <u>dimensions</u> to their business.	合併によって事業に新しい<u>局面</u>が付加されると，双方の企業は感じている。
A <u>swarm</u> of locusts damaged crops in the New Hampshire area.	バッタの<u>大群</u>が，ニューハンプシャー地域の農作物に損害を与えた。
The <u>sequel</u> to the movie was not as good as the first one.	その映画の<u>続編</u>は，1作目ほどよくなかった。
We have a number of interesting <u>artifacts</u> in this museum.	この博物館には興味深い<u>人工遺物</u>がいくつかある。
The villagers begged the enemy soldiers for <u>mercy</u>.	村人たちは敵兵たちに<u>慈悲</u>を懇願した。
He is the most likely <u>successor</u> to the Prime Minister.	彼が首相の<u>後継者</u>の1番手だろう。

1539 ⚠発音・アクセント **triumph** [tráɪʌmf]	(大)勝利 [≒ victory], 成功 [≒ success] 動 勝利を得る, 打ち勝つ triumphant 形
1540 **clause** [klɔːz]	(法律・条約などの)条項 [≒ section, article], (文の)節
1541 **analogy** [ənǽlədʒi]	類似(点) 〈between ~の間の, with ~との〉 [≒ similarity, resemblance] analogous 形 似ている
1542 **downfall** [dáʊnfɔ̀ːl]	破滅, 転落 [≒ ruin], (雨・雪などの)大降り
1543 **fusion** [fjúːʒən]	融合(物) [≒ blend, merging, integration], (政党などの)連立 fuse 動 を(高熱で)溶かす
1544 **fracture** [frǽktʃər]	骨折, 割れ目, 裂け目 [≒ break, crack, split, rupture] 動 (の骨)を折る, を割る, を裂く
1545 ⚠発音・アクセント **menace** [ménəs]	困りもの 〈to ~に対する〉, 危険人物, 脅威 [≒ threat, danger] 動 を脅す, に脅威を与える
1546 **setback** [sétbæ̀k]	(進歩・発展の)妨げ, 支障 [≒ obstacle, impediment, hindrance] (⇔ breakthrough 飛躍的 進歩)
1547 **empathy** [émpəθi]	共感 〈with, for 人への〉, 感情移入 [≒ sympathy, compassion, pity] empathize 動
1548 ⚠発音 **tumble** [tʌ́mbl]	転倒 [≒ fall, trip], (株価などの)暴落 [≒ plunge, decline] 動 転ぶ, (物価などが)暴落する

The team's **triumph** in the championship was completely unexpected.	選手権大会でのチームの**大勝利**は，全く予期せぬことであった。
This contract includes an escape **clause** in case the goods are not delivered on time.	この契約には，予定どおりに商品を納品できない場合に備えて，**免責条項**が含まれている。
The lecturer drew an **analogy between** a computer and a human brain.	その講師は，コンピューターと人間の脳**の間の類似点**を示した。
The bribery charges led to the politician's **downfall**.	贈収賄で告訴されたことが，その政治家の**破滅**につながった。
This cuisine is a perfect **fusion** of Italian and Greek cooking.	この料理は，イタリア料理とギリシャ料理を完璧に**融合**させたものだ。
The cyclist suffered a **fracture** to his right arm in the accident.	自転車に乗っていた人は事故で右腕に**骨折**を負った。
My next-door neighbor's dog is an absolute **menace**.	お隣の犬は全くの**困りもの**である。
The team's plans for Olympic success suffered a **setback** when they lost their first race.	オリンピックで成果をあげるためのチームの計画は，最初のレースで敗れたとき，**挫折**した。
The charity workers felt great **empathy for** the suffering of the poor people.	慈善活動をしている人々は，貧しい人々の苦しみ**に**大いに**共感**していた。
She took a nasty **tumble** as she was crossing the yard.	彼女は庭を横切っていたとき，ひどい**転倒**の仕方をした。

---

triumphal「勝利の」。triumphal arch はパリなどにある「凱旋門」のこと。

1549 ⚠アクセント **diameter** [daɪǽmətər]	直径 *cf.* radius 图 半径 語源 dia(真ん中を通して) + meter(寸法)
1550 ⚠アクセント **momentum** [moʊméntʃəm]	勢い, はずみ [≒ impetus, strength]
1551 **troop** [tru:p]	(~s) 軍隊, 兵隊 [≒ soldiers, the military, armed forces]
1552 **pharmacy** [fáːrməsi]	薬屋 [≒ drugstore], 薬局 pharmacist 图 薬剤師
1553 **nightmare** [náɪtmèər]	悪夢, (悪夢のような) 恐ろしい経験
1554 **slope** [sloʊp]	坂, 斜面 動 傾斜する. に傾斜をつける
1555 **glacier** [gléɪʃər]	氷河 *cf.* iceberg 图 氷山
1556 **grief** [gri:f]	(死などに対する) 深い悲しみ, 悲痛 [≒ sorrow, suffering] (⇔ joy) grieve 動
1557 ⚠発音 **misery** [mízəri]	惨めさ, 悲惨さ miserable 形　miserably 副
1558 **accent** [ǽksent]	なまり, 方言

The observation deck of the tower is about 14 meters in **diameter**.	そのタワーの展望デッキは直径約14メートルだ。
The anti-government protests began to gather **momentum**.	反政府抗議が勢いを得始めた。
We are considering sending more **troops** into the war zone.	我々は交戦地帯にさらに軍隊を派遣しようと考えている。
I went to the **pharmacy** in the center of town to pick up some cough medicine.	私は町の中心部の薬屋に行き，咳止め薬を買った。
The man suffered from **nightmares** for a long time after the accident.	その男性は事故の後，長いこと悪夢にうなされた。
There was a long **slope** leading up to our hotel.	我々のホテルまでは長い坂が続いていた。
As the climate warms, **glaciers** will continue to melt and weather patterns will be disrupted.	気候温暖化が進むと，氷河が溶け続け，気候パターンが崩れてしまう。
It is only natural to feel **grief** when someone close to you dies.	近しい人が亡くなったとき，深い悲しみを感じるのは極めて自然なことである。
It is difficult to understand the **misery** of poverty unless you have experienced it.	経験したことがなければ，貧困の惨めさを理解するのは難しい。
The boy quickly lost his British **accent** after moving to the USA.	少年はアメリカに移住した後すぐにイギリスなまりを失った。

英単語の発音の「アクセント」は英語では stress というのが一般的だよ。

1559	
ambassador [æmbǽsədər]	大使〈to ~に駐在する〉[≒ envoy, diplomat] *cf.* embassy 大使館. 大使および大使館職員

1560 ⚠アクセント	
autopsy [ɔ́ːtà(ː)psi]	検死 動 を検死 [解剖] する

1561	
blast [blæst]	爆発, 爆破 [≒ explosion, eruption], 突風 [≒ gust, wind]

1562	
courtesy [kə́ːrṭəsi]	丁重さ, 礼儀正しさ [≒ politeness, good manners] courteous 形

1563	
deed [diːd]	(意図的な)行為, 行い [≒ act]

1564 ⚠アクセント	
discourse [dískɔːrs]	講演〈on ~についての〉[≒ lecture, talk], 論文 [≒ essay, paper]

1565 ⚠発音・アクセント	
impulse [ímpʌls]	衝動〈to *do* ~する〉[≒ urge, instinct, desire] impulsive 形

1566	
jar [dʒɑːr]	(広口の)びん, つぼ [≒ pot, container]

1567	
sibling [síbliŋ]	兄弟姉妹(の1人)

1568 ⚠アクセント	
enthusiasm [ɪnθjúːziæzm]	熱狂〈for ~に対する〉, 熱中 [≒ eagerness, passion, zeal, excitement] enthusiast 名 熱狂者 enthusiastic 形

I met the American **ambassador** at a charity event last night.	私は昨夜，チャリティーのイベントでアメリカ**大使**に会った。
It is usual to carry out an **autopsy** in the case of sudden death.	突然死の場合には，**検死**を行うのが通常だ。
Hundreds of people were killed in the **blast** in the marketplace.	その市場での爆発で何百人もの人が亡くなった。
He has very good manners and always treats guests with the utmost **courtesy**.	彼は大変礼儀正しく，いつもこの上ない**丁重さ**で客をもてなす。
The soldier was awarded a medal for his heroic **deeds** during the war.	その兵士は戦時中の勇敢な**行為**に対し，メダルを授与された。
The students listened intently as he gave his **discourse on** racial inequality.	学生たちは，彼が人種的不平等についての**講演**をする間，熱心に耳を傾けた。
She had a sudden **impulse to jump** into the pool.	彼女は突然プールに**飛び込みたいという衝動**を覚えた。
Please help yourself to cookies from the **jar** on the shelf.	棚の上にある**びん**から自由にクッキーを召し上がってください。
The older **siblings** took good care of the younger ones.	年長の**きょうだい**は弟妹の面倒をよく見た。
The students greeted the guest speaker with great **enthusiasm**.	学生たちはそのゲストスピーカーを**大熱狂**で迎えた。

1569	☐☐☐ ⚠発音	宝物, (通例 ～s) 貴重品 [≒ valuables]
treasure		動 を大切にする
[tréʒər]		

形容詞

1570	☐☐☐ ⚠発音	水平な (⇔ vertical 垂直な)
horizontal		horizon 名 地 [水] 平線
[hɔ̀:rəzá(:)nṭəl]		

1571	☐☐☐ ⚠アクセント	限定されない, 不定の [≒ unspecified, unrestricted], はっきりしない (⇔ definite)
indefinite		indefinitely 副 無期限に, あいまいに
[ɪndéfənət]		

1572	☐☐☐ ⚠発音	下品な, 無作法な [≒ rude, indecent] (⇔ refined)
vulgar		vulgarity 名
[vʌ́lgər]		

1573	☐☐☐	回復力のある [≒ quick to recover], 弾力 (性) のある [≒ elastic]
resilient		resilience 名 弾力 (性), 回復力
[rɪzíliənt]		

1574	☐☐☐	(動植物が) 水生の (⇔ terrestrial 陸生の), 水の
aquatic		名 水生植物 [動物]
[əkwá:ṭɪk]		

1575	☐☐☐	強く主張する 〈on ～を, that ... …ということを〉, 執拗な [≒ persistent, tenacious]
insistent		insist 動 強く主張する insistence 名 主張
[ɪnsístənt]		

1576	☐☐☐	大急ぎの, 気が狂いそうな (⇔ calm)
frantic		frantically 副
[frǽnṭɪk]		

1577	☐☐☐	人を惑わすような [≒ misleading, deceitful]
deceptive		deceive 動 をだます deception 名 欺くこと
[dɪséptɪv]		

There are several national **treasures** on display in this museum.	この美術館にはいくつかの国宝が展示されている。
Horizontal beams at the top of a house help support the weight of the roof.	住宅の最上部の水平の梁（はり）は、屋根の重さを支えるのに役立つ。
This bus service will be suspended for the **indefinite** future.	このバス路線は、これから無期限の運休となる。
I thought the Christmas decorations were rather tasteless and **vulgar**.	私は、そのクリスマス装飾はかなり悪趣味で下品だと思った。
A cactus is a very **resilient** plant that needs little water.	サボテンは水をほとんど必要としない、とても回復力のある植物だ。
The biologist spent many years studying the **aquatic** life in the bay.	その生物学者は湾内の水生生物の研究に長い年月を費やした。
I wanted to go home, but she was **insistent** that I stay for dinner.	私は家に帰りたかったが、彼女は夕食を食べていくようにとしつこく言い張った。
The girl made a **frantic** attempt to finish her homework on time.	その女の子は、大慌てで時間どおりに宿題を終わらせようとした。
She seems nice, but appearances can be **deceptive**.	彼女はすてきに見えるが、外見は当てにならないこともある。

1578 **illogical** [ɪlɑ́(:)dʒɪkəl]	筋の通らない，不合理な [≒ irrational, unreasonable]（⇔ logical） logic 图 論理(学)
1579 ⚠ アクセント **elaborate** [ɪlǽbərət]	精巧な，入念な [≒ sophisticated, delicate] 動 [ɪlǽbərèɪt] を苦心して生み出す，(を)詳しく述べる
1580 **mellow** [mélou]	(性格が) 円熟した [≒ mature]，柔らかで豊かな [美しい] [≒ soft, ripe, rich] 動 を熟させる，(音・色など) を柔らかくする
1581 **boundless** [báundləs]	無限の [≒ limitless, endless, infinite] bound 图 (通例 ~s) 境界(線)　boundary 图 境界(線)
1582 **cordial** [kɔ́:rdʒəl]	心温まる，心からの [≒ hearty, sincere] cordiality 图　cordially 副
1583 **seasonal** [sí:zənəl]	季節(ごと)の season 图　seasonable 形 季節に合った
1584 ⚠ 発音 **sour** [sáuər]	酸っぱい [≒ acid]（⇔ sweet） 動 を酸っぱくする，(関係など) を悪くする
1585 **swift** [swɪft]	素早い，即座の [≒ quick, rapid, prompt, immediate]（⇔ slow）
1586 ⚠ 発音・アクセント **cumulative** [kjú:mjulətɪv]	累積する，しだいに増大する [≒ increasing, growing, accumulative] cumulate 動
1587 ⚠ 発音 **savage** [sǽvɪdʒ]	残酷な [≒ brutal, cruel]，凶暴な

I found his arguments extremely **illogical** and difficult to follow.	私は，彼の主張ははなはだ筋が通っておらず，理解に苦しむと思った。
The chef prepared a very **elaborate** meal for the important guests.	シェフは，重要な客のためにとても丹精を込めた食事を用意した。
Since the birth of his child, he has become **mellow** and relaxed.	彼は子供が生まれてから，丸くなって打ち解けた人になった。
Her best quality is her **boundless** optimism.	彼女の性格の一番よいところは，底抜けに楽天的なことだ。
There was a **cordial** atmosphere at the party this evening.	今夜のパーティーには，和やかな雰囲気があった。
In the cafeteria, you can buy box lunches made with **seasonal** ingredients.	カフェテリアでは，季節の食材を使ったお弁当が買える。
Try adding some sugar to the lemon juice if it's too **sour**.	そのレモンジュースが酸っぱ過ぎるようであれば，砂糖を加えてみてください。
Thanks to the **swift** actions of the lifeguard, the child's life was saved.	監視員の素早い行動のおかげで，その子供の命は救われた。
The doctor studied the **cumulative** effect of drinking alcohol every day on the liver.	その医者は，毎日の飲酒が肝臓に与える蓄積的影響を研究した。
The police said the attack on the woman had been extremely **savage**.	警察は，その女性に対する襲撃は極めて残虐だったと言った。

cumulative deficit は「累積赤字」のことだよ。

1588　　　▲アクセント **admirable** [ǽdmərəbl]	賞賛に値する，素晴らしい [≒ commendable, respectable, excellent] admire 動　admiration 名
1589 **informative** [ɪnfɔ́ːrmətɪv]	有益な，情報 [知識] を提供する [≒ instructive, educational] information 名
1590 **proportional** [prəpɔ́ːrʃənəl]	釣り合った〈to ～に〉，比例した [≒ proportionate, comparable, equivalent] proportion 名
1591 **simultaneous** [sàɪməltéɪniəs]	同時に起こる〈with ～と〉 simultaneously 副
1592 **static** [stǽtɪk]	変化 [進歩] のない，静的な [≒ unchanged, fixed, stationary]（⇔ dynamic）
1593 **uneasy** [ʌníːzi]	不安な〈about ～について〉，心配な [≒ worried, anxious]，落ち着かない uneasiness 名
1594 **unequal** [ʌníːkwəl]	（権利などが）不平等な [≒ uneven, unfair] (⇔ equal) inequality 名　unequally 副
1595　　　▲アクセント **autonomous** [ɔːtá(ː)nəməs]	自治の，自主的な
1596 **bold** [boʊld]	大胆な，勇敢な [≒ daring, fearless, courageous, brave] boldly 副
1597 **pessimistic** [pèsəmístɪk]	悲観的な〈about ～について〉（⇔ optimistic） pessimist 名 悲観的な人　pessimism 名 悲観 (主義)

The soccer player's dedication to his charity work is extremely **admirable**.	そのサッカー選手の慈善活動への献身は極めて賞賛に値する。
I found the lecture very interesting and **informative**.	私はその講演が非常に興味深く有益なものだと感じた。
Most people agreed that the man's sentence was not **proportional to** his crime.	大半の人々が，その男の判決は彼の犯した罪に釣り合っていないと同意した。
We will provide **simultaneous** translation of the author's speech into English.	我々は，その作家のスピーチの英語への同時通訳を提供します。
The birthrate in this country has remained **static** for the last few years.	この国の出生率は，この2，3年変化がないままだ。
I felt **uneasy about** leaving my son at the day-care center.	私は息子を託児所に預けることについて不安に感じた。
There were many complaints about the **unequal** treatment of female employees in the company.	その会社の女性従業員の不平等な待遇に関して多くの不満があった。
There are two **autonomous** regions in Portugal.	ポルトガルには2つの自治区がある。
The company CEO made the **bold** decision to move production overseas.	その会社のCEOは製造拠点を海外に移すという大胆な決断を下した。
I feel very **pessimistic about** my chances of getting into medical school.	私は医学部合格の可能性について，とても悲観的に感じている。

形容詞は unequal，名詞は inequality (**0842**)。紛らわしいね。

1598		
repetitive [rɪpétətɪv]	繰り返しの repeat 動 repetition 名	

1599 ⚠️アクセント		
respiratory [résparətɔ̀:ri]	呼吸器に関する，呼吸の respire 動 respiration 名	

1600 ⚠️発音		
coherent [kouhíərənt]	(議論などが)一貫した，筋の通った [≒ consistent, logical, rational] cohere 動 (緊密に)結びつく，筋が通る coherence 名	

⏱ **1分間 mini test** •

(1) The divorce lawyer did her best to (　　　　) between the couple.

(2) The birthrate in this country has remained (　　　　) for the last few years.

(3) There was a long (　　　　) leading up to our hotel.

(4) We need to (　　　　) a new plan of action.

(5) There was a (　　　　) atmosphere at the party this evening.

😊 ここから選んでね。 • • • • • • • • •

① aquatic　　② mediate　　③ static　　④ discourse
⑤ formulate　⑥ detach　　⑦ cordial　　⑧ slope
⑨ outburst　　⑩ downfall

She found the **repetitive** tasks she had to perform at work every day boring.	彼女は職場で毎日こなさなければならない繰り返しの作業を退屈だと感じた。
The doctor specializes in treating patients with **respiratory** diseases.	その医師は呼吸器疾患を持つ患者の治療を専門にしている。
He was able to give me a **coherent** account of the accident.	彼は私にその事故に関して首尾一貫した説明をすることができた。

* *

(6) Please (   ) the discount coupon from the leaflet and hand it to the cashier.

(7) The biologist spent many years studying the (   ) life in the bay.

(8) The bribery charges led to the politician's (   ).

(9) The students listened intently as he gave his (   ) on racial inequality.

(10) I was shocked by her sudden (   ) of anger.

正解

(1) ② (→1507)　(2) ③ (→1592)　(3) ⑧ (→1554)　(4) ⑤ (→1513)　(5) ⑦ (→1582)

(6) ⑥ (→1527)　(7) ① (→1574)　(8) ⑩ (→1542)　(9) ④ (→1564)　(10) ⑨ (→1532)

ついに単語が終わったね！　次は熟語だ！

To complete each item, choose the best word or phrase from among the four choices.

(1) A: I'm sorry for dropping the ball, Coach. I won't do it again.

B: You don't have to apologize, for mistakes are (　　　). I know you're trying your best.

1 decisive　　**2** sinister　　**3** irrational　　**4** inevitable

(2) Two children got into a fistfight on the playground. It was so violent that it took two teachers to (　　) them.

1 restrain　　**2** decode　　**3** disguise　　**4** propel

(3) We'd like to give you this watch as a (　　) of our appreciation for all your years of service. We hope you remember us when you wear it.

1 syndrome　　**2** ballot　　**3** token　　**4** tariff

....

正解　*(1)* **4** (→**1081**)　*(2)* **1** (→**1003**)　*(3)* **3** (→**1056**)

訳

(1) A：ボールを落としてしまってごめんなさい，コーチ。もう落としません。

B：謝る必要はない。失敗は避けられないものだからね。君が精一杯やっているのは分かっているよ。

(2) 学校の運動場で2人の子供が殴り合いのけんかを始めた。あまりにも激しかったので彼らを制止するのに教師2人がかりとなった。

(3) 長年の勤務に対する感謝のしるしとしてあなたにこの腕時計を贈りたいと思います。身につけるときに私たちのことを思い出してくれるとうれしいです。

熟語編　300

1601 **account for ~**	(割合・分量など)を占める，～(の理由)を説明する
Computers made by that company **account for** around 25% of all computers used in Japan.	その会社で作られたコンピューターは，日本で使われる全コンピューターの約25パーセントを占める。
1602 **accuse _A_ of _B_**	AをBの罪で告訴する，AをBの理由で非難する
He was **accused of** stealing a watch from the store.	彼はその店から時計を盗んだとして告訴された。
1603 **act on ~**	(忠告・情報など)に従って行動する，～に影響を及ぼす
Acting on the advice of his doctors, the president canceled all his appointments.	医師の忠告に従い，社長は全ての約束をキャンセルした。
1604 **act out ~**	(物語・経験など)を身振りで実演する
The children **acted out** a play for their parents.	子供たちは保護者のために劇を演じた。
1605 **add up to ~**	(合計が)～になる，結局～ということになる
My travel expenses **add up to** over 1,000 dollars a month.	私の旅費は合計で1カ月あたり1,000ドル以上になる。
1606 **adhere to ~**	(信念・規則など)を順守する，～に固執する [≒ stick to [by]]
It is important that all members of this club **adhere to** the rules.	このクラブの全ての会員がルールを順守することが大切だ。

1607	
air out ~	(部屋など)を換気する, (衣類・寝具など)を外気に当てる

| The best way to **air out** a room is to open a window for 20 minutes. | 部屋を換気する最善の方法は, 窓を20分間開けることだ。 |

1608	
all but	ほとんど [≒ almost, nearly]

| This species of bird has **all but** disappeared from this area. | この種の鳥はほとんどこの地域から姿を消してしまった。 |

1609	
allow for ~	~を考慮に入れる, ~を見込む [≒ consider]

| We need to leave early to **allow for** traffic jams on the highway. | 私たちは幹線道路の交通渋滞を考慮に入れて早めに出る必要がある。 |

1610	
answer for ~	~の責任を負う, ~の罰を受ける

| The government will have to **answer for** their failure to deal with the situation. | 政府はその事態に対処できなかったことの責任を取らなければならないだろう。 |

1611	
aspire to *do*	~することを熱望[切望]する [≒ yearn [long, desire] to *do*]

| She **aspires to become** President of the United States. | 彼女はアメリカ合衆国大統領になることを熱望している。 |

1612	
attribute *A* **to** *B*	AをBのせいと考える [≒ ascribe *A* to *B*]

| The crash has been **attributed to** pilot error. | その墜落はパイロットの過失が原因であるとされてきた。 |

1613	
back down	撤回する〈from, on ~を〉, 敗北[非]を認める

| The company **backed down from** its lawsuit after the negative media attention they received. | メディアから悪い意味で注目されるようになり, 会社は訴訟を撤回した。 |

1614 ☐☐☐ **back off**	手を引く〈from ～から〉，撤回する，後退する
The police officer **backed off from** approaching the protestors and called for reinforcements.	警官は抗議をする人たちに近づくのをやめ，援軍を要請した。
1615 ☐☐☐ **back up ～**	～を裏付ける，～を支援する，（ファイルなど）のコピーを取る
The scientist was unable to **back up** any of the claims she had made in her book.	その科学者は，本で行った主張をどれひとつ裏付けることができなかった。
1616 ☐☐☐ **bank on ～**	～を当てにする [≒ rely on]
Given their current form, we can **bank on** the team winning the championship.	彼らの現在のコンディションを考えると，そのチームが優勝することを当てにできる。
1617 ☐☐☐ **be committed to ～**	～に献身している [≒ be dedicated to]
This organization **is committed to** protecting polar bears from extinction.	この組織はホッキョクグマを絶滅から守ることに献身している。
1618 ☐☐☐ **be destined to** *do*	～する運命である [≒ be fated to *do*]
He **was destined to become** Prime Minister of his country.	彼は母国の首相になる運命だった。
1619 ☐☐☐ **(be) free of ～**	（料金・税金など）がない，～を免除されている
Students can download a variety of listening materials **free of** charge.	学生はさまざまなリスニング教材を料金なしでダウンロードできる。
1620 ☐☐☐ **be obsessed with ～**	（妄想・固定観念など）に取りつかれている
When I was a high school student, I **was** completely **obsessed with** baseball.	私は高校生のとき，完全に野球のことで頭がいっぱいだった。

1621 **be subject to ~**	（病気など）にかかりやすい，（影響など）を受けやすい
He **was subject to** bouts of asthma.	彼は喘息の発作を起こしやすかった。

1622 **blast off**	打ち上げられる，発射される
The space shuttle **blasted off** at exactly 12 noon.	スペースシャトルは昼の12時ちょうどに打ち上げられた。

1623 **blow up**	（かんかんに）怒る〈at ~に〉[≒ rage]，爆発する
My boss **blew up at** me when he discovered my mistake.	上司は，私の間違いを見つけると私にかんかんに怒った。

1624 **bounce back**	（打撃・病気などから）回復する，立ち直る [≒ recover]
She **bounced back** quickly after her operation and was back at work today.	彼女は術後すぐに回復し，今日仕事に復帰した。

1625 **branch off**	（話題が）変わる，（わき道に）それる
The conversation **branched off** into a discussion about politics.	会話は，政治に関する議論へと話題が変わった。

1626 **break away from ~**	（伝統・習慣など）を断つ，（束縛など）から逃れる
The bride decided to **break away from** tradition and get married in a black dress.	その新婦は伝統から脱却して黒いドレスを着て結婚することに決めた。

1627 **break down**	決裂する，失敗する，故障する
Unfortunately, talks between the two countries have **broken down** again.	残念なことに，2カ国間の会談は再び決裂した。

名詞 branch は「枝」。branch off は「枝分かれしていく」イメージだね。

1628 **break off ~**	~を中断する，~を急にやめる [≒ stop]
He **broke off** the conversation to answer a phone call from his wife.	彼は妻からの電話に出るため，会話を中断した。
1629 **break out**	勃発する，（伝染病などが）発生する
The latest reports say that fighting has **broken out** in the area.	最新のレポートによると，その地域で戦闘が勃発した。
1630 **bring about ~**	~を引き起こす，~を招く [≒ cause]
It is hoped that these talks will **bring about** peace in the region.	この会談がその地域に平和をもたらすことが期待される。
1631 **bring down ~**	（人・政府など）を（打ち）倒す [≒ overthrow]
The revelation of a serious scandal will **bring down** the government.	重大なスキャンダルが暴露されれば，政府を打倒することになるだろう。
1632 **bring off ~**	~をやってのける，~を成し遂げる [≒ achieve, accomplish]
The team **brought off** the event without any problems.	チームはなんら問題なくそのイベントをやってのけた。
1633 **bring on ~**	（災い・病気など）をもたらす
In some people, stress can **bring on** a headache.	人によっては，ストレスが頭痛をもたらすことがある。
1634 **bring out ~**	（才能・性質など）を引き出す， ~を発揮させる
She is a wonderful teacher who has the ability to **bring out** the best in her students.	彼女は生徒の最もよい所を引き出す能力を持つ，素晴らしい先生だ。

1635 **bump into ~**	~にばったり出会う [≒ come across, run into]
I **bumped into** an old friend on the street last week.	私は先週，通りで旧友にばったり出会った。

1636 **burn out ~**	(人)を疲れ果てさせる，~を燃え尽きさせる
She got **burned out** from overwork and had to quit her job.	彼女は働き過ぎで疲れ果て，仕事を辞めざるを得なかった。

1637 **by means of ~**	~を用いて，~によって
The prisoners escaped **by means of** a tunnel they had dug under the fence.	囚人たちは柵の下に掘ったトンネルを使って脱獄した。

1638 **call for ~**	~を必要とする [≒ require]，~を要求する [≒ demand, ask for]
The situation **calls for** urgent measures.	状況は緊急の措置を必要としている。

1639 **call off ~**	~を中止する [≒ cancel]
The game was **called off** due to rain.	雨のため試合は中止された。

1640 **call on ~**	~を訪ねる [≒ drop in on, visit]，(人)に頼む〈to do ~するよう〉
I went into town to **call on** an old friend.	私は旧友を訪ねるために町に出た。

1641 **carry away ~**	(通例受身形で)無我夢中になる，~を持ち去る
We got **carried away** singing karaoke and missed the last train home.	私たちはカラオケを歌うことに夢中になり，帰りの最終電車を逃した。

1642 **carry through ～**	～を成し遂げる，～を成就させる
The company is determined to **carry through** their plan to build a large shopping center here.	その会社は，ここに大規模なショッピングセンターを建設する計画を遂行すると決めている。
1643 **catch up on ～**	（近況など）について新しい情報を知る，～の遅れを取り戻す
I'm looking forward to meeting you and **catching up on** the gossip.	あなたにお会いしてそのゴシップについて新しい情報を聞くのを楽しみにしています。
1644 **check off ～**	～にチェックマークをつける
I **checked off** the seminar participants' names on my list as they arrived.	セミナーの参加者たちが到着するたびに，私は名簿の名前にチェックマークをつけた。
1645 **chip in**	（金・労力などを）出し合う
All the employees **chipped in** to buy their boss a birthday cake.	全従業員が金を出し合って上司に誕生日ケーキを買った。
1646 **clean out ～**	～の中をきれいにする，～を空にする
I spent the day **cleaning out** my bedroom closet yesterday.	私は昨日，丸1日かけて寝室のクローゼットの中をきれいにした。
1647 **clear out ～**	～の中身を出してきれいに片付ける，～を空にする
I **cleared out** the drawers in my desk before I left the company.	私は会社を辞める前に，机の引き出しの中身を出した。
1648 **clear up (～)**	（誤解など）を解く，（問題など）を解明する，～を片付ける，晴れる
It took us some time to **clear up** the misunderstanding between us.	私たちの間にある誤解を解くには少し時間がかかった。

1649		
close in (**on** ~)		（～を）包囲する，（～に）迫ってくる

The enemy troops **closed in on** the resistance fighters.	敵軍は，抵抗組織の兵士たちを包囲した。

1650		
come after ~		～の後をつける，～を追跡する [≒ follow, chase]

The escaped prisoners of war were scared that the soldiers would **come after** them.	脱走した戦争捕虜は，兵士たちが彼らを追ってくるのではないかとおびえていた。

1651		
come before ~		（問題などが）（法廷など）で審議される，（法廷など）に出頭する

My court case is due to **come before** the judge on Tuesday.	私の訴訟は，火曜日に裁判官に審議されることになっている。

1652		
come down to ~		要するに～ということになる

Whether I take the job or not **comes down to** how much money they offer me.	その仕事を引き受けるか否かは，要するに先方が私にいくら支払うのかということになる。

1653		
come down with ~		（軽い病気）にかかる

He **came down with** the flu the day before his wedding.	彼は結婚式の前日にインフルエンザにかかった。

1654		
come into ~		～の状態になる

This law **came into** existence in the late 18th century.	この法律は18世紀終盤に成立した。

1655		
come off		（様態を表す副詞を伴って）結局～になる，行われる

The president **came off** very well in the interview.	社長のインタビューは結局とてもうまくいった。

1656	
come through	要求に応える，伝えられる
I didn't think she would be able to get the slides ready in time, but she **came through** in the end.	彼女は(発表の)スライドを間に合わせられないと私は思ったが，最終的に彼女は**やり遂げた**。

1657	
comply with ~	(規則・基準など)に従う [≒ obey, follow, observe, abide by]
All the equipment used in schools needs to **comply with** safety regulations.	学校で使用される全ての備品は安全基準に**従っている**必要がある。

1658	
contribute to ~	~の一因となる，~に寄与[貢献]する，~に寄付する
It is clear that his poor diet and lack of exercise **contributed to** his death.	貧しい食生活と運動不足が，彼の死の一因となったのは明らかである。

1659	
cope with ~	~をうまく処理する，~に対処する [≒ manage, handle, deal with]
It is difficult to **cope with** three small children by myself.	自分1人で3人の幼い子供たちを扱うのは難しい。

1660	
count for ~	~の価値がある [≒ deserve, be worth]
In the end, all my hard work seemed to **count for** nothing.	結局，私の全ての努力は全く価値がないようだった。

1661	
count on ~	~を当てにする [≒ rely on]
If I were you, I wouldn't **count on** the delivery being here on time.	私があなたの立場なら，配達が時間どおりにここに来ることなんて当てにしない。

1662	
cover for ~	~の代わり[代理]を務める [≒ act for, stand [fill] in for]
Can you **cover for** me while I quickly go to the post office?	ちょっと郵便局に行ってくる間，私の代わりを務めてもらえませんか?

1663	~（の事実）を隠す，~を秘密にする [≒ conceal, hide, mask]
cover up ~	

The police were accused of **covering up** important evidence.

警察は重要な証拠を隠していたとして非難された。

1664	神経が参る，気が変になる，大笑いする
crack up	

If he continues working so hard, I'm worried he'll **crack up**.

もし彼がそんなに懸命に働き続けたら，神経が参ってしまうのではないかと心配です。

1665	~を線を引いて消す [≒ delete, score [strike] out]
cross out ~	

The teacher **crossed out** a number of mistakes in the boy's essay.

その先生は少年の作文の誤りをいくつか線を引いて消した。

1666	（~を）削減[縮小]する [≒ cut down (on), reduce, decrease, lessen]
cut back (on ~)	

We need to **cut back on** our expenses this month.

私たちは今月の支出を削減する必要がある。

1667	（~を）減らす [≒ cut back (on), reduce, decrease, lessen]
cut down (on ~)	

We decided to **cut down on** eating out in order to save money.

私たちは，お金を節約するために外食を減らすことにした。

1668	（話などに）割り込む，さえぎる
cut in (on ~)	

Sorry to **cut in**, but I disagree with you on this point.

割り込んで申し訳ありませんが，この点に関して，私はあなたと意見が異なります。

1669	（商品）を商う [≒ handle]，（仕事など）に従事する [≒ be engaged in]
deal in ~	

This company **deals in** frozen foods.

この会社は冷凍食品を扱っている。

deprive *A* of *B*

AからBを奪う

The political prisoner was **deprived of** his freedom for twenty years.

その政治犯は20年間にわたり自由**を奪われ**た。

die down

静まる，衰える [≒ subside]

The singer waited until the applause **died down** before starting her song.

その歌手は歌い始める前に拍手が**静まる**のを待った。

die out

絶滅する [≒ become extinct]

This species of bird is in danger of **dying out** due to habitat loss.

この鳥の種は，生息地の喪失により**絶滅する**危険がある。

dispose of ～

～を処分する，～を捨てる [≒ get rid of, throw away]

It is extremely difficult to **dispose of** nuclear waste effectively.

核廃棄物を効果的に**処分する**のは極めて難しい。

do away with ～

～を廃止する [≒ abolish]，～を取り除く [≒ eliminate]

The school decided to **do away with** their rules about hair color.

その学校は，髪の色に関する校則を**廃止する**ことに決めた。

drag on

（会議などがだらだらと）長引く

The filming **dragged on** into the middle of the night.

撮影は夜中までだらだらと**長引いた**。

drag out ～

～を（必要以上に）長引かせる [≒ spin out, prolong]

As he was being paid by the hour, he tried to **drag out** the job for as long as possible.

時給制なので，彼はできる限り仕事を**長引か**せようとした。

1677
draw on ~

(技術・経験など)に頼る，～を利用する

They **drew on** their many years of experience to create this game.

彼らはこのゲームを作るために彼らの長年の経験に頼った。

1678
draw up ~

(計画)を立てる，(報告書など)を作成する

We **drew up** a schedule for the new project.

私たちは新プロジェクトのスケジュールを立てた。

1679
dream up ~

(奇抜な考え・計画など)を思いつく，～を考え出す

She **dreamed up** an idea for a new business.

彼女は新事業のアイデアを思いついた。

1680
drive off [away] ~

～を追い払う

The man was able to **drive off** his attackers with a baseball bat.

その男性は野球のバットを使って襲撃者を追い払うことができた。

1681
drive up ~

(価格など)を急速に上昇させる

Corn prices have been **driven up** by the recent floods in this area.

トウモロコシの価格は，最近この地域で発生した洪水により急上昇している。

1682
drop back (to ~)

(～に)後退する，順位が下がる [≒ fall back]

In the final 100 meters of the race, the runner **dropped back to** third place.

レースの最後の100メートルで，そのランナーは第3位に後退した。

1683
drop out (of ~)

(活動・集団から)身を引く，(学校を)中途退学する

He seems to have **dropped out of** academic life.

彼は研究生活から身を引いたようだ。

名詞disposal（**1235**）も忘れずに。

1684	
ease into ~	(仕事など) に徐々に慣れる
The refugee slowly **eased into** her new life in America.	その難民はゆっくりとアメリカでの新しい生活に慣れていった。

1685	
eat up ~	~を使い果たす [≒ use up, exhaust], ~を食べ尽くす
His lavish lifestyle is **eating up** his savings.	金を惜しまない暮らし方のために, 彼は貯蓄を食いつぶしつつある。

1686	
embark on [upon] ~	(事業など) に乗り出す, ~に着手する [≒ begin, start, launch]
He **embarked on** a new career as a doctor.	彼は医師として新しいキャリアを歩み始めた。

1687	
endear A to B	A を B に慕わせる
Her great kindness **endeared** her **to** her elderly neighbors.	彼女はとても優しいので, 近所の老人たちは彼女を慕っていた。

1688	
even up ~	~を等しくする, ~を均等にする
The slower runners were given a 10-meter head start in order to **even up** the race.	レースを互角にするために, より遅い選手には10メートル先からの有利なスタートが与えられた。

1689	
face off	■ 対決する [≒ confront]
She will **face off** against her rival in the final match of the tournament.	彼女はトーナメントの決勝戦でライバルと対決するだろう。

1690	
fall away	減少する, 弱まる, 衰える [≒ diminish, decline]
I felt the stress **fall away** as soon as I entered the leafy green forest.	緑豊かな森に入ると, すぐにストレスが減っていくのを感じた。

1691	
fall back on ~	~を当てにする [≒ rely on]
We need a second strategy to **fall back on** just in case this one fails.	万一この戦略が失敗した場合に備えて，<u>当てにできる</u>第2の戦略が必要だ。

1692	
fall for ~	(うまい話・売り込みなど) に乗せられる，~に強く引きつけられる
She **fell for** the con man's lies.	彼女は詐欺師の嘘に<u>乗せられた</u>。

1693	
fall off	(数・量が) 減少する，(質が) 低下する
Attendance at the staff meetings has **fallen off** in recent months.	この数カ月，スタッフミーティングの出席者数が<u>減っている</u>。

1694	
fall on ~	(責任・仕事などが) ~に降りかかる，(記念日などが) ~に当たる
The task of dismissing the temporary workers **fell on** me.	臨時従業員を解雇するという仕事が私に<u>降りかかってきた</u>。

1695	
fall through	(計画などが) 駄目になる，失敗する
My plans for a homestay in Britain have **fallen through**.	イギリスでのホームステイの計画は<u>駄目になった</u>。

1696	
fall under ~	(影響・監督など) を受ける
Many people **fell under** the control of the leader of the cult.	多くの人々がそのカルト集団の指導者の支配<u>下に置かれた</u>。

1697	
feel for ~	~に同情する，~を思いやる [≒ sympathize with]
I really **feel for** the victims of the recent floods.	私は最近の洪水による被災者<u>に本当に同情します</u>。

熟語編

Section 17

embarkはもともと「(船などに) 乗る」の意味だよ。

1698 **figure out ~**	~を理解する [≒ understand, make out], ~を解決する [≒ solve]
I still can't **figure out** how such a successful company could go bankrupt.	あんなにうまくいっていた会社がどうして倒産することになったのか，私はいまだに理解できない。
1699 **fill out ~**	▦ (書類) に必要事項を記入する [≒ fill in]
Please **fill out** these forms and then place them in the box on the counter.	これらの用紙に必要事項を記入して，それからカウンターに置かれた箱に入れてください。
1700 **fire up ~**	▦ ~を始動させる，~に火をつける
I **fired up** the office photocopy machine.	私はオフィスのコピー機を起動した。

● **複数の感覚器官をフル活用！**

子供の脳の発達は五感を刺激することで促される，とよく言われますが，程度の差こそあれ，これは全ての年代に当てはまることです。単語を覚える際も，見る（視覚）だけでなく，同時に音声を聞いて（聴覚）声に出して言ってみましょう。それでも覚えにくいときには，手で書く（触覚）作業も加えると，さらに効果的です。人間の五感はそれぞれが独立しているのではなく，相互に深く関係しています。複数の器官を刺激することで脳が活性化され，覚えた単語も忘れにくくなります。

1701 **fit into ～**	～に溶け込む, ～に収まる
I think he will **fit into** the marketing team really well.	彼はマーケティングチームに非常によく溶け込むだろうと私は思う。
1702 **fix up ～**	～を修理する, ～を改装する
My father and I spent the summer **fixing up** the broken-down old car.	父と私はその壊れた古い車を修理して夏を過ごした。
1703 **for all ～**	～にもかかわらず [≒ in spite of, despite], ～を考慮しても
For all her fame, she is a very unhappy person.	その名声にもかかわらず, 彼女はとても不幸な人だ。
1704 **for the time being**	当分の間 (は), さしあたり [≒ temporarily, for the present]
Why don't you come and stay at our house **for the time being**?	私たちの家に来て当分の間泊まりませんか。
1705 **force down ～**	(感情など) を抑える
She felt her anger stirring up, but she tried to **force** the feeling **down**.	彼女は怒りがこみ上げるのを感じたが, その感情を抑えようとした。
1706 **free up ～**	～を自由化する, ～を解放する
The government is introducing policies designed to **free up** markets.	政府は市場を自由化するための政策を導入しつつある。

| 1707 | ~に難色を示す, ~に不賛成の意を |
| **frown on [upon] ~** | 表す [≒ disapprove of] |

These days, smoking in public places is **frowned on**.

最近は, 公共の場での喫煙は難色を示される。

| 1708 | (通例受身形または gear *oneself* up で) |
| **gear up ~** | 準備をする |

We are all **geared up** to fight the new virus.

我々は新しいウイルスと戦う準備が完全にできている。

| 1709 | あちこち動き回る, 歩き回る, ~を |
| **get around (~)** | うまく避ける, ~を逃れる |

My father has problems with his legs and cannot **get around** easily by himself.

父は足が悪く, ひとりで容易に動き回ることができない。

| 1710 | |
| **get around to *doing*** | ~をする余裕 [暇] ができる |

Did you **get around to writing** the report I asked you for?

あなたにお願いしたレポートを書く余裕はありましたか。

| 1711 | ~を (罰などを受けずに) うまくや |
| **get away with ~** | る |

It seems like the gang has **gotten away with** the bank robbery.

そのギャングは銀行強盗をうまくやってのけたようである。

| 1712 | 何とかやっていく [≒ make out, |
| **get by** | cope], 通り抜ける [≒ pass] |

I don't know how you **get by** on such a small amount of money.

私はあなたがそんなわずかなお金でどうやって生活していくのか分からない。

| 1713 | |
| **get down to ~** | ~に本気で取りかかる |

The sooner we **get down to** business, the better.

仕事に本腰を入れるのは早ければ早いほどよい。

1714 **get in on ～**	～に参加する，～に加わる [≒ join]
This is a great business opportunity and several companies are trying to **get in on** the action.	これは大きなビジネスチャンスであり，その動きに数社が参入しようと試みている。
1715 **get into ～**	(本・映画・音楽など)に夢中になる，(ある状態)になる
The novelist **got into** literature when he was just a child.	その小説家はまだ子供のとき小説に夢中になっていた。
1716 **get on with ～**	(仕事など)を続ける，(人)とうまくやっていく [≒ get along with]
I finished my math homework and now I'm **getting on with** my history report.	数学の宿題を終えたので，続けて歴史のレポートを進めている。
1717 **give away ～**	(秘密・答えなど)をばらす，～をただで与える，～を安く売る
She was feeling angry because her friend **gave away** the ending of the movie she was about to watch.	見ようとしている映画の結末を友人がばらしてしまったため，彼女は怒っていた。
1718 **give in (to ～)**	(～に)降参する，屈する，負ける [≒ surrender, yield, submit]
After several months of fighting, the rebels finally **gave in to** the government troops.	数カ月にわたる戦闘の後，反乱軍はついに政府軍に降参した。
1719 **give off ～**	(光・音・においなど)を発する [≒ emit]
The leaves of the plant **gave off** a strange smell.	その植物の葉は奇妙なにおいを発した。
1720 **give A over to B**	AをBに預ける，AをBに引き渡す
After she became sick, the woman **gave** her daughter **over to** the care of her parents.	その女性は，発病後に娘の世話を両親に託した。

frown はもともと「顔をしかめる」。だから「難色を示す」なんだね。

1721	
give rise to ~	~の原因となる [≒ cause, bring about]、（悪い事態）を生じさせる
The politician's comments **gave rise to** fierce debate about capital punishment.	その政治家のコメントが原因で、死刑をめぐる激論が起こった。

1722	
go back on ~	（約束など）を破る
It is important to never **go back on** your promise.	決して約束を破らないことは重要である。

1723	
go for ~	~を選ぶ [≒ choose]
Do you know which university you are going to **go for**?	どこの大学を選ぶか決めた？

1724	
grow into ~	（成長して）（服など）を着られるようになる
This coat is a little big for my son, but he will **grow into** it.	このコートは私の息子には少し大きいが、（いずれは）それを着られるようになるだろう。

1725	
grow on ~	（人）の気に入るようになる、（習慣などが）~の身についてくる
I didn't like the color of this carpet at first, but now it's starting to **grow on** me.	最初はこのカーペットの色が好きではなかったが、今ではだんだん気に入ってきている。

1726	
grow out of ~	（成長して）（行為・習慣など）から脱する、~から生じる
She has been very stubborn recently, but it is just a phase, and she will **grow out of** it.	彼女は最近とても頑固だが、これは一過性のもので、そのうち成長してなくなるだろう。

1727	
hand down ~	（伝統・慣習など）を（後世に）伝える、（判決など）を言い渡す
This clock has been **handed down** through my family for six generations.	この時計は6世代にわたって私の家族に受け継がれてきた。

1728		
hand off ~	～を任せる，～を引き渡す
Before retiring, the CEO **handed off** his responsibilities to his successor.	引退する前に，最高経営責任者は後任者に職責を引き継いだ。

1729		
hand out *A* (**to** *B*)	(Bに)Aを配る [≒ distribute, pass [give] out]
You can earn a little extra money by **handing out** leaflets **to** pedestrians.	通行人にパンフレットを配ることで，少し小遣い稼ぎができますよ。

1730		
hang around (~)	(～を)ぶらつく，うろつく
I spent the afternoon **hanging around** town with my friends.	午後は友人たちと町をぶらぶらして過ごした。

1731		
hang on	(少し)待つ，電話を切らずにおく
Could you **hang on** for a moment while I get a pen?	ペンを取ってくるので，少し待ってくれますか。

1732		
hang up ~	(電話)を切る
I **hung up** the phone and went to get some coffee.	私は電話を切って，コーヒーを買いに行った。

1733		
head off (~)	～を阻止する [≒ intercept]，～を回避する，出かける，立ち去る
The PR department managed to **head off** the scandal before it became a major story.	広報課は大きなニュースになる前になんとかスキャンダルを阻止できた。

1734		
head out	出かける，立ち去る
I'm **heading out** to the beach this afternoon.	私は今日の午後，ビーチへ出かけるつもりだ。

1735	
hold back ~	～を抑えておく [≒ keep back, contain]
Instead of **holding back** frustrations and complaints, couples should have good arguments.	夫婦は欲求不満や不平を抑えるのではなく，存分に口論をすべきである。

1736	
hold off ~	～を引き延ばす，～を延期する [≒ delay, postpone, put off]
I think we should **hold off** signing the contract until we have more information.	私たちはもっと情報を入手するまで契約書への署名を引き延ばすべきだと思う。

1737	
hold out (~)	(敵・逆境・圧力などに)もちこたえる (⇔ give in)，～を差し出す
The villagers **held out** against the invaders for as long as they could.	村人たちは侵入者に対してできる限りもちこたえた。

1738	
hold over ~	■ (受身形で)続映 [続演] される，～を延期する
The movie was so popular that it was **held over** for another two weeks.	その映画は非常に評判がよかったので，さらに2週間続映された。

1739	
in a row	連続で [≒ consecutively, successively, in succession]
This is the third time **in a row** you have been late!	これであなたは3回連続遅刻だ！

1740	
in favor of ~	～に賛成して，～を支持して [≒ in support of, for] (⇔ against)
Everyone was **in favor of** moving to new premises.	みんな新しい家屋に引っ越すのに賛成であった。

1741	
in response to ~	～に応えて，～に応じて
I received several inquiries **in response to** my advertisement.	私が出した広告に反応して問い合わせをいくつか受けた。

1742
in terms of ~

~の観点から

In terms of reliability, this car is better than that one.

信頼性の観点から，この自動車はあれよりもよい。

1743
in the event of ~

(万一) ~の場合には [≒ in case of]

In the event of a tie, the prize money will be split.

引き分けの場合には，賞金は分けられる。

1744
in vain

無駄に，効果なく

She tried **in vain** to convince her boss not to fire her.

彼女は自分を解雇しないよう上司を説得しようと試みたが，無駄だった。

1745
jump at ~

~にすぐに飛びつく

I would **jump at** the chance to go on a study trip to Africa.

私はアフリカへの研修旅行に行く機会があればすぐに飛びつくだろう。

1746
keep track of ~

(人の動向・情勢など) に注意している，~の跡をたどる

You should try to **keep track of** your monthly expenses more carefully.

あなたは月々の出費にもっと注意するよう心がけるべきだ。

1747
keep up with ~

(時勢・流行・人・仕事・勉強など) に遅れずについていく

He likes to **keep up with** the news and reads several papers every day.

彼はニュースに遅れずについていきたいと考え，毎日いくつかの新聞を読む。

1748
kick around ~

(計画・提案など) をあれこれ検討する

We **kicked around** a few ideas in the car on the way to the meeting.

私たちは会議へ向かう車の中で2，3の案をあれこれ検討した。

---

termは「専門用語，期間，学期，条件，間柄」と意味が多い語だ。

1749 **kick in**	(薬などが)効き始める，機能し始める
After a couple of minutes, the painkillers began to **kick in** and my tooth stopped hurting.	数分後，痛み止めが効き始め，歯の痛みが治まった。
1750 **kick off** *A* (**with** *B*)	(Bで)Aを開始する[≒ start, begin]
They **kicked off** the charitable activity **with** a large fundraising event.	彼らは大規模な資金集めのイベントによって，その慈善活動を開始した。
1751 **kick** *A* **out** (**of** *B*)	(Bから)Aを追い出す[首にする][≒ boot out, expel]
He was **kicked out of** his last apartment for making too much noise.	彼はあまりにも騒がしかったので，前に住んでいたアパートから追い出された。
1752 **knock down ~**	～を取り壊す[≒ demolish, tear down]，～を解体する，～を殴り倒す
This building is going to be **knocked down** at the end of next year.	この建物は来年末，取り壊されることになっている。
1753 **lay into ~**	～を厳しく非難する[≒ criticize]，～を攻撃する[≒ attack]
For some unknown reason, my boss suddenly started **laying into** me.	理由は分からないが，上司が突然私を厳しく非難し始めた。
1754 **lay off ~**	(一時的にまたは永久に)～を解雇する
The company was forced to **lay off** several workers due to the recession.	景気後退のせいで，その会社は数人の従業員を一時解雇することを余儀なくされた。
1755 **leave off** (**~**)	(～を)やめる
Let's **leave off** making a decision for a week or so.	1週間ほど決断するのをやめておこう。

1756 **let alone ~**	(通例否定文の後で) まして~, ~は言うまでもなく [≒ much less]
I can hardly afford to pay my rent, **let alone** go on vacation!	私は家賃を払う余裕がほとんどない. まして休暇旅行に行くなんて！

1757 **let down ~**	~を失望させる [≒ disappoint], ~(の期待・信頼)を裏切る
I felt really **let down** when my friend didn't turn up for our lunch date.	友人がランチデートに現れなかったとき, 私はとてもがっかりした。

1758 **let out ~**	(声など)を出す, (感情)を表す, ~を外に出す
He **let out** a deep sigh of relief after he finished the difficult task.	困難な仕事を終え, 彼は深い安堵のため息を漏らした。

1759 **let up**	手を緩める, (望ましくないことが)弱まる, (風雨などが)やむ
The negotiators did not **let up** in their effort to secure a settlement.	交渉団は合意を得る努力の手を緩めなかった。

1760 **level off [out]**	横ばいになる, 安定する
Sales of this new drink were good in the beginning, but now they have started to **level off**.	この新しい飲料の売り上げは最初はよかったが, 今では横ばいになり始めた。

1761 **lift off**	(飛行機などが)離陸する
Everyone held their breath as the antique plane **lifted off** and rose slowly into the air.	旧式の飛行機が離陸してゆっくり上空に上るとき, 皆がかたずを飲んだ。

1762 **live up to ~**	(期待など)に応える [≒ come up to], (規範など)に従って行動する
He found it hard to **live up to** his parents' expectations.	彼は両親の期待に応えるのは難しいと思った。

1763 **lock in ~**	～を固定する，（鍵をかけて）～を閉じ込める
You need to book the hotel room today to **lock in** this special price!	この特別価格を確定するためには，そのホテルの部屋を今日予約する必要があります！

1764 **look down on ~**	～を見下す，～を軽蔑する [≒ despise]（⇔ look up to）
I get the impression that she **looks down on** me.	私は，彼女が私を見下しているという印象を受けている。

1765 **make (both) ends meet**	（収支を合わせて）収入内で何とかやりくりする
Since I lost my job, I'm struggling to **make ends meet**.	失業してから，私は収支を合わせるのに苦労している。

1766 **make do with ~**	（あり合わせのもの）で済ます
I can't afford to buy you a new bike, so try to **make do with** your old one.	あなたに新しい自転車を買ってあげる余裕はないので，古いので間に合わせるようにしなさい。

1767 **make it**	間に合う，成功する，（会合などに）出席できる
We have to leave now if we want to **make it** to the play on time.	芝居の時間に間に合うように行きたいなら，今すぐに出発しなければならない。

1768 **make out (~)**	～を理解する [≒ understand, figure out]，うまくやる
I couldn't **make out** what he said because it was so complicated.	彼が言うことはとても複雑だったので理解できなかった。

1769 **make over ~**	～を作り変える，～を変身させる
We are planning to completely **make over** our house this spring.	今春，私たちは自宅を全面的に改装することを計画している。

1770 ☐☐☐ **mark down ～**	～を値下げする（⇔ mark up），～を 書き留める [≒ write down]
All these goods have been **marked down** by up to 50%.	これらの商品は全て最大50パーセント値引 きされている。
1771 ☐☐☐ **mark out ～**	（線などで）～を区画する，～を区 切る
The boy **marked out** a baseball field in the schoolyard.	その少年は，校庭に線を引いて野球場とした。
1772 ☐☐☐ **miss out on ～**	（機会・好機など）を逸する
She was really upset when she **missed out on** being promoted for the second time.	彼女は，2度目の昇進のチャンスを逃したと き，とても動揺した。
1773 ☐☐☐ **narrow down ～**	（範囲など）を制限する，～を狭く する
The judges **narrowed down** the contestants to six finalists.	審査員はコンテストの出場者を6人の決勝進 出者に絞った。
1774 ☐☐☐ **on a ～ basis**	～の基準で，～の原則で
We would like to offer you this job **on a** trial **basis**.	試験的に，あなたにこの仕事を提供したいと 思います。
1775 ☐☐☐ **on [≡ in] behalf of *A***	*A* を代表して，*A* に代わって [≒ in place of, instead of]
On behalf of my husband and myself, I would like to welcome you all to this party.	私たち夫婦を代表して，このパーティーにお 越しいただいた皆さんを歓迎したいと思いま す。
1776 ☐☐☐ **on the contrary**	それどころか，まるで反対で
You seem to think I don't agree with you, but **on the contrary**, I agree with you completely.	私があなたに同意しないと思っているようで すが，それどころか全面的に同意します。

on a daily basis「毎日」もあわせて覚えておこう。

1777 **on the spot**	その場で，即座に
Doctors can perform blood tests **on the spot**.	医師はその場で血液検査を行うことができる。
1778 **on the verge of ～**	～の間際［寸前］で［≒ on the brink [edge] of]
I'm **on the verge of** quitting my job.	私は仕事を辞めるかどうかの瀬戸際にいる。
1779 **over the hump**	難局を脱して，峠を越して
I'm confident our business is now **over the hump**.	我々の事業はもう危機を脱したと確信している。
1780 **owing to ～**	～のために，～の理由で［≒ because of, due to]
Owing to the bad weather, we will have to cancel the picnic.	悪天候のため，私たちはピクニックを取りやめなければならないだろう。
1781 **pack up**	（仕事などが終わって）持ち物をまとめる，荷造りする
After ten years of living in the city, he decided to **pack up** and move back to the countryside.	都会で10年間暮らした後，彼は荷物をまとめて田舎に戻ることに決めた。
1782 **pass for ～**	～で通る，～と見なされる
Her French is so good that she could easily **pass for** a native speaker.	フランス語がとても上手なので，彼女は十分ネイティブスピーカーで通用する。
1783 **pass off *A* (as *B*)**	Aを（Bだと）偽る
The terrorist **passed** himself **off as** a police officer.	そのテロリストは自分を警察官だと偽った。

1784 **pass *A* on (to *B*)**	A（もの・情報・病気・利益など）を（Bに）伝える［渡す］［≒ transmit］
Could you **pass** my message **on to** him, please?	彼に私のメッセージを伝えてもらえますか。

1785 **pass out**	気絶する［≒ faint］
It was hot and crowded on the train and I almost **passed out**.	電車は暑い上に混雑していて，私はほとんど気絶しそうだった。

1786 **pay off ～**	（借金など）を全部払う
It took me three years to **pay off** my car loan.	自動車ローンを完済するのに3年かかった。

1787 **phase out ～**	～を段階的に廃止［排除］する
The manufacturer has decided to **phase out** this car model.	そのメーカーはこの自動車モデルを段階的に廃止することを決めた。

1788 **pick over ～**	～を念入りに調べて選ぶ，～を吟味する［≒ examine］
The cat **picked over** the food that some people had left on a picnic table.	ネコはピクニックテーブルに置いていかれた食べ物を念入りに調べて選んだ。

1789 **pick through ～**	～の中をくまなく探す
The police **picked through** the garbage looking for evidence.	警察は証拠を求めてごみの中をくまなく探した。

1790 **pile up**	（仕事・借金などが）どんどんたまる，山積する［≒ accumulate］
The work has been **piling up** on my desk recently.	最近，私の机の上に仕事がどんどんたまってきている。

humpは「（道などの）隆起，丸い丘，（ラクダの）こぶ」などの意味。 **403**

1791 **pin down ~**	〜を押さえつける, 〜を動けなくする
After days of fighting, the army was finally able to **pin down** the rebels in the east part of the town.	数日にわたる交戦の末, 軍はついに反乱者を町の東部に釘付けにすることができた。
1792 **play down ~**	〜を (実際より) 重要でないように見せようとする [≒ downplay]
Both leaders **played down** the problems between their countries.	両指導者は 2 国間の問題を軽く見せようとした。
1793 **play out (~)**	(物事・状況が) 展開する, 徐々に進展する, 〜を最後まで演じる
I'm really interested to see how this game **plays out**.	私はこの試合がどのように展開するのかに大変興味があります。
1794 **play up ~**	〜を誇張する [≒ exaggerate], 〜を強調する [≒ emphasize]
Newspapers tend to **play up** unusual stories.	新聞には珍しい話を誇張する傾向がある。
1795 **point to ~**	(状況・証拠などが) 〜を示す, (大事な点・理由など) を指摘する
All the evidence **points to** the fact that he is guilty of the crime.	全ての証拠は彼がその犯罪に関して有罪であるという事実を示している。
1796 **pull back (~)**	後退する〈from 〜から〉, 〜を後退させる [≒ withdraw], 思いとどまる
After three of their tanks were destroyed, the army had no choice but to **pull back**.	戦車を 3 台破壊され, その軍隊は撤退するしかなかった。
1797 **pull in ~**	(観衆・客など) を引きつける [≒ attract], (利益・金など) を得る
This actor is famous for **pulling in** large audiences.	この俳優は, 多くの観客を集めることで有名だ。

1798	
pull off ~	（困難なこと）をやってのける
I'm not confident that we will be able to **pull off** this deal.	我々がこの取引をうまくやってのけるだろうという確信はない。

1799	
pull through ~	（病気・苦境など）を切り抜ける [≒ get over]
Even the doctors were surprised when she **pulled through** the operation.	彼女が手術を乗り切ったとき，医師たちでさえも驚いていた。

1800	
push for ~	～を要求する [≒ demand]，～を得ようと努める
The union has been **pushing for** better working conditions for some time.	組合はしばらくの間，よりよい労働条件を要求してきた。

● 形容詞はリアル体験で覚えよう！

形容詞が覚えにくいとよく聞きます。そこでお勧めなのは，リアルな体験と結びつけることです。例えば，古くなったパンを手に stale (**0863**) を思い出し，常に周りに配慮する同級生・同僚を見て considerate (**1179**) だなぁと考えてみます。長く履き続けている靴を見ながら durable shoes (**1180**) と言ってみたり，What a filthy room! (**1190**) と言いながら部屋を掃除したりして，単語のイメージをインプットしましょう。単語は文字だけでなく映像と連携させることでより印象に残ります。このように，日常の風景の中に多くの形容詞を探してみましょう。

1801
push through ~

（議案など）を通す，～を突き進む

The government tried unsuccessfully to **push through** the new tax law.

政府はその新しい税法を押し通そうとしたが不成功に終わった。

1802
put down ~

（金額）を手付金として払う，～を書き留める [≒ write down]

Can I **put down** 100 dollars today and then pay you the rest later?

今日は 100 ドルを手付金として払い，残りは後日に支払うということでいいですか。

1803
put forth ~

■ （力など）を発揮する，（計画・案など）を提出する

She will have to **put forth** her best effort if she wants to win the tournament again this year.

今年もトーナメントで優勝したいのであれば，彼女は全力を尽くさなければならないだろう。

1804
put forward ~

～を提案 [提出] する [≒ submit, suggest]

I **put forward** several proposals at the meeting yesterday.

私は昨日，会議でいくつかの提案をした。

1805
put in ~

（設備など）を備え付ける，（金・時間・精力など）をつぎ込む

We are planning to **put in** a sunroom next year.

私たちは来年，サンルームを設置する予定にしている。

1806
put A through (to B)

Aの電話を（Bに）つなぐ [≒ connect]

If you can hold the line for a moment, I'll **put** you **through to** someone in the sales department.

少々お待ちいただければ，営業部の者に電話をおつなぎします。

1807
read off ~

（リストなど）を読み上げる

The organizer of the competition **read off** the list of award nominees.

そのコンテストの主催者は，受賞候補者のリストを読み上げた。

1808
refrain from *doing*

〜するのを控える，〜するのをやめる

Excuse me, but could you please **refrain from talking** in the library?

申し訳ありませんが，図書館での私語は控えていただけますでしょうか。

1809
regardless of ~

〜に（も）かかわらず，〜にかまわず [≒ irrespective of]

This job is open to all applicants **regardless of** age or gender.

この仕事は年齢や性別に関係なく，全ての応募者に開かれている。

1810
roll in (~)

（金など）がたくさんある，転がり込む，どっと集まる

He must be **rolling in** money to be able to afford such an expensive car.

あんな高級車を買う余裕があるなんて，彼はお金が有り余っているに違いない。

1811
roll up ~

〜をくるくると巻く，（そで・すそ）をまくり上げる

I **rolled up** my yoga mat and put it back on the shelf.

私はヨガマットをくるくると巻き，棚に戻した。

1812
round off ~

〜を締めくくる，〜をうまく終える

We **rounded off** the evening by having a final drink in the local pub.

私たちは地元のパブで最後の1杯を飲み，その晩を締めくくった。

1813
round up ~

（散らばった人など）を集める，〜を逮捕する

It took the teacher a while to **round up** the children and get them on the school bus.

その教師が子供たちを集めてスクールバスに乗せるのに少し時間がかかった。

1814 ☐☐☐ **rule out ~**	~を排除する, ~を除外する [≒ exclude, eliminate, preclude]
The Prime Minister has not **ruled out** the possibility of military action.	首相は軍事行動の可能性を排除していない。

1815 ☐☐☐ **run against ~**	~に不利になる
Public opinion seems to be **running against** the government these days.	最近, 世論は政府にとって逆風となっているようだ。

1816 ☐☐☐ **run down ~**	(車・運転手が)~をひく, ~のことを悪く言う, ~を突き止める
He was **run down** by a white car outside his office.	彼は会社の外で白い車にひかれた。

1817 ☐☐☐ **run through ~**	ざっと~を読み上げる [に目を通す] [≒ browse through, scan]
The meeting began with the chairperson **running through** the agenda items.	その会議は, 議長が協議事項を読み上げることで始まった。

1818 ☐☐☐ **scoop up ~**	~を抱き上げる, ~をすくい上げる
The woman **scooped up** her baby and ran from the burning building.	その女性は自分の赤ん坊を抱き上げて, 燃えている建物から逃げた。

1819 ☐☐☐ **scratch out ~**	~を削除する, やっと(生計)を立てる
The editor **scratched out** a few words from the article with his red pen.	編集者は赤ペンで2, 3の言葉を記事から消した。

1820 ☐☐☐ **see about ~**	~を検討する, ~を手配する, ~を何とかする
I must **see about** getting a new car as soon as possible.	私はできるだけ早く, 新車を買うことを考えなければならない。

1821 **see *A* off**	（空港・駅などで）Ａを見送る
I went to the airport to **see** my friend **off**.	私は友人を見送るために空港へ行った。

1822 **see through ～**	～を見抜く，～を見破る，～を通して見る
Do you really think I can't **see through** your lies?	私があなたの嘘を見抜けないと本気で思っていますか。

1823 **sell out**	（期待を）裏切る〈on ～の〉，（ものが）売り切れる
The respected actor was accused of having **sold out** when he appeared on the trashy TV show.	尊敬を集めていたその俳優は，くだらないテレビ番組に出演したとき，期待を裏切ったとして非難された。

1824 **send for ～**	（人・助けなど）を呼ぶ，～に来てもらう
I asked my friend to **send for** the doctor.	私は，医者を呼ぶように友人に頼んだ。

1825 **send out for ～**	（食べ物）の出前を頼む
We had to work late at the office, so we **sent out for** some food.	私たちは遅くまでオフィスで働かなければならなかったので，食べ物の出前を頼んだ。

1826 **set aside ～**	（時間・金など）をとっておく〈for ～用に〉，～をわきへどける
I promise to **set aside** some time to help you this weekend.	今週末，あなたを手伝うための時間を確保することを約束します。

1827 **set down ～**	～を書き留める [≒ write down]
Why don't you **set down** your ideas for your new book on paper?	新しい本のアイデアを紙に書き留めたらどうですか。

1828	
set in	(季節・流行・好ましくないものなどが)始まる,起こる [≒ begin]
It feels like winter is starting to **set in**.	冬が始まろうとしているように感じる。

1829	
set off (〜)	出発する [≒ set out, leave],〜を引き起こす,〜を作動させる
We plan to **set off** for the beach early in the morning.	私たちは朝早く浜辺に向かって出発する予定だ。

1830	
set out to *do*	〜することに着手する,〜し始める [≒ start to *do*]
Researchers **set out to discover** a cure for the disease.	研究者たちはその病気の治療法を発見する試みに着手した。

1831	
set up 〜	(会合など)を準備する,〜を設置する,(会社・組織など)を作る
If it's OK with you, I'll **set up** a meeting next Friday.	あなたが大丈夫であれば,私は来週の金曜に会議を設定します。

1832	
settle down	ゆったりとくつろぐ,落ち着く,定住する
I **settled down** by the fire with a cup of tea and a good book.	私は1杯のお茶と面白い本を持って火のそばでくつろいだ。

1833	
settle up (with 〜)	(〜と)清算する,(〜に)勘定を支払う
Would it be all right if I **settled up with** you at a later date?	後日あなたと清算するということでもよろしいでしょうか。

1834	
shake up 〜	〜を刷新する,〜を動揺させる,〜を奮い立たせる
We have brought in a new manager to **shake up** the business.	私たちは事業を刷新するため新しいマネージャーを雇い入れた。

1835	いいところを見せる, 〜を見せびら
show off (〜)	かす

| The child tried to **show off** by singing loudly. | その子供は大声で歌って, <u>いいところを見せ</u>ようとした。 |

1836	現れる, やってくる [≒ appear, turn
show up	up]

| This is the second time he has not **shown up** for work this week. | 彼が今週仕事に<u>姿を現さ</u>なかったのは, 今回が2度目だ。 |

1837	(署名して)〜に参加する, (受講な
sign up for 〜	ど)の届けを出す

| I **signed up for** the college rugby team. | 私は大学のラグビーチーム<u>に入部届けを出した</u>。 |

1838	〜を(特に)選び出す〈for 〜のために,
single out 〜	to do 〜するよう〉

| He was **singled out for** promotion due to his outstanding sales record. | 彼は, その傑出した販売成績が理由で, 昇進<u>を与えられる者として選び出</u>された。 |

1839	十分に理解される, 分かってもらう
sink in	

| It took some time for the meaning of what he said to **sink in**. | 彼の言ったことの意味が<u>十分に理解される</u>には少し時間がかかった。 |

1840	何もしないで [手をこまねいて] い
sit back	る, くつろぐ, (いすに)深く座る

| Are you really going to just **sit back** and let me do everything? | あなたは本当に<u>何もしないで</u>私に全部やらせるつもりなの? |

1841	(悪い事態を)黙って見ている, 傍
sit by	観する

| I'm not going to **sit by** and watch as he gets sent to prison. | 彼が刑務所に送られるのを<u>黙って見ている</u>つもりはない。 |

---

sink は「沈む」だから, sink in は「心の中に染み込んでいく」イメージだね。

1842	
sit in	参加する〈on ～に〉，見学 [参観] する，代理を務める

I asked him if I could **sit in on** the management meeting.	私は経営会議に参加してもよいか彼に尋ねた。

1843	
skim over ～	～をざっと見る，～を表面的に扱う

We **skimmed over** the details of the report in the meeting.	我々は，その会議で報告書の詳細についてざっと目を通した。

1844	
slip by	(時・機会が)いつの間にか過ぎる

I can't believe I let such a great opportunity **slip by**!	そんな絶好の機会を逃したなんて信じられない！

1845	
smooth over ～	(話し合いをして)(問題・困難など)を処理しやすくする

I tried my best to **smooth over** the problems with the angry customer.	私はその怒った客との問題を処理しやすくするために最善を尽くした。

1846	
speak for ～	～を代表して意見を述べる，～を代弁する，～への支持を表明する

Speaking for all the workers, the mechanic pointed out that working conditions in the factory were not safe.	全従業員を代表して，機械工は工場の労働環境が安全でないことを指摘した。

1847	
split up (～)	別れる，分裂する，～を分裂させる

After 10 years together, the couple decided to **split up**.	10年間生活を共にした末，その夫婦は別れることに決めた。

1848	
spring from ～	～から生じる，(人が)～の出である [≒ originate from]

The new virus seems to have **sprung from** a live-animal market.	その新しいウイルスは，生きた動物を売る市場から発生したようだ。

1849	
spring up	急に生まれる，急成長する
New restaurants and bars are **springing up** all over town.	新しいレストランとバーが急に町中にできている。

1850	
stand down (as ～)	🇬🇧 （公職などを）辞任する [≒ step down, resign]
After 10 years, he decided to **stand down as** chairperson of the committee.	10年在職した後，彼は委員長を辞任することに決めた。

1851	
stand for ～	～の略である，～を意味する，～を支持する [≒ support]
SDGs **stands for** Sustainable Development Goals.	SDGsは，Sustainable Development Goals（持続可能な開発目標）の略である。

1852	
stand up to ～	～に抵抗する，～に立ち向かう，～に耐える [≒ withstand]
I think you should **stand up to** your boss more.	あなたはもっと上司に抵抗するべきだと思います。

1853	
stay off ～	（健康のため）～を控える，～に近づかない
I have managed to **stay off** sweets this past month.	私はこの1カ月，どうにか甘い物を控えることができた。

1854	
step down [aside]	辞任する [≒ resign, stand down]
The Prime Minister decided to **step down** after 12 years in office.	首相は12年間の在職期間を経て辞任することに決めた。

1855	
stick around	そこらで待つ，帰らずにいる
If you **stick around** until my shift finishes, I will buy you a coffee.	私の勤務シフトが終わるまでそこらで待っていてくれたら，コーヒーをおごるよ。

長文読解では skimming（要点だけを拾って素早く読むこと）が大事。

1856 ☐☐☐ **stick to [by] ~**	（主義など）を堅持する [≒ adhere to]，~をやり続ける [≒ continue]
It is important to **stick to** one's principles.	自分の信条にこだわることが重要だ。

1857 ☐☐☐ **stick up for ~**	~をあくまでも擁護する，~を支持する
My brother **stuck up for** me when the coach accused me of losing the locker room key.	私がロッカールームの鍵をなくしてコーチに非難されたとき，兄は擁護してくれた。

1858 ☐☐☐ **stick with ~**	~を最後までやり抜く，~を続けてする [≒ continue]
I think we should **stick with** this business plan.	私たちはこのビジネスプランを堅持すべきだと思う。

1859 ☐☐☐ **stir in ~**	~を入れてかき混ぜる
Next, turn down the gas and gradually **stir in** the curry powder.	次に，火を弱めて，少しずつカレー粉を入れてかき混ぜましょう。

1860 ☐☐☐ **stir up ~**	（騒ぎなど）を引き起こす，（想像力・記憶など）をかき立てる
She is always trying to **stir up** trouble between her coworkers.	彼女はいつも同僚たちの間に騒ぎを引き起こそうとしている。

1861 ☐☐☐ **sum up ~**	~を要約する [≒ summarize, epitomize, digest]
Before we discuss anything else, let me just **sum up** the main points so far.	ほかのことについて議論する前に，ここまでの要点をまとめさせてください。

1862 ☐☐☐ **take in ~**	~を摂取する，（光景など）を観察する，~をだます，~を理解する
Trees **take in** carbon dioxide and release oxygen into the air.	樹木は二酸化炭素を取り込み，酸素を空気中に出す。

1863 □□□ **take on ~**	(特にきつい仕事・責任)を引き受ける [≒ undertake]
I'm nervous about **taking on** such a big project.	そのような大プロジェクトを引き受けることに緊張している。

1864 □□□ **take over ~**	～を引き継ぐ, ～を買収する, ～を占領する
The new supervisor will **take over** responsibilities for the office from next week.	新しい管理者が来週から事務所の責務を引き継ぐ。

1865 □□□ **take up ~**	～を趣味 [職業・学問] として始める, (問題など)を取り上げる
He **took up** golf after he retired.	彼は退職後にゴルフを始めた。

1866 □□□ **talk down to A**	A を見下した調子で話す
I hate it when my boss **talks down to** me like that!	私は上司があのように見下した調子で私に話すのが嫌いだ！

1867 □□□ **talk A into doing**	A を説得して～させる [≒ persuade [convince] A to do]
The boy **talked** his friend **into coming** to the party with him.	その少年は友人を説得して彼と一緒にパーティーに来るようにさせた。

1868 □□□ **talk up ~**	(人・もの)を実際以上に興味深いもののように話す (⇔ talk down)
The salesperson **talked up** the new computer.	その販売員は新しいコンピューターを実際以上に興味深いもののように話した。

1869 □□□ **tear down ~**	～を取り壊す [≒ demolish]
The old school building is due to be **torn down** this month.	その古い校舎は今月中に取り壊されることになっている。

1870			
tell on ~	（特に子供が）~のことを告げ口する，~にこたえる
I know what I did was wrong, but please don't **tell on** me.	私がしたことは間違っていると分かっていますが，私のことを告げ口しないでください。

1871			
the other way around	（方角・事情などが）逆に [で]
Did you propose to your wife or was it **the other way around**?	あなたが奥さんにプロポーズしたのですか，それとも逆ですか。

1872			
throw off ~	（衣服など）をさっと脱ぐ[脱ぎ捨てる]，~を払いのける
He **threw off** his blankets, jumped out of bed, and got ready to face the day.	彼は毛布を振り払い，ベッドから飛び出し，一日を始める準備をした。

1873			
throw up (~)	嘔吐する，（食べ物）を吐く[≒vomit]
She started to feel airsick and **threw up** several times.	彼女は飛行機酔いを感じ始め，何度か嘔吐した。

1874			
tidy up ~	（部屋・家・机など）を片付ける，~を整理する
I told my son several times to **tidy up** his room.	私は息子に部屋を片付けるようにと何度か言った。

1875			
tie up ~	（通例受身形で）忙しくて身動きできない，~を固く縛る
I'm **tied up** with work until about 8 p.m. tonight.	私は今夜，午後8時ごろまで仕事で忙しい。

1876			
tip over (~)	ひっくり返る，倒れる，~をひっくり返す
The boat **tipped over** in rough seas, but all the passengers were rescued.	その船は荒波で転覆したが，乗客は全員救出された。

1877 touch up ~	(絵・文章・化粧など)を手直しする，~を修正する
The photographer **touched up** the photographs before showing them to his client.	その写真家は，依頼人に見せる前に写真を手直しした。

1878 track down ~	~を追跡して捕らえる，~を追い詰める [≒ trace, run down]
The police are trying to **track down** the owner of the white van involved in the accident.	警察は事故に関与した白いバンの所有者を追跡しようとしている。

1879 trip up (**A**)	A をつまずかせる，つまずく，しくじる
I was **tripped up** by my cat on the stairs.	私は階段で飼い猫につまずいてしまった。

1880 try out ~	~を試してみる，~の効果を試す
I'm planning to **try out** this new spa today.	私は今日，この新しい温泉を試してみる予定だ。

1881 tune in (to ~)	(局・番組などに)テレビ[ラジオ]のチャンネルを合わせる
Don't forget to **tune in to** our special program at 7 p.m. tonight.	今夜7時の特集番組にチャンネルを合わせることをお忘れなく。

1882 tune up (~)	(楽器)を調律する，(エンジン・機械など)を整備する，調律する
I need to **tune up** my guitar before the concert.	私はコンサートの前にギターを調律する必要がある。

1883 turn around (~)	(商売・経済など)を好転させる，~の向きを変える，好転する
The Finance Minister said there were several ways to **turn around** the economy.	財務大臣は経済を好転させる方法はいくつかあると述べた。

形容詞の tidy「きちんとした，整然とした」も覚えておきたい。

1884	~を追い払う〈from ~から〉，（客など）の入場を断る，~を背ける
turn away ~	
The protesters were **turned away** by the security staff.	抗議者たちは警備員に追い払われた。

1885	🇺🇸 ~を提出する [≒ submit]，寝る
turn in (~)	
I need to **turn in** this report by tomorrow morning at the latest.	遅くとも明朝までにこのレポートを提出する必要がある。

1886	(turn out (to be) で) であることが分かる [≒ prove]，集まる
turn out	
The news report about the prince **turned out to be** completely fake.	王子についての報道は完全に虚偽だと判明した。

1887	~に頼る，（犯罪・悪習など）に走る，~に取りかかる
turn to ~	
I **turned to** my homeroom teacher for advice.	私は助言を求めて担任の先生を頼った。

1888	~を盗む [≒ steal]，（賞など）をあっさり手に入れる
walk off [away] with ~	
The robbers **walked off with** a million dollars in jewelry.	その強盗は，100万ドル相当の宝石類を持ち去った。

1889	はぐれる，（道路・場所から）外れる，（主題から）脱線する
wander off	
The boy **wandered off** from the group and got lost in the forest.	その少年はグループからはぐれ，森の中で迷子になった。

1890	~を欠いている [≒ lack]
want for ~	
She saw to it that her children **wanted for** nothing.	彼女は子供たちが何ひとつ不自由なく暮らせるように取り計らった。

1891	~を洗い流す，（記憶・感情など）を洗い去る [≒ get rid of]
wash away ~	
It is unfortunate that the rain last night **washed away** most of the evidence.	昨夜の雨でほとんどの証拠が洗い流されてしまったのは残念だ。

1892	（食べ物など）を流し込む〈with 水などで〉，~を洗い流す
wash down ~	
We **washed down** our meal **with** beer.	私たちは食事をビールで流し込んだ。

1893	~の世話をする [≒ take care of]，~を見守る，~を監視する
watch over ~	
Can you **watch over** my puppy for a few hours this afternoon?	今日の午後，私の子犬を2，3時間世話してくれますか。

1894	（薬効・印象・痛みなどが）しだいに弱まる，すり減ってなくなる
wear off	
The effects of the painkillers began to **wear off** after an hour.	痛み止めの効果は，1時間すると弱まり始めた。

1895	~を疲れ果てさせる [≒ exhaust, tire out]
wear out ~	
Listening to her lecture for two hours totally **wore** me **out**.	彼女の講義を2時間聞いたことで，私はすっかり疲れ切ってしまった。

1896	~に重くのしかかる，~を圧迫する，~を苦しめる
weigh on ~	
As time went by, I found that the responsibilities of my job began to **weigh on** me.	時間が経つにつれて，仕事の責任が私に重くのしかかり始めていることに気づいた。

1897	~を説得する [≒ persuade]
win over ~	
I finally managed to **win over** the board of directors to my point of view.	私はついに役員会を説得して私の見方を受け入れさせることができた。

1898 wipe out ~	~を消滅[絶滅]させる, ~を撲滅する [≒ eradicate, kill off]
A mystery virus **wiped out** almost all the chickens in the area.	謎のウイルスがその地域のニワトリをほぼ全滅させた。

1899 work out ~	(計画・対策など)を練る, (問題)を解決する, ~を計算する
Negotiators are hoping to **work out** a peaceful settlement to the issue.	交渉者たちはその問題の平和的な解決策を考え出すことを望んでいる。

1900 wrap up ~	(仕事・交渉など)を滞りなく終える [≒ finish, complete, conclude]
We want to **wrap up** this business deal in a few days.	私たちはこの取引を数日中に滞りなく終えたいと思っている。

● 単語に感じる「親近感」

単語を覚えるのは人の名前を覚えるのによく似ています。初対面で自己紹介をされただけではしばらくすると名前を忘れてしまいますが, 何度か会ってその人の趣味や性格が分かると, 徐々に記憶が定着して忘れなくなります。英単語にも何度も繰り返し出会うようにしましょう。例えばcommendable (**1187**)であれば, 最初は「賞賛されるべき」とインプットしますが, その後 John did a commendable job. / Kate handled the difficult situation in a commendable manner. など違った例文の中で出会うことで, 徐々にイメージが具体的になり, まるで人の性格を知るかのような「親近感」を覚えます。親しい人の名前は忘れないのと同様に, 仲よくなった単語はいつまでも記憶に残ります。

数字は見出し語番号だよ。ページ数ではないので気をつけてね。

☐ emission	0147
☐ empathy	1547
☐ emphasize	0504
☐ employment	0078
☐ enable	0105
☐ enact	0818
☐ enclose	1528
☐ encounter	0711
☐ encouraging	0381
☐ endangered	0493
☐ endeavor	1226
☐ endorse	0522
☐ enforce	0217
☐ engage	0305
☐ enhance	0811
☐ enlist	1104
☐ enormous	0272
☐ enroll	1115
☐ ensure	0018
☐ enterprise	1254
☐ enthusiasm	1568
☐ entire	0099
☐ entrust	1433
☐ epidemic	0781
☐ equality	0229
☐ equator	0965
☐ equip	0905
☐ equivalent	0870
☐ era	0753
☐ errand	1034
☐ eruption	0140
☐ escort	1213
☐ essential	0090
☐ establishment	0360
☐ esteem	1468
☐ estimate	0311
☐ ethical	0887
☐ evacuate	0518
☐ evaluate	0220
☐ eventually	0289
☐ evidence	0045
☐ evil	0394
☐ evolution	0168
☐ exaggerate	0205
☐ exceed	0507
☐ excel	1114
☐ exceptional	0984
☐ excerpt	1147
☐ excessive	0772
☐ exclusive	1177
☐ executive	0148
☐ exemption	1157
☐ exert	0819
☐ exhale	1514
☐ exhausted	0966
☐ exile	1236
☐ existence	0444
☐ exotic	1173
☐ expand	0019
☐ expectancy	0660

☐ expel	1308
☐ expense	0068
☐ experienced	0478
☐ experimental	1281
☐ expertise	1049
☐ expire	0809
☐ exploration	0836
☐ explosion	1256
☐ export	0906
☐ exposure	0438
☐ extend	0126
☐ external	0883
☐ extinction	0544
☐ extravagant	1189
☐ extreme	0094

F

☐ fabric	1041
☐ fabricate	1208
☐ facilitate	1214
☐ facility	0034
☐ factor	0049
☐ faculty	1353
☐ fade	0609
☐ faint	1490
☐ faith	1148
☐ fake	0482
☐ falsify	1313
☐ famine	1257
☐ fancy	0400
☐ fare	1355
☐ fasten	1518
☐ fatal	0484
☐ fate	1365
☐ fatigue	1248
☐ faulty	0787
☐ favorable	1473
☐ feast	1137
☐ feature	0245
☐ federal	0282
☐ feeble	0694
☐ fertile	0495
☐ fetch	1529
☐ fictional	0976
☐ fictitious	1497
☐ fierce	1373
☐ figure	0127
☐ filthy	1190
☐ finance	0446
☐ fine	0013
☐ finite	0985
☐ fire	0011
☐ firm	0335
☐ fit	0190
☐ flaw	0742
☐ flexible	0276
☐ flu	0470
☐ fluid	0760
☐ foe	1237
☐ folk	1480

☐ forbid	1231
☐ forge	1531
☐ formation	0329
☐ former	0278
☐ formulate	1513
☐ forthcoming	1166
☐ fortune	1055
☐ fossil	0225
☐ foster	0511
☐ foundation	0358
☐ founder	0828
☐ fountain	1446
☐ fracture	1544
☐ fragile	0576
☐ fragment	1152
☐ fragrance	1339
☐ frankly	0898
☐ frantic	1576
☐ frequency	0367
☐ friction	1035
☐ frustrate	1222
☐ fuel	0073
☐ fulfill	1029
☐ fund	0137
☐ fundamental	1290
☐ funeral	1440
☐ furious	1481
☐ fusion	1543

G

☐ gaze	1522
☐ gender	0668
☐ general	0095
☐ generate	0211
☐ generous	1474
☐ genetic	0187
☐ genius	1447
☐ genome	0060
☐ gently	1198
☐ genuine	1375
☐ geological	0969
☐ geometry	1264
☐ germ	0537
☐ glacier	1555
☐ glance	0907
☐ glide	0921
☐ globalization	0464
☐ gloomy	1377
☐ gossip	1427
☐ gracious	1498
☐ gradual	0977
☐ grain	0461
☐ grant	0353
☐ graphic	0650
☐ grasp	1306
☐ grassland	1448
☐ gratify	1516
☐ graze	1432
☐ grief	1556
☐ grind	1501

数字は見出し語番号だよ。ページ数ではないので気をつけてね。

数字は見出し語番号だよ。ページ数ではないので気をつけてね。

☐ renew	0218
☐ renovate	1410
☐ repay	1027
☐ repetitive	1598
☐ replacement	0633
☐ replicate	0804
☐ representative	0158
☐ reproduce	0704
☐ reptile	1364
☐ reputation	0224
☐ requirement	0258
☐ reschedule	0209
☐ resent	1111
☐ resident	0036
☐ resign	1129
☐ resilient	1573
☐ resist	0506
☐ resolve	1406
☐ resort	0601
☐ resource	0074
☐ respiratory	1599
☐ respondent	0740
☐ restore	0306
☐ restrain	1003
☐ restrict	0607
☐ resume	0716
☐ résumé	0249
☐ retail	0727
☐ retain	1013
☐ retreat	1301
☐ retrieve	1116
☐ reunion	0652
☐ reveal	0029
☐ revenue	1143
☐ revise	0606
☐ revive	0817
☐ revolt	1302
☐ rewarding	1485
☐ riddle	1241
☐ rigid	1380
☐ riot	0150
☐ ripe	1000
☐ risky	0194
☐ ritual	0570
☐ rivalry	0744
☐ roam	1023
☐ robbery	0857
☐ root	0326
☐ rotate	1006
☐ rotten	1400
☐ roughly	0594
☐ routine	0557
☐ rubber	1462
☐ ruin	0904
☐ rural	0184
☐ rust	0371

S

☐ sacred	1486
☐ sacrifice	0749

☐ sanction	1344
☐ sane	1471
☐ sanitation	1242
☐ satellite	0167
☐ satisfaction	0455
☐ savage	1587
☐ saving	0143
☐ scale	0459
☐ scan	0708
☐ scandal	1348
☐ scarce	0794
☐ scatter	0521
☐ scenic	0696
☐ scheme	1047
☐ scholarship	1144
☐ scold	1332
☐ scorn	1367
☐ scrape	1330
☐ scratch	0613
☐ sculpture	0631
☐ seasonal	1583
☐ secretary	0355
☐ secure	0775
☐ segment	1149
☐ seize	0705
☐ sensation	1160
☐ sensitive	1071
☐ sensory	0399
☐ sequel	1535
☐ serene	1191
☐ series	0834
☐ servant	1455
☐ session	0452
☐ setback	1546
☐ settlement	0343
☐ severe	0100
☐ sewage	0676
☐ shallow	0385
☐ shame	0476
☐ shift	0265
☐ ship	0004
☐ shortage	0055
☐ shriek	1109
☐ shrink	0719
☐ sibling	1567
☐ signature	0953
☐ significant	0086
☐ simmer	0924
☐ simplify	0914
☐ simultaneous	1591
☐ sincerity	1342
☐ sinister	1067
☐ site	0032
☐ skeleton	0180
☐ skeptical	1278
☐ slack	1383
☐ slight	0489
☐ slope	1554
☐ smash	1331
☐ smoothly	0897

☐ sneak	0514
☐ soak	0622
☐ soar	1228
☐ socialize	0625
☐ sociology	1456
☐ soil	0081
☐ solid	0389
☐ solitary	0971
☐ somehow	1195
☐ sophisticated	0486
☐ soul	0375
☐ sour	1584
☐ spacious	0582
☐ species	0030
☐ specific	0273
☐ spectacle	1457
☐ sphere	1345
☐ spiritual	0492
☐ spoil	0401
☐ sponsor	1402
☐ spontaneous	1283
☐ spot	0321
☐ sprain	1110
☐ stable	0383
☐ stale	0863
☐ stance	0759
☐ standby	1265
☐ staple	1478
☐ stare	1318
☐ starve	0612
☐ static	1592
☐ statistics	0336
☐ status	0226
☐ steady	0393
☐ steep	0876
☐ stem	0670
☐ stereotype	0648
☐ stern	1087
☐ sticky	0494
☐ stimulate	0402
☐ stir	1418
☐ stock	0050
☐ storage	0334
☐ straightforward	0586
☐ strain	0743
☐ strangle	0929
☐ strategy	0149
☐ stray	0515
☐ stream	0635
☐ strengthen	0312
☐ strictly	0498
☐ striking	1068
☐ strive	1419
☐ stroke	0941
☐ stroll	0805
☐ structure	0069
☐ struggle	0025
☐ stubborn	1272
☐ stumble	1004
☐ sturdy	0866

数字は見出し語番号だよ。ページ数ではないので気をつけてね。

熟語編

A

B

C

D E

数字は見出し語番号だよ。ページ数ではないので気をつけてね。

☐ play down ~	**1792**
☐ play out (~)	**1793**
☐ play up ~	**1794**
☐ point to ~	**1795**
☐ pull back (~)	**1796**
☐ pull in ~	**1797**
☐ pull off ~	**1798**
☐ pull through ~	**1799**
☐ push for ~	**1800**
☐ push through ~	**1801**
☐ put down ~	**1802**
☐ put forth ~	**1803**
☐ put forward ~	**1804**
☐ put in ~	**1805**
☐ put *A* through (to *B*)	**1806**

R

☐ read off ~	**1807**
☐ refrain from *doing*	**1808**
☐ regardless of ~	**1809**
☐ roll in (~)	**1810**
☐ roll up ~	**1811**
☐ round off ~	**1812**
☐ round up ~	**1813**
☐ rule out ~	**1814**
☐ run against ~	**1815**
☐ run down ~	**1816**
☐ run through ~	**1817**

S

☐ scoop up ~	**1818**
☐ scratch out ~	**1819**
☐ see about ~	**1820**
☐ see *A* off	**1821**
☐ see through ~	**1822**
☐ sell out	**1823**
☐ send for ~	**1824**
☐ send out for ~	**1825**
☐ set aside ~	**1826**
☐ set down ~	**1827**
☐ set in	**1828**
☐ set off (~)	**1829**
☐ set out to *do*	**1830**
☐ set up ~	**1831**
☐ settle down	**1832**
☐ settle up (with ~)	**1833**
☐ shake up ~	**1834**
☐ show off (~)	**1835**
☐ show up	**1836**
☐ sign up for ~	**1837**
☐ single out ~	**1838**
☐ sink in	**1839**
☐ sit back	**1840**
☐ sit by	**1841**
☐ sit in	**1842**
☐ skim over ~	**1843**
☐ slip by	**1844**
☐ smooth over ~	**1845**
☐ speak for ~	**1846**

☐ split up (~)	**1847**
☐ spring from ~	**1848**
☐ spring up	**1849**
☐ stand down (as ~)	**1850**
☐ stand for ~	**1851**
☐ stand up to ~	**1852**
☐ stay off ~	**1853**
☐ step down [aside]	**1854**
☐ stick around	**1855**
☐ stick to [by] ~	**1856**
☐ stick up for ~	**1857**
☐ stick with ~	**1858**
☐ stir in ~	**1859**
☐ stir up ~	**1860**
☐ sum up ~	**1861**

T

☐ take in ~	**1862**
☐ take on ~	**1863**
☐ take over ~	**1864**
☐ take up ~	**1865**
☐ talk down to *A*	**1866**
☐ talk *A* into *doing*	**1867**
☐ talk up ~	**1868**
☐ tear down ~	**1869**
☐ tell on ~	**1870**
☐ the other way around	**1871**
☐ throw off ~	**1872**
☐ throw up (~)	**1873**
☐ tidy up ~	**1874**
☐ tie up ~	**1875**
☐ tip over (~)	**1876**
☐ touch up ~	**1877**
☐ track down ~	**1878**
☐ trip up (*A*)	**1879**
☐ try out ~	**1880**
☐ tune in (to ~)	**1881**
☐ tune up (~)	**1882**
☐ turn around (~)	**1883**
☐ turn away ~	**1884**
☐ turn in (~)	**1885**
☐ turn out	**1886**
☐ turn to ~	**1887**

W

☐ walk off [away] with ~	**1888**
☐ wander off	**1889**
☐ want for ~	**1890**
☐ wash away ~	**1891**
☐ wash down ~	**1892**
☐ watch over ~	**1893**
☐ wear off ~	**1894**
☐ wear out ~	**1895**
☐ weigh on ~	**1896**
☐ win over ~	**1897**
☐ wipe out ~	**1898**
☐ work out ~	**1899**
☐ wrap up ~	**1900**